U0587302

乌托邦是人的本性所深刻固有的，
　　　　甚至是没有不行的。
　　被周围世界的恶所伤害的人，
　　　　有着想象、
　　倡导社会生活的一种完善的和谐的制度的需要。

　　　　　——[俄]别尔嘉耶夫

马少华 / 著

想得很美

乌托邦的细节设计

中国青年出版社

（京）新登字083号

图书在版编目（CIP）数据

想得很美：乌托邦的细节设计　马少华著.
—北京：中国青年出版社，2011.4
ISBN 978-7-5006-9868-5

Ⅰ.①想…　Ⅱ.①马…　Ⅲ.①乌托邦–研究　Ⅳ.①D091.6

中国版本图书馆CIP数据核字（2011）第048972号

责任编辑：彭明榜
书名题字：王学岭
封面设计：孙　初
内文版式：林　业

————————————————————————————

中国青年出版社出版 发行
社址：北京东四12条21号
邮政编码：100708
网址：www.cyp.com.cn
编辑部电话：010–57350506
门市部电话：010–57350370
三河市君旺印装厂印刷　新华书店经销

————————————————————————————

700mm×1000mm　1/16　22.75印张　1插页　322千字
2011年4月北京第1版　2011年4月河北第1次印刷
印数：0001—6000册
定价：33.00元

————————————————————————————

本图书如有印装质量问题，请凭购书发票与质检部联系调换
联系电话：(010)57350337

目录

003

阅读乌托邦，宛若"心游"

时代给了我一双怀疑乌托邦的眼睛。

我的心热情地沉潜，我的眼冷冷地逡巡。

"忽闻海上有仙山，山在虚无缥缈间"。白居易这两句诗，道尽了人们心中的神往——因为没有这么个地方。"没这么个地方"，在希腊语中就叫作乌托邦，汉语的这个译法则音义双关；在16世纪的英国大法官托马斯·莫尔的书中，它是一个虚构的岛国的名字，作者借此安置他心中"最完美的国家制度"。这个书名也是音义双关，因为在希腊语中，相近的字形和发音，还有"好地方"的含义[①]此后几个世纪，乌托邦在西方成为一个绵延不绝的写作类型或思维方式的代称，它们有一个共同的特征，就是表达对美好社会的幻想，尽管其表达形式，并不一定都是"海客谈瀛洲，越人语天姥"一般的游记。

还是让我们先从旅行开始吧。17世纪意大利人康帕内拉所创造的《太阳城》，是环球旅行的热亚那航海家给朝圣香客招待所管理员讲述的故事；《乌托邦》则托言葡萄牙航海家希斯拉德讲述的亲身奇遇；而17世纪法国人维拉斯的《塞瓦兰人的历史》，则托言于法国海军西登大尉的历险日记……

读乌托邦作品，宛若"心游"。

通往乌托邦的路到底怎么走啊？

或者凭藉船，或者凭藉"梦"。

通往早期乌托邦国家的路，似乎总是与大航海时代的海难相

001

[①]乌托邦(Utopia)的意思为'no—place'(没有的地方)；而其双关义为'eutopia'(good—place)——好地方。据Vincent Geoghegan, Utopianism and Marxism, Methuen & Co. Ltd, 1987. p1。

连。17世纪德国人安德里亚描写的理想国家"基督城"，是一位航海者在船破碎之后只身漂流到南极附近才发现的小岛。而17世纪法国人维拉斯描写的理想国家塞瓦兰，则是法国海军大尉西登乘坐的"金龙号"海船在驶往东印度的航程中搁浅后偶然发现的。18世纪英国作家托马斯·诺思莫尔所描写的理想国家"马卡利亚"[①]，则是一位航海家的船在好望角附近被风暴巨浪卷去船舵之后，漂流到一个冰封的荒岛之后发现的。

而到了19世纪，法国空想社会主义者卡贝描绘的"伊加利亚共和国"，俨然大国，与邻国之间固定有航班，有使馆，有国际交往，也有大批来自欧洲的参观学习者；但小说的叙述人加利斯达尔爵士在朋友家里听到有这么个国家，毅然前往，也经历了"曾经差点被积雪所掩埋，接着又几乎葬身于沙漠之中"的磨难——反正作者像其他乌托邦小说的作者一样，也没有说清楚它到底在地球的哪个位置。

而"梦"的途径则轻便得多，位置也比较确定。19世纪末，英国空想小说《乌有乡消息》的叙述者一觉醒来，已是二百多年以后21世纪的伦敦；而美国空想小说《回顾》的叙述者是在地下室里催眠状态下睡了113年后才从1887年"来到"2000年的波士顿的。

在乌托邦诸国的国土上旅行，我成了一个穿越时空的人。

穿越赤道上那片广阔的平原，我站立在"太阳城"壁垒森严的城外，只见城墙上悬挂着数学公式和说明科学发展的图表。在赤道以南大洋中的"乌托邦"小岛上，我看到各区全体居民济济一堂的"大食堂"。在南纬三度大洋中的"塞瓦兰"，我看到1000人生产、生活在一起的大房子——"奥斯马齐"。

入乡问俗是免不了的，别触犯了人家的规矩。

外国人到"太阳城"访问，得先洗脚；要进"基督城"，先要接受审查：你对生活是什么看法？品行、为人如何？塞瓦兰人的国家

---

① Memoir of Planetes, Or a Sketch of the Laws and Manners of Makar，《英国启蒙运动中的乌托邦思想》(Utopias of the British Enlightenment)，剑桥政治思想史原著系列（影印本），中国政法大学出版社，2003年版。

干脆禁止与外人来往，以保护纯洁风尚。而访问者如果愿意做"太阳城"的公民，就必须经受各种考验：一个月下乡，一个月在城里，然后决定你是不是够格。而在"南极未知名土地上的新雅典"①，来访者"每个人脸上会被印上美丽花朵的印记——这不是那种罪恶、羞辱的印记，而是使来访者在这片国土的任何地方都能受到尊敬和友善接待。然而，这个印记的另一种用处，就是防止来访者私自离开这个国家，向外人透露他们的发现，导致外人的侵犯。"②

实际上，每一个早期"孤岛"一样的理想国家，都壁垒森严，深闭固拒。在18世纪初英国空想小说描写的"满足岛"③，法律甚至禁止人们在书信中向外人透露这个岛的纬度。这些理想国家的这种自我珍惜的情感，完全可以理解。然而，既然是美好的东西，为什么会显得这样脆弱、不自信呢？作为一种美好的风俗、制度，它们难道不具备强大的、不被侵蚀、不被污染的力量吗？

在"乌托邦"，金银是被贱视的。人家里，便桶、溺器，以及其他污物的容器，用的都是金银。"我"在街道上遇到一队奴隶，他们的枷锁竟也是纯金打制的。外邦使节来访，穿金挂银，走在街上一看，竟与这个国家的奴隶相当，不禁大感羞惭。在18世纪的"萨塞尔"，一个由荷兰人在南美洲建立的虚构的殖民国家中，法律禁止穿金戴银，只有傻子才被强迫穿金戴银，以使他们同有正常理智的人区分开来。在19世纪初一部英国空想小说虚构的一个在地心中的理想国家④，金子和普通石头一样，用来建造房屋，铺设道路。

在"乌托邦"，"服装，全岛几百年来同一式样，只是男女有别，已婚、未婚有别"。在"基督城"，各人只有两套衣服，一套

① 这是1720年出版于英国的一部书信体空想小说的标题，《英国启蒙运动中的乌托邦思想》(Utopias of the British Enlightenment)，剑桥政治思想史原著系列（影印本），中国政法大学出版社，2003年版。
② 《英国启蒙运动中的乌托邦思想》(Utopias of the British Enlightenment)，剑桥政治思想史原著系列（影印本），中国政法大学出版社，2003年版，第31页。
③ 这是1709年的一部英国书信体空想小说的标题。收录于《英国启蒙运动中的乌托邦思想》(Utopias of the British Enlightenment)。
④ 1802年出版的《布鲁斯的那不勒斯之旅》(Bruce' Voyage to Naples)，描述了一个在地球中心的国家。

是工作用的，一套是节日穿的，衣料是用亚麻或者毛织的，分别适用于夏天和冬天，颜色一律只有白的或者灰的；任何人都没有花哨的和考究的穿戴。而住房都是按照同一个模式建造的，由国家分配给个人使用。为了防止出现私人拥有的感觉，"乌托邦"甚至规定住房十年要轮换一次。

作为一个来自21世纪的访客，我疑惑：这样简朴的生活，何以成为几个世纪前先哲们的社会理想？

我是在一梦之间进入两个晚期乌托邦——21世纪的英国泰晤士河沿岸和公元2000年的美国波士顿。它们产生于19世纪末欧洲工人运动中诞生的两部作品：《乌有乡消息》和《回顾》。

当初在"太阳城"、"乌托邦"等早期乌托邦诸国的旅程中，我似乎只能看见物（包括制度）；即使见到人，也只是抽象的、灰蒙蒙的影子，没有生活和事件，更谈不上人的性格和情感。而到了19世纪的"伊加利亚共和国"和"21世纪"的英格兰、波士顿，视野开阔通明，色彩丰富起来，我看到了与理想的社会制度相协调的健康、自由的人——不是被等级和社会分工割裂的人，而是全面发展的人。

在泰晤士河边，我结识一位工匠迪克，他只是一名排字工，可是在研究数学，还在写一部关于古代的著作。而另一位气度优雅、穿着打扮"金光灿烂"的青年博芬，则是一名清洁工，可是在写小说。

在这两个乌托邦国家旅行，我都住在私人家里，身边恰有女性温馨的气息。那种几十人共食的公共食堂不见了，上千人共居的大房子不见了。人们不仅居住是单独的，而且不再被限定于一个地区、一个集体。随着美丽的姑娘爱伦一家溯泰晤士河浮家泛宅、随处安居，我心中感到的是社会的理想原则与个人的自由互不相扰。波士顿的利特医生一天晚上请我到"公共食堂"就餐，但实际上只是每个家庭设在"公共"大厦中的"单间"。雨中，整个街道被雨棚遮起，以代替个人"私有"的雨伞，我们在熙熙攘攘的人群中走向自己在公共大厦中占有的"单间",我同样感到的是:平等的公共生活之中的个人自由。

在访问"乌托邦"、"基督城"时,我都看到了"各取所需"的大仓库。但没有人能够回答我:拿完了不够怎么办?供给过多浪费了怎么办?而在公元2000年的美国波士顿,房东伊蒂丝小姐带我去的"商店",其实只是个看货填写订单的样品店——它至少理想化地解决了供需平衡问题。在成千上万张这样的订货单后面,是全国统一的"生产大军",是一个"就是从国家货栈里拿出一根针也要登记"的统计系统,是在今天只有依赖互联网才能实现的、代表着未来生产形态的"大规模定制"的现代物流配送体系。

在理想国家,总应该能看到理想的生产力吧?然而,21世纪泰晤士河畔的"乌有乡",却根本放弃了那种完全由机器代替人的日常劳动,从而把人"解放"出来的理想。我们乘马车、木船旅行,途中所见,都是传统的劳动方式:割麦子、修路、晒干草、盖房子。这个社会并不是不曾达到过机械化,而是最终弃绝了机械化——甚至铁道都拆掉了。居民离开市镇迁居乡村,"逐渐恢复了各自失掉的生活技术"。每到"晒干草"的季节,你就会看到城里各种职业的人们,随意沿泰晤士河干着晒干草的工作——劳动犹如假日旅行。放眼望去,空阔萧疏,19世纪的黑烟、20世纪的繁华,哪里去了?

在乌托邦的国土上,我看到了与"城乡合一"的"田园城市"——旷野纵贯城市,将城市的各个功能区分隔开来。"举目一望田野与市居间,隔得整隔齐齐,疏疏落落,既得夜里听蛙声,又乐日间见烟雾。"①这是英国19世纪城市规划学家霍华德和我国20世纪初的学者张竞生不谋而合的梦想。

在乌托邦的国土上旅行,在17世纪的"基督城"、19世纪傅立叶的农村协作社、幻想中的伊加利亚共和国、霍华德的"明日的田园城市",我时常可以看到四通八达的封闭廊道,有的全部是用玻璃制

---

① 《张竞生文集》上,广州出版社,1998年版,第196页。

成，晶莹剔透，遮风挡雨。人行路上，如在水晶宫中。

作为一个21世纪的精神旅行者，我在那些遥远的梦乡沉迷，也在那些遥远的梦乡清醒。我知道，人类在20世纪的历史实践已经使我们离这些梦想越来越远。但是，合上《回顾》的最后一页，告别那些先哲们所创造的美好的精神国土，我仍然感到怅然若失，不能自遣，宛如"我"（《回顾》一书的叙事人韦斯特）在波士顿的地下室里一梦醒来就同时失去了理想社会和在理想社会中爱上的姑娘一样。①

1996年的一天，我从北京东四灯市西口的旧书店里用两元多人民币买齐了19世纪法国空想共产主义者卡贝的《伊加利亚旅行记》（一、二、三卷，共两册）。当时旧书价格都已经成倍上涨，而这部在我国1978年首次出版的书，却仍以当年原价寂寞地挤在书架一角，也许正可以反映出当代中国人对乌托邦热情的淡漠。

这是可以理解的。这不仅因为，三十多年前中国改革开放以来现实的社会生活为个人提供的满足程度和现实的追求目标，已在很大的程度上充实和占有着个人；而且因为，整个中国社会在新中国成立之后的几十年间曾经为乌托邦式的热情付出过惨痛的代价，社会人心对于那种没有现实感的东西采取一种弃绝的倾向。社会和人的目标更近了、更实在了，乌托邦就远了。

然而，这类作品当初曾凝聚了多少仁人志士求索新的理想社会的热情啊。我在今天把它们拾回家中，不仅是在潜意识中拾回了一片理想主义的情愫，同时也因为觉得：站在今天，我们也许有能力在对乌托邦的回望中获得比以往更从容、优越，也更宽厚和理性的心态，一种解读出更丰富语义的视角。

乌托邦的著作吸引着我，不仅因为我心中永远潜藏着对理想社会的向往，而且因为，读这类作品使我感觉到，公有与私有，平等与竞争，我们今天仍在思考的一切，我们今天认为天经地义的一

---

① 以上这一部分内容，曾以《在乌托邦的国土上旅行》为题，刊于《中国青年报》2000年4月18日的旅游副刊。文字略作修改，作为本书前言的第一部分，主要是为了给乌托邦作一个感性的整体描述。

切，早在许多年以前就被从各个角度彻底地探讨过，争辩过，那时的人们也许比我们今天在生活中想得更细。站在时代的高度上，特别是站在人类历史实践的高度上，面对几百年前的乌托邦作品，当然会有一种认识上的优越感。但是，这样一种优越感，我不敢擅居，不仅是因为它不是属于我个人的，更重要的是，当我在阅读这些思想家的作品，一个人跟着他们的思路走的时候，不能不生出对人的独立思想的敬意。

通过对这些作品在逻辑和细部设计上相同、相异的比照，本书将尽可能融会贯通地展示几百年来中外乌托邦作品丰富、活泼、五彩缤纷的图景。以此来替代当代普通人对乌托邦过于抽象化、概念化、近于灰色的印象，公正地对待一份思想遗产。

实际上，乌托邦的思想和著作远远不是一个呆板单调的模式。在西方数百年的历程中，它们是发展的、反思的，它们与自己所处的时代，总是进行着各种各样的对话，面对新的问题，提出新的问题。

本书着眼于细辨乌托邦著作的发展，不仅揭示出晚期乌托邦著作与早期乌托邦的重要差别，而且揭示出当代人的思想、当代问题与那些乌托邦著作在思想源流上真实"对接"的部分。通过本书还可以看到，几个世纪空想社会主义者的浪漫气息，如何通过马克思、恩格斯传到了我们自己身上。

当然，在本书的征引和分析中，也不难看出一些乌托邦设计与社会主义的国家历史暗合的部分，以及它在当代仍然有价值的成分或与当代发展趋势暗合的成分，比如关于环境的理想和休闲的理想。从另一个角度看，本书也是以乌托邦传统作为认识背景，来揭示当代不为人所察觉却依然存在的乌托邦精神。

时代给了我一双怀疑乌托邦的眼睛。于是，我读乌托邦作品实际上是以相互矛盾的两种态度，我的心热情地沉潜，我的眼冷冷地逡巡。没有一颗对乌托邦热情的心，我不可能读下去；没有一双冷眼，我就不能借这个时代的认识水平看出乌托邦那些美好描写中掩藏的逻辑毛病来。没有这两者，我对乌托邦都不能做到公正。而正是这两者，使我在疏理和审视乌托邦作品史流变中发现了从社会乌托邦到人的乌托邦，从国家强制到人的自由的趋势，对晚期乌托邦作品作出新的评价。

本书试图揭示：那些年代久远的、被襄义或贬义地称作"乌托邦"的"空想"曾经怎样地影响过人类的历史进程，影响着那些包括马克思、恩格斯在内的推动历史进程的人们，又是在何等程度上悄然化入我们当代真实的生活，并向未来延续。

本书将尽可能多地介绍和探讨乌托邦著作中的细节，这不仅是考虑到它的知识性和通俗性，以区别于抽象的理论著作，而且是考虑到，那些对美好社会的想象和设计，本身都是细节化的。正是在细节的设计中，前哲们凝结了无数心血和深刻的寄托。

为什么会出现乌托邦？

乌托邦作为一种历史久远的精神需求

对乌托邦的不同评价

乌托邦的内在逻辑和思维特征

乌托邦作为一种历史久远的精神需求

> 每一代人有每一代思想水平的乌托邦。乌托邦作品创作的历史与几个
> 世纪以来人类生活、社会发展的历史是"平行"的。尽管它们可能有
> 着共同的印记。

美国当代著名政治学家萨托利说：

"在冥想的王国里渴望和设计一个理想世界一个与现世相反的理想世界这种现象大概同人类一样古老。"①

英国思想家、1950年诺贝尔文学奖获得者罗素说：

"人类由于对自身一直生活于其中的充满破坏和残酷的混乱世界的不满而梦想一个具有良好秩序的人类社会。这样的事古来如此。柏拉图的'理想国'为其后的哲学家提供了一个乌托邦的范型。"②

实际上，罗素自己的那部《自由之路》就是一部乌托邦性的政论作品，其最后一章即题为《可望实现的理想世界》。文中直言"我们的乌托邦"、"我们所设计的未来世界"。

俄罗斯宗教哲学家别尔嘉耶夫说：

"乌托邦是人的本性所深刻固有的，甚至是没有不行的。被周围世界的恶所伤害的人，有着想象、倡导社会生活的一种完善的和谐的制度的需要。"③

①[美]乔·萨托利：《民主新论》，东方出版社，1997年版，第63页。
②[英]伯特兰·罗素：《自由之路》上，文化艺术出版社，1998年版，第4页。
③[俄] H.A. 别尔嘉耶夫：《精神王国与恺撒王国》，浙江人民出版社，2000年版，第113页。

也有学者认为，"乌托邦是一种冲动和心理状态，而乌托邦经典作品，只是这种冲动和心理的表现形式而已。这种冲动植根于人类幻想的能力与需求之中。它是一种永恒的、改造现实的意识或无意识。它是人试图创造一个使自己真正得以安居的环境的努力。"①

他们所说的，都是乌托邦之所以产生的原因——一个很简单的原因。即人类的精神的、心理的原因。但由于这样的原因，乌托邦总是追求着实践，尽管它的产生和存续并不一定拥有、也不完全依赖人类社会的实践条件。

也有西方学者认为："在一种意义上，乌托邦是西方传统文化典型的表现。追求秩序，想要控制自然，扫除不可预防的事情，是人性本然的要求，尤其是西方文化的要求。"②

据苏联空想社会主义的研究专家沃尔金研究，早在古希腊，就不仅产生了空想社会主义思想——比如，"在晚期的希腊文献中，不止一次提到神奇的、幸福的克洛诺斯时代的'财产共有制'"以及"黄金时代"的传播，而且产生了很典型的乌托邦幻想小说——扬布鲁斯作为埃塞俄亚人的"祭品"航行到"幸福岛"的故事③。

此后，经过16世纪英国人的《乌托邦》、17世纪意大利人康帕内拉的《太阳城》、德国人安德里亚的《基督城》、法国人维拉斯的《塞瓦兰人的历史》、英国人培根的《大洋国》，18世纪法国人摩莱里的《自然法典》，到19世纪法国人卡贝的《伊加利亚旅行记》、英国人莫里斯的《乌有乡消息》、美国人贝拉米的《回顾》，历经数百年，以至20世纪早期中国人康有为的《大同书》、张竞生的《美的社会组织法》，形成了一个在两千年之间不绝如缕的乌托邦作品的创作脉络。

在这个纵贯千年的创作历程中，"乌托邦作家们个个都坚信自己所描绘的社会的美妙和唯一正确性，他们提出来竞争的制度和生活

---

①Vincent Geoghegan, Utopianism and Marxism, Methuen &co. Ltd, 1987, p2.

②尤金·韦伯：《二十世纪的反乌托邦》，引自《现代人论乌托邦》，台湾联经出版事业公司，1980年版，第118页。

③沃尔金：《论空想社会主义者》，中国人民大学出版社，1959年版，第15页、19页。

方式各各不同，虽然他们每个人提出来的理想社会的蓝图都过于简略。"①

实际上，并不仅仅是空想家才创造乌托邦，实践家也难免钟情于此。19世纪的法国人卡贝创作了空想小说《伊加利亚旅行记》，但是，他也亲赴美洲创办"伊加利亚共产主义移民区"。魏特林是19世纪德国无产阶级杰出思想家，主张彻底的社会革命。但是，他的《和谐与自由的保证》一书的第二部分《一个改革社会的理想》，就是典型的社会空想蓝图。

恩格斯有一篇名文《社会主义从空想到科学的发展》就谈到了马克思主义与空想社会主义的分野与关联。他在1882年的德文版序言中写道："我们德国社会主义者却以我们不仅继承了圣西门、傅立叶和欧文，而且继承了康德、费希特和黑格尔而感到骄傲。"②

恩格斯在19世纪40年代的著作中提到欧文、傅立叶、圣西门等空想社会主义者的时候，都称呼他们为"社会主义者"。"无论恩格斯在这一时期对这些思想家进行批评建立在什么基础上，他都没有把他们的事业看作是乌托邦。"③

马克思在同情法国启蒙思想的德国莱茵省成长起来，早在他成为社会主义者之前就接触过圣西门的思想。1843年下半年他与妻子移居巴黎。正是在巴黎激进的环境中，他成为社会主义/共产主义者。在巴黎生活的头两周，他和妻子就生活在一个倡导共同生活的、类似傅立叶主义者的法郎吉组织中。有国外学者注意到，"对未来生活的积极想象，支撑着马克思对当代社会的批判，而空想社会主义者的影响在其著作中往往可见。马克思和恩格斯也多次强烈地暗示来自空想社会主义者的这种影响。比如，马克思就曾提到，'国家消亡'这个理论的源头来自法国。"④而恩格斯在《社会主义从空想到科学的发展》中，在谈到圣西门关于"废除国家"的思想

---

①[美]罗伯特·诺齐克：《无政府、国家与乌托邦》，中国社会科学出版社，1991年版，310页。
②恩格斯：《社会主义从空想到科学的发展》德文版序言，《马克思恩格斯选集》第三卷，人民出版社1972年版，第378页。
③Vincent Geoghegan, Utopianism and Marxism, Methuen &co. Ltd, 1987, p22.
④同上书，P24、25、33

时说"我们在圣西门那里看到了天才的远大眼光"①,"反复出版在他们的著作中的关于消灭城乡差别的思想,是与欧文和傅立叶的名字联系在一起的。"②

恩格斯在《反杜林论》中提出消灭分工和城乡差别,就引用了欧文和傅立叶的观点。他说:"他们两人都远远超出了杜林先生所承袭的剥削阶级的思维方式。这种思维方式认为城市和乡村的对立按事物本性来说是不可避免的。"③

此外,从《反杜林论》中我们还可以看到,马克思、恩格斯关于"人的全面发展"的思想,也来源于欧文和傅立叶这两位空想社会主义者。

在细节设计上,马克思、恩格斯与空想社会主义者也有很相近的一面,而且越是具体设计就越相近。这可能是因为,对于遥远的事物作具体的设想,本身就有着抒放情怀的性质,马克思、恩格斯也是性情中人。马克思是科学共产主义的创建者,他的思想是指导共产主义运动实践的;但是,他在《德意志意识形态》中谈及未来社会的劳动时,也不免耽于美好的想象:"在共产主义社会里,任何人都没有特定的活动范围,每个人都可以在任何部门内发展,社会调节着整个生产,因而我有可能随我自己的心愿今天干这事,明天干那事,上午打猎,下午捕鱼,傍晚从事畜牧,晚饭后从事批判,但并不因此就使我成为一个渔夫、牧人或批判者。"④这些描述就比较像空想社会主义者傅立叶在《经济的新世界或符合本性的协作的行为方式》中所列富人蒙多尔一天的作息时间表。⑤

恩格斯1845年《在爱北斐特的演说》中说:"我赞成英国社会主义者罗伯特·欧文先生的一些主张,因为这些主张最实际、最完

---

①恩格斯:《社会主义从空想到科学的发展》,《马克思恩格斯选集》第三卷,人民出版社1972年版,第411页。

②Utopianism and Marxism, p33.

③恩格斯:《反杜林论》,《马克思恩格斯选集》第三卷,人民出版社1972年版,第332页。

④《马克思恩格斯选集》,第一卷,人民出版社,1972年版,第38页。

⑤《傅立叶选集》第一卷,商务印书馆,1982年版,第162~163页。参见本书97~99页《社会分工的消灭》。

善",其中就包括"欧文提议建造一些大公寓来代替现在那些房屋分散而且彼此妨碍的城市和村庄"①。

实际上,"大公寓"正是历史上好几部乌托邦著作的主张,比如17世纪的《塞瓦兰人的历史》中的"奥斯马齐"。恩格斯也赞成公共食堂——这也是许多乌托邦著作的"必备内容"。

在恩格斯于1845年写给欧文在英国创办的周报《新道德世界》编辑的几封信,即《共产主义在德国的迅速进展》一文中,就写道:

"你知道,我们这些德国理论家都正在成为实践的事业家。事实上我们当中已经有一个人参照欧文、傅立叶等人的计划并利用美洲各移民区及你们的'和谐'移民区(我希望它繁荣壮大)的经验来拟定一个组织及管理共产主义移民区的具体计划。"②

在这里,我们似乎看不到恩格斯与空想社会主义者有那么明显的分野和界限。当然,那个时候科学共产主义还没有形成。就在这些信中,我们还知道,在一次共产主义集会中,"弗里德里希·恩格斯先生相当详细地论述了共产主义制度的现实性和优越性。他举了有关美洲共产主义移民区和你们的'和谐'移民区的一系列事实来证实自己的论断"③。

马克思、恩格斯与空想社会主义者的思想关系可见一斑。

单就对理想社会的设想和对"方案"的讨论而言,英国政治学家伯特兰·罗素完成于1919年的《自由之路》,可能是最后一部乌托邦作品了。此书的最后一章叫作《可望实现的理想世界》——这与许多传统的政论式乌托邦作品都相似,因此事实上也不能避免再次回答传统乌托邦著作中的一些基本问题,比如分配问题、应不应该保留货币问题、应不应该保持义务劳动制问题。他甚至提出发行一种"只能在一定期限内(譬如一年)有效的票券,这让人们可以为

①《马克思恩格斯全集》第2卷,人民出版社1957年版,第612页。
②同上,第591页。
③同上,第597页。

每年一度的休假积蓄资金，而不可长期积蓄下去。"①——这还是沿着19世纪美国空想社会主义者贝拉米在空想小说《回顾》中虚构的"取货证"和19世纪德国社会主义者魏特林设计的"交易簿"的思路上继续探讨社会分配方式的细部设计。而正是这些细节，使我们可以辨识出罗素思想中的乌托邦印记。

2001年8月30日的英国《经济学家》杂志以"美国的新乌托邦"为名，介绍了当代美国以私人住宅为纽带的社区、社团的增长趋势，以及Anthem, Irvine, Leisure World, Sun City 和 Valencia等几个私人社区的具体情况。为什么把这些现代社区称为乌托邦？就是因为它们的相对封闭性，它们与整个社会之间的距离和异质性——它们是一群同一生活理想的人以契约的形式共居的地方。正是在这一点上，它们与传统的乌托邦相似。这些由同一阶层、同一种生活观念组成的封闭的社区表明，与其说他们是在追求理想，不如说他们放弃了一个理想——人们已经放弃了"大同"的追求，而求"小同"；放弃了全社会的平等和谐而追求社区内的平等和谐。"Anthem 给人的感觉，与其说像一个城镇，不如说像是一个豪华的休假地"，"每一个在这里买房居住的人，都要遵守一个协定：任何一个事情都要受到约束，从房屋颜色到是否在街区停车（不得）"。这是富人的乌托邦，当他们对改变世界已经无望的时候，他们干脆把一个贫富分化的世界关在了门外。

015

一代又一代人以不同形式、不同程度尝试着他们自己的乌托邦。每一代人有每一代思想水平的乌托邦。因此，乌托邦作品创作的历史与几个世纪以来人类生活、社会发展的历史是"平行"的。尽管它们可能有着共同的印记。

---

①[英] 伯特兰·罗素：《自由之路》上，文化艺术出版社，1998年版，第123页。

对乌托邦的不同评价

在人们使用这一概念时，有多少是意识形态的成分？如何公正地看待乌托邦？我们在今天，是否应该解除乌托邦的"意识形态之障"？

人们曾用与实践的亲疏关系来界定乌托邦。在19世纪欧洲社会主义运动思想论争中，人们把论争对方一些不切实际的方案称为"空想社会主义"。正如一位当代西方学者所言："马克思主义对科学社会主义和乌托邦社会主义的区分标志着后者的灭亡，这一幕历史性的葬礼已被广泛接受。"①科学社会主义有一个逐渐形成的过程，而与此相应，则有一个"乌托邦和道德主义传统从社会主义的主流地位滑到边缘"（托尼·赖特）的历史过程。

列宁在1912年写作的《两种乌托邦》就是完全在贬义上使用和论述乌托邦的，他说：

"政治上的乌托邦就是无论现在和将来都绝不能实现的一种愿望，是不依靠社会力量，也不依靠阶级政治力量的成长和发展的一种愿望。一个国家的自由愈少，公开的阶级斗争愈弱，群众的文化程度愈低，政治上的乌托邦通常也愈容易产生，而且保持的时间也愈久。""马克思主义者反对一切乌托邦。"②

当然，他指的乌托邦不是作为文学和政论的历史文本，而是当时俄

---

①[英] 托尼·赖特：《新旧社会主义》，新华出版社，2000年版，第36页。
②《列宁全集》第22卷，人民出版社，1998年版，第129、133页。

国社会的两种政治思想甚至党派。但是革命实践家对乌托邦这一概念的排斥态度却是鲜明的。正是在意识形态背景下鲜明的对立格局中,乌托邦这个概念在我国甚至曾经是"忌讳"的"敏感"的。

然而,被我们的政治思想史教科书划为空想社会主义者的一些作家,他们当时都认为自己的方案是现实的,并不承认自己是"空想社会主义",比如法国的路易·勃朗,他的社会改革方案中往往对现实的力量进行让步——比如允许资本家在他的"社会工场"中领取资本利息,而并不理想地根本取消资本利息。他在辩论中就不接受对方把他指为"空想社会主义者"。

而恩格斯1843年写作《大陆上社会改革运动的进展》,论述圣西门、傅立叶、魏特林等人,却无一字提及"空想";在1843年的《伦敦来信》中则直接称欧文为"(英国)社会主义运动的创始人";在1844年的《英国状况:托马斯·卡莱尔的"过去和现在"》中称"英国的社会主义者是纯实践家。"①

有意思的是,19世纪法国无产阶级革命运动的著名活动家布朗基曾说:"共产主义并不是一个乌托邦,它是正常的发展,和五花八门的空想社会主义体系没有任何血缘关系。"②而就是这位布朗基,在今天仍然被我们称为空想社会主义者。布朗基是明确坚定地反对乌托邦的,他是革命的激烈行动者,并且以革命来与乌托邦划清界限;但正是布朗基,体现着革命行动与乌托邦之间的最近距离。

德国学者卡尔·曼海姆在《意识形态与乌托邦》一书中对乌托邦有非常深刻分析。其特别有价值的是,分析了意识形态与乌托邦的区别,意识形态又是怎样把一些思想"定为"乌托邦的——"往往总是与现存秩序完全一致的统治集团来决定应该把什么看作乌托邦"。③

这一段话提醒我们审视:在人们使用这一概念时,有多少是意识形态的成分?如何公正地看待乌托邦,我们在今天,是否应该解除乌托邦的"意识形态之障"?

---

①《马克思恩格斯全集》第1卷,人民出版社,1956年版,第568、653页。
②《布朗基文选》,商务印书馆,1979年版,第92页。
③[德]卡尔·曼海姆:《意识形态与乌托邦》,商务印书馆,2000年版,第207页。

卡尔·曼海姆把乌托邦分为相对的乌托邦与绝对的乌托邦，他自己是在相对的意义上使用这个概念的，那就是："我们把所有超越环境的思想（不仅仅是愿望的投入）都看作乌托邦，这些思想无论如何具有改变现存历史——社会秩序的作用。"而"那些在后来的社会秩序中得了恰当实现的思想则是相对的乌托邦。"①

显然，他认为，乌托邦至少有一部分是可以"实现"的，至少是可以影响人类历史的，这是动态地、历时态地以时代和社会的变化作基础看待乌托邦的态度。与此相反的态度，就是静态地、共时态地、绝对化地看待乌托邦——认为它永远不可能实现。我欣赏曼海姆的观点，因为它是积极的观点，它肯定理想，肯定变化，肯定人的作为。

胡适1915年在美国读书时的一篇札记中写道：

"吾国先秦诸子皆有乌托邦；老子庄子列子皆悬想一郅治之国；孔子之小康大同，尤为卓绝古今。汉儒以还，思想滞塞，无敢作乌托邦之想者，而一国之思想遂以不进。吾之以乌托邦之多寡，卜思想之盛衰，有以也夫！"②

胡适从推动思想进步的角度看待乌托邦的价值，别有深意。

"西方马克思主义"著名学者马尔库塞认为："乌托邦是一个历史的概念。"

按学者陆俊的解读："所谓'历史的'是说乌托邦涉及的社会变革方案在一定的社会环境下往往被认为是不可能的，但历史的发展却为以前认为是不可能的社会变革提供了现实基础。"③

这是一种对乌托邦积极的评价。即乌托邦（随着条件的到来）可能被实现。既然可能被实现，那么乌托邦思想就是有价值的。为此，马尔库塞只接受这样一种反对乌托邦的理由，即"当一种社会

①《意识形态与乌托邦》，第210、209页。
②《胡适散文》第二集，中国广播电视出版社，1992年版，第198~199页。
③陆俊：《理想的界限："西方马克思主义现代乌托邦和社会主义理论研究"》，社会科学文献出版社，1998年版，第100页。

变革方案与真正的自然规律相矛盾"。

美国政治学家萨托利在《民主新论》一书中有这样两段话：

"理想可以（部分）实现这一主张很难被驳倒。这个主张是正确的，不但从理想一般而言都具有其效用这一明显的意义上如此，而且从我们确实发现理想被实际移植到了现实世界这一意义上说也是如此。"

"理想永远有点狂妄，它永远有点过分。理想本来就应当如此，因为它被设计出来就是为了克服抵抗。"[①]

这话说的不是乌托邦，但的确对我们理解乌托邦的作用提供启发。

另外，从积极的、乐观的意义上理解乌托邦的西方思想家还有：

奥斯卡·怀尔德："进步即乌托邦的实现。"

拉马丁："今天的乌托邦有可能变为明天的现实。"

卡尔·曼海姆："乌托邦往往只是未成熟的真理。"

"西方马克思主义"的著名代表人物马尔库塞，还曾说过他自己"是一个乌托邦人"。"工业文明已经到达这么一个阶段，以前大多数被称为乌托邦的东西都能在这种文明提供的可能性和潜力中实现。"[②]

显然，人们在不同语境下使用乌托邦这个概念——时间和空间的开阔程度不同，对它的评价也往往截然相反。

对于乌托邦，一个更为切近中国语境的评价来自当代中国学者秦晖教授。他写道：

"问题显然不在于'空想'，'空想'无非是不能实现，但未必意味着造成灾难。而'空想'者莫尔[③]也的确没有给英国带来灾难。……乌托邦的信仰者没有给社会造成灾难。"[④]"乌托邦不可怕，

---

①[美]乔·萨托利：《民主新论》，第73页。
②程巍：《否定性思维——马尔库塞思想研究》，北京大学出版社2001年版，第289页。
③指《乌托邦》的作者托马斯·莫尔。
④秦晖：《自由优先于"主义"》，《方法》，1999年第1期。

可怕的是强制，过去的灾难并不是因为乌托邦太多了，而是因为强制。……因此改革的目的也不是告别乌托邦，而是告别强制。"①

乌托邦的内在逻辑和思维特征

> "理"归"理"，社会的运行归社会的运行。社会历史可能真不是按"理"来走的，它在过程中可能少不得那些最终无"理"的东西。

无论人们如何使用乌托邦这个概念和如何评价它，它都是在与现实的距离中被界定的，即"不现实"。从根本上说，乌托邦之所以不是"现实的"，在于它所凭藉的伦理逻辑与社会运行的现实逻辑的区别。伦理逻辑讲"应当"；而现实逻辑则讲的是"怎样"。

伦理靠自身就能推演，而社会运行还要靠更为现实的条件和动力。

在19世纪晚期美国人贝拉米的空想小说《回顾》一书中，公元2000年波士顿理想社会的居民利特医生对来自1887年的访问者韦斯特说：

"你们的工人能够比许多野人生产更多的物品，究竟是什么缘故呢？难道不完全是因为继承了人类过去的智慧和成果，坐享其成地使用了几千年的创造而形成的社会机构吗？这种知识和机构在你们产品中所创造的价值，同你们自己的贡献是九与一之比。"

由此，他推演出谁都有权占有现实的社会财富——他把现实的社会财富当作社会的共同遗产了。

---

①秦晖：《告别强制》，《思无涯，行有制》，天津人民出版社，2002年版，第86页。

"共同遗产"的观念，正是一些乌托邦作品的伦理基础。俄国的克鲁泡特金在《面包与自由》中阐述的无政府共产主义观点就是以人类迄今所有的一切社会财富都是共同遗产这样一个判断作为基础的，由此得出"万物为万人所有"①的结论和"充公"的分配办法。虽然他通过大量的历史事实的论证，但结论仍然是一个伦理的形式，而不是一个运行的逻辑；是一个分配的原则，而不是一个生产的原则。它有一定的"道理"，但是，如果按照这种道理进行现实的社会运行——"各取所需"地分配，那么，至少在现有的社会条件下，就没有人会去生产现实的社会财富了。

因为，这个逻辑的一个盲点在于：认识不到如何分配实际上也受制于如何生产，那些有待分配的社会财富虽然在伦理上可以抽象地表述为"共同遗产"，但它们本身却不是在人类社会"各取所需"的分配原则下生产出来的。也就是说，如果从一开始就这么分配的话，那么——受制于生产方式、生产规模和人们的生产动力，等待分配的社会财富，可能就不会有这么多了。

在这里，恩格斯在《共产主义原理》中对"能不能一下子就把私有制废除"的回答，值得我们寻味。他说："不能。正像不能一下子就把现有的生产力扩大到为建立公有经济所必要的程度一样。……只有在为废除私有制所必须的大量生产资料创造出来之后，才能废除私有制。"②

空想共产主义的作家们确实看到了劳动创造财富这一真理，但没有想到：在不同的历史条件下、不同的劳动组织和规模中，劳动完全具有不同的产出。用当代英国政治学家吉登斯一句话说，就是：

"财富的大规模直接转移不可能现在出现，而且在任何方面都可能是反生产力的。"③

然而，不管"共同遗产"的观念用在具体的金钱、物质等财富

---

①[俄] 克鲁泡特金：《面包与自由》，商务印书馆，1997年版，第44页。
②《马克思恩格斯全集》第4卷，人民出版社，1958年版，第366~367页。
③[英] 安东尼·吉登斯：《超越左与右——激进政治的未来》，社会科学文献出版社，2000年版，第206页

上是否理由充足，但在今天，把它用在人类共享的自然资源上，应该毫无疑义吧？而且，由于这些资源并不是人类"生产"出来的，因此，不必面对上述生产方式、生产规模和生产动力的诘问。乌托邦的"共同遗产"观念，适用于包括自然资源和自然才能在内的"自然资质"上，这正是当代美国伦理学家罗尔斯"集体的资产"的观念。只不过他们各自适用的范围有所不同罢了。因此，乌托邦的"共同遗产"观念和逻辑，并不能说都是错的。

从"本原"上、"逻辑"上回答问题而不是从事物发展的延长线上回答问题，是乌托邦作品的理性主义特征。法国学者让·加泰尼奥写道：

"乌托邦的描述是某个推理的推论，而非某种潜在的进化意识使然：如果人们将人类社会的这些特征置于高度逻辑化的高度，看看会发生什么；这就是乌托邦小说或者哲学故事所使用的方法。"①

空想共产主义多从伦理学的"理"上否定竞争、私有权和不平等。但是，"理"归"理"，社会的运行归社会的运行。社会历史可能真不是按"理"来走的，它在过程中可能少不得那些最终无"理"的东西。我们今天心悦诚服地接受的（市场经济原则），可能真是一些（在乌托邦的作者们看来）在伦理上站不住脚的东西。但是，它们的合理性却具有过程的意义。

这里需要指出的是，在回避"运行"这一点上，不仅乌托邦作品都有从人性出发的唯理性特征，而且它们的对立面——反对乌托邦的某些自由主义大师，也有从逻辑出发的唯理性特征。只不过前者诉诸国家强制的计划，而后者诉诸的是自由制度原则。比如，当代美国著名伦理学家诺齐克在他的《无政府、国家与乌托邦》一书中就表现得特别明显。许多自由主义者，比如，英国19世纪社会学家和哲学家斯宾塞和美国当代经济学家弗里德曼都不同程度地反对国家征收累进税或别的税，而诺齐克则是从逻辑出发根本反对税收本身，他称税收为"一种强迫劳动"。他说：

---

①《科幻小说》，商务印书馆，1998年版。

"为什么比较喜欢看一场电影（并为此要挣一张票钱）的人就被要求来援助匮乏者，而比较喜欢凝视落日（因而无需去挣额外的钱）的人却不被如此要求呢？"[1]

如此极端地强调"自由"，这与空想主义者那样极端地强调"计划"，在思维的方法上其实没什么两样。诺齐克从逻辑出发的观点甚至极端到这一步：从自由的原则，可以推导出"自愿为奴"是合法的。这在当代社会，又有多大"运行"的可能呢？

正是在自由逻辑的延长线上，诺齐克设想一种"最弱意义上的国家"。这其实也是一种乌托邦——

"在（这个）乌托邦中，将不只有一种共同体存在，也不只是一种生活方式，乌托邦将由各种乌托邦组成，其中有许多相当歧异的共同体。"[2]

这是一个比以往所有的乌托邦更为大胆的乌托邦。尽管它与乌托邦空想的基本思路——即统一性的整体社会——有所不同，但它仍然是空想性的。

像伦理学家诺齐克这种纯理论意义上的乌托邦，之所以会在当代出现，用当代德国学者卡尔·曼海姆在《意识形态与乌托邦》一书中的话来说就是：

"资产阶级自由主义过于专注于规范，而不关心实际存在的状况，因此它必然为自己构思一个理想世界。"[3]

随着20世纪许多国家社会主义实践的失败，人们——不论出于何种立场——在反思这一现实时，总是把社会主义与乌托邦联系起来。但是，另外一种声音仍然存在，那就是：资本主义何尝不是一种乌托邦？

法兰西学院院士皮埃尔·布迪厄在1998年12月号的法国《外交世界》英文版杂志上发表题为《无止境剥削的乌托邦》的文章，说新自由主义已经成为当代世界居支配地位的话语体系。这种话语体

---

[1]《无政府、国家与乌托邦》，中国社会科学出版社，1991年版，第175页。
[2]同上，第311页。
[3]《意识形态与乌托邦》，第226页。

系认为，经济世界是纯粹的和完美的世界。

当代法国学者皮埃尔·罗桑瓦隆有一部著作，书名就叫作《乌托邦资本主义——市场观念史》[①]，他认为"市场社会"、"法治"和"绝对个人"是"三重乌托邦"。

这都是在批判和否定的意义上使用乌托邦的概念。它们与经典意义上的乌托邦在抽象的逻辑结构上有相同的一面，那就是：完美的世界。或者说，仅仅在这一点上，它符合乌托邦的特征。现实的资本主义并非乌托邦，就像现实的社会主义不是乌托邦一样。但是，把资本主义看得如此完善，看成是历史的终结，这样一种思维方式，是乌托邦的。

当然，乌托邦的思维特征，并不仅仅是"完美"。它还是一种人类恒久的思维方式和思想冲动，叫作社会设计。

读伯特兰·罗素论述这几种主义的著作《自由之路》，明显感受到一种乌托邦气息。这本书本身就是对各种社会设计优劣的一本正经的讨论，而不是根本否定社会设计本身。罗素在这本书中明确自称"我们的乌托邦"。而罗素的另一部著作《社会重建的原则》，更清楚不过地体现了他的乌托邦情结。

这样看来，只有像哈耶克那样彻底地否认社会（及其规则）是设计出来的，只承认它们是"生长"出来的立场，才能彻底摆脱乌托邦气息。

尽管如此，作为一个不乏乌托邦气质的思想家，罗素却是反对"文本"的乌托邦的，他反对的其实是历史上那些乌托邦作品中体现的静止感和终结感。正是因为静止，所以，人的创造性和人的自由都不在其中了，这与他的自由主义思想是相矛盾的。他在《社会重建的原则》一书中写道：

"到目前为止，一切虚构出来的乌托邦都是令人不堪忍受的单调乏味。任何人只要有可能，还是宁可活在这个尽管十分恐怖的世

①皮埃尔·罗桑瓦隆：《乌托邦资本主义——市场观念史》，社会科学出版社，2004年版。

界里，也不愿生活在柏拉图的理想国里或者是斯威夫特的'有理性的马群'[①]中间。那些制造乌托邦的人是从一种完全虚构的所谓美好生活的假设出发的。他们认为可以想象出某种社会状态和某种生活方式一经出现，便永远是好的，并且可以永远性地延续下去。他们没有认识到，人的幸福的绝大部分有赖于活动。"[②]

显然，罗素揭示出了乌托邦的另一个特征：终极性。

英国当代社会思想家鲍曼也认为终极性是乌托邦思想的一个显著特征：

"他们想当然地认为，社会现实的一系列长期进步——不管是分散的渐进式的，还是浓缩的革命式的——肯定有其自然的终点，它不仅仅是一个更好的社会而是可以想象出来的最好的社会完善的社会，而在这样的社会任何进一步的变迁都是不好的。从任何'真正存在的现实'到完美社会这是一个巨大的飞跃，是一次极其艰难的变迁，然而，一旦进入了完美社会就不再需要任何的飞跃，也就不会需要或渴望任何进一步的变迁。"[③]

俄罗斯思想家别尔嘉耶夫说："整体性是乌托邦的主要标志，乌托邦应该克服世界的分散破碎状态，实现整体性。"[④]

乌托邦也正是以"社会整体工程"为人诟病。李泽厚说："我这两年在这一点上比较明确，即'乌托邦'的整体社会工程设计一定会导致失败，根据经验出发不断修改、不断探索的前景，反而比较可靠。"[⑤]

乌托邦的确是以"社会整体工程"为特征的，无论是革命之后的实践设计，还是小说、政论等作品中的"纸上设计"。实际上，"纸上设计"因为更容易理想化，所以更有这个特征。

---

①此处指英国小说家斯威夫特的《格列佛游记》第四卷《慧骃国游记》所描述的一个马的理想社会，参见本书第51~52页。

②[英]伯特兰·罗素：《自由之路》下，文化艺术出版社，1998年，第498页。

③[英]齐格蒙特·鲍曼：《被围困的社会》，江苏人民出版社，2005年版，第241页。

④[俄] H. A. 别尔嘉耶夫：《精神王国与恺撒王国》，浙江出版社，2000年版，第113页。

⑤《关于文化建设、道德重建的对话》，见《知识分子立场：激进与保守之间的动荡》，时代文艺出版社，2000年版。

然而，人们可能同时忽略了乌托邦"纸上设计"的另一个特征：即实验性，这也包括欧文、霍华德等人的新村实验和田园城市实验。

方案性、模型性，是19世纪许多乌托邦作品自我定位的自觉。

当代城市规划的前驱、英国19世纪的城市规划学者霍华德在《明日的田园城市》中写道："我指出了本书摆在读者面前的方案与某些经过考验而以灾难告终的方案之间的重大原则区别。我坚决认为，我所建议的试验具有完全不同于那些未成功方案的特征……"[1]

突出"方案"和"试验"本位，显示了19世纪一些乌托邦作品的实践性色彩——至少是指向实践的，而不是为了仅仅寄托想象。实际上，19世纪的欧洲，恰恰是一个社会改革方案迭出的时代。无论是欧文、圣西门、傅立叶还是霍华德，他们的方案都是想要售与当政，以求实践。

比如，19世纪法国空想社会主义者圣西门《论实业体系》一书，除了序言和导论之外，都是由"致国王、议员、农夫、商人、工人、学者、艺术家和其他实业家的书信和呼吁书组成"[2]。他另有一部《论万有引力》的社会改革书，一开始就是"上书皇帝陛下"，"请陛下颁布如下命令：一、对提出改选欧洲社会良好方案的设计人，将酬以二千五百万法郎……"[3]

当代经济学家熊彼特这样评价作为19世纪三大空想社会主义思想家之一的英国人欧文：

"欧文是一位制造商和实际改革家，他不满足于想象或采取小型自给自足社会的思想。在那种社会里人们根据共产主义原则（按此词的最大胆意义）生产和消费自己的生活资料。他实际上着手去实现他的想法。首先他希望政府有所行动，然后他试图建立一个典型来实施他的计划。所以看来他的计划比莫尔更能实行；它不仅有理想，它还有通向理想的桥梁。"[4]

---

①[英]埃比尼泽·霍华德：《明日的田园城市》，商务印书馆，2000年版，第87页。
②《圣西门选集》第一卷，商务印书馆，1997年版，第251页脚注。
③同上，第87页。
④约瑟夫·熊彼特：《资本主义、社会主义与民主》，商务印书馆，1999年版，第444页。

欧文的《新社会观，或论人类性格的形成》是题献给议员威廉·威尔伯福的。他在第一篇论文开头的献辞中写道：

"……这样新奇的办法的建议者，在一个时期内必须心甘情愿地被人看作是当代的好心人，空论家和幻想家之类的人物，因为仅仅浮光掠影地观察一切事物的人很可能就是这样随口叫嚷的，然而，这种叫嚷刚好和事实相反。事实是，他二十年来耐心地在广大范围内证实了这一办法，甚至使爱挑剔的怀疑论者也深信不疑，然后才公之于众的。"[①]

最后说：

"我相信你也会产生这种信念，而且您一旦相信之后就会鼎力相助，把这种信念的影响推广到立法实践中去。"——显然是想通过立法来实现他的方案。

而他的第二篇论文是题献给"英国公众"；第三篇论文的前言，则是"致工厂厂长以及一般聚居一处的工人、因而易于采用本文所述方法陶冶工人的情感与品行的人"；他的第四篇论文则是"献给不列颠帝国摄政王殿下"。[②]

你看，他就是这样试图在社会的各个层面宣传、"兜售"自己改造社会的理想方案。这样的热情，反映了一个时代的改良气息。

因此，即使是对乌托邦有批判倾向的学者也认为：与圣西门那样把自己的思想建立在历史进步的理论之中不同，"欧文很清楚，他是一个实践的、现实主义的改革者。他向人们展示的是一个具有可行性的未来"。"欧文及其继承者所建立的社区是短命的这样一个事实，不应该使人们轻蔑地把它的整个计划称为'仅仅是一个乌托邦'"。[③]

在19世纪的欧洲各国，普遍有一种社会实验的空气。试图在北美大陆实现傅立叶理想的法国人维克多·扎西得朗在《社会命运》一书中写道：

"为了进行试验，就必须要使许多人对它具有信心，须要写一

---

①《欧文选集》第一卷，商务印书馆，1979年版，第2~3页。
②同上，第3、4、5页。
③Vincent Geoghegan, Utopianism and Marxism, Methuen &co. Ltd, 1987, p13。

本宣传的书。"①

　　这就是那时许多乌托邦作品的背景。

　　"它在不危害社会现状的情况下进行试验，在一个很小的范围内，在半平方公里的土地上进行试验。通过实验来对它作出最后的判断。"②

　　李大钊当年在论及理想主义的时候，曾论及欧文、傅立叶和日本人武者小路实笃的新村实验，他这样评价说：

　　"作一个关于理想社会的标本，使一般人由此知道这新社会的生活，可以希望，以求实现社会改造的计划。"③

　　威廉·福斯特《美国共产党史》指出，欧洲共产主义运动与19世纪在美洲的乌托邦实验具有这样一种关系：

　　"1837年的危机，以及紧接着的漫长的12年的萧条，深刻地影响了工人和进步知识分子的思想。为了从灾害中寻找一条出路，很多人就越出了资本主义所固有的范围。在工人生活水平降低、失业者备受痛苦、工业普遍瘫痪的情况下，他们作出的结论是，必须建立一个新的社会制度，终止少数人对多数人的剥削和压迫。但是由于对资本主义社会的规律缺乏科学的分析，他们除了制定或者支持各种异想天开的新社会计划而外，还没有别的办法。这样就开始了一个乌托邦的实验时代。

　　"这些乌托邦计划虽然主要是在欧洲创始的，却在美国获得了最广泛的发展。仅仅几年之内，至少有200个乌托邦计划在美国实验。"④

　　而丹尼尔·贝尔的《意识形态的终结——五十年代政治观念衰微之考察》一书，则以美国的背景解释了这一乌托邦实验潮：

　　"幅员辽阔和物产富饶的美洲大陆注定要成为一个庞大的社会试验场。……这个社会纵使不欢迎，也还不至于带着嘲讽的心情去

　　①[法]孔西得朗：《社会命运》，第一卷，商务印书馆，1986年版，第18页。
　　②[法] 维克多·孔西得朗：《社会命运》第一卷，商务印书馆，1986年版，第18页。
　　③李大钊：《再论问题与主义》，引自黄山书社1996年版《胡适文存》附录，261页。
　　④威廉·福斯特：《美国共产党史》，世界知识出版社，1957年版。

忍受一小帮人为探索太平盛世计划而作出的努力。纵使一些地方的反应是敌意的，但是仍然存在着许多无人管束的蛮荒之地，从得克萨斯一直延伸到爱荷华。在那里，乌托邦的拓荒者们可以找到立锥之地，远离他人的窥探，继续寻求自己的宗教信仰。因此，这类殖民地遍地开花也就不足为奇了。"[①]

我国曾经大规模实行的人民公社制度，往往被人们称作乌托邦。但其实，这样一种新型社会组织与历史上欧文等空想社会主义者的"新村实验"有很大的不同，主要的不同是，它是由国家大规模强力推行的。在改革开放的今天，人民公社已经成为中国人民惨痛的历史教训，被实践所否定。但社会基层组织的创新，却不妨碍一些地方、一些人根据自己当地的特点和针对具体的问题，进行集体经济的实验和公社实验。比如当代中国农业问题研究者温铁军博士发起的《关于建立国仁合作培训中心(实验基地)的方案》，"以解决进城农民工失业之后的救助问题为宗旨，结合传统文化中有助于团结互助的理念，引进各国不同的生态农业模式，进行合作精神、合作社发展经验和有利于农民城乡就业的适用技术培训"。"并且提出广泛动员城市知识分子'义务'参加对失业农民技术培训与合作精神培育的建议，不仅已经得到很多学者和学生的强烈反响，而且于2000年12月得到河北省秦皇岛市政府和步鑫生集团公司董事长张宾的全力支持，并且愿意作为共同发起人，以投资和对项目的经营管理投入培训中心和试验基地"。 显然，这是针对当代中国具体问题，但看起来更近于欧文的"新和谐公社"。如果没有改革开放后农村人口的大流动，问题就不存在；如果没有改革开放后分散化的经济结构，解决这个问题的资源也不存在。

由此可见，小规模的实验是任何一个时代都会发生的事。它是人们的创造性所寄。社会实验总有乌托邦色彩，但不能一看像是"乌托邦"就加以否定。

---

①丹尼尔·贝尔：《意识形态的终结——五十年代政治观念衰微之考察》，江苏人民出版社，2001年版，第306页。

乌托邦著作的写作形式

游记、政论与法典

空间与时间

陈列国家制度与展示人的生活

对话与辩论

空想与虚构的区别

游记、政论与法典

> 这些在形式上相差很远的乌托邦作品却有一个共同的特点：试图系统
> 地设计或表达一个理想社会。它们都不断地、反复回答相同的一类问
> 题：社会财富的分配应该是怎样的？劳动组织和社会组织应该是怎样
> 的？……

乌托邦著作大致可分为三种形态：小说、政论和法典。最典型
的、传播最广的是小说形态的乌托邦作品。而小说形态的乌托邦中
最典型的和最传统的是（历险性）游记。

最早的乌托邦著作就是"海客谈瀛洲"式的游记形式，如古希
腊幻想小说中扬布鲁斯作为埃塞俄亚人的"祭品"航行到"幸福
岛"的故事。苏联研究空想社会主义者的学者沃尔金的研究就追溯
到这个起点。而此后著名的则是康帕内拉《太阳城》、莫尔《乌托
邦》、安德里亚《基督城》、卡贝《伊加利亚旅行记》、威廉·莫里斯
《乌有乡消息》。在西方，也有人把中国读者更为熟悉的《鲁滨逊漂
流记》和《格列佛游记》划入乌托邦作品。

沃尔金认为："乌托邦的文学形式（到一个陌生的国家去旅行的
故事）和古希腊后期的游记体裁的小说很相近。这种形式直到十九
世纪还保持着它的活力（如卡贝的《伊加利亚旅行记》）。但是，
这种形式在其他任何历史时期都未必会比在莫尔的时代更能迎合社
会的口味，因为《乌托邦》是在十五到十六世纪的地理发现已经开
始但远未完成的条件下写成的。"[1]

---

[1]沃尔金：《乌托邦的历史意义》，《论空想社会主义》上卷，商务印书馆，1982年版，第190页。

地理大发现和欧洲海外殖民的历史背景，可能拓展了欧洲空想小说的想象空间。比如，一部出版于1764年的英国空想小说，就把它描写的理想国家明确安排在"智利与波塔哥尼亚之间的南美洲，南纬四十三度或四十四度"①，这个新国家就是由一群荷兰人建立的殖民地。而荷兰正是近代早期最为活跃的海外殖民国家之一。

然而，虽然同样具有历险游记的外在框架，从早期乌托邦作品（《太阳城》《乌托邦》《基督城》《新大西岛》）到晚期乌托邦作品（《回顾》《乌有乡消息》《伊加利亚旅行记》等），有一个形式的演进过程：

前者仅靠"异乡来信"或与亲历者简单问答式的对话来介绍乌托邦社会的制度和人民生活，比如康帕内拉的《太阳城》，通篇以"朝圣香客招待所管理员和一位热那亚的航海家的对话"一问一答来叙述；培根的《新大西岛》仅仅通过来访者与"外邦人宾馆"馆长商人乔宾和一位元老的问答来介绍这个国家。此外，书信体可能比较流行，比如1709年在英国出版的《满足岛：一个被发现的新天堂》②，就是完全以书信体形式写作的。"海客谈瀛洲，越人语天姥"——都是奇闻转述。

而后者则把叙述人直接置于理想社会的人们中间去生活，同他们发生具体的感情和思想冲撞。比如，《回顾》中19世纪的叙述人韦斯特，一觉醒来就生活在20世纪美国波士顿的利特医生的家里，他与利特医生进行严肃的对话，与利特小姐沉入爱恋之中；《乌有乡消息》中19世纪的社会主义者一觉醒来就生活在21世纪泰晤士河边的一群青年劳动者之中，他随他们沿泰晤士河航行和劳动，与他们中美丽的姑娘爱伦逐渐陷入深深的爱恋中。《伊加利亚旅行记》的情节也相似。这个理想社会是通过他们的生活展现的。

显然，后者更有文学性、更感染人。

---

①An Account of the First Settlement, Laws, Form of Govermeny, and Police, of the Cessares,《英国启蒙运动中的乌托邦思想》(Utopias of the British Enlightenment)，剑桥政治思想史原著系列（影印本），中国政法大学出版社，2003年版，第73页。
②见《英国启蒙运动中的乌托邦思想》(Utopias of the British Enlightenment)，剑桥政治思想史原著系列（影印本），中国政法大学出版社，2003年版。

沃尔金意识到这种形式的演进，他曾指出："《塞瓦兰人的历史》是一部用第一人称写的、仿佛是一个旅行者回忆自己的经历的首尾连贯的小说。在这部书中，作者用了比以前的空想主义者更多的气力来描述旅途的波折、行程奇遇、旅行者的相互关系、大自然景色、城市风光、渔猎状况等。""《塞瓦兰人的历史》就其形式来说，更接近于所谓'游记小说'这种类型的文艺作品；而《乌托邦》和《太阳城》则是一种叙事体的议论性著作。"①

　　其实，早期的《太阳城》、《乌托邦》就外在形式来说，何尝不是"一个旅行者回忆自己的经历"，只是这种叙述全是"海客谈瀛洲"的"事后谈"，《基督城》虽然把"事后谈"变成了"眼前描写"，但因为没有人的形象和生活，仍然相对抽象而静止。在这一点上，《塞瓦兰人的历史》的确是进了一步。但是，《塞瓦兰人的历史》的文学性叙述仍然没有创造出生活在理想社会的性格形象鲜明的人物来，也就是说，不是通过生活于其间的人物来表现这个社会的。

　　再说政论形态的乌托邦。

　　19世纪空想社会主义的三大代表人物欧文、圣西门、傅立叶的著作都是政论性的，一直到我国近代康有为的《大同书》。其中充满了论点、论据和论证。其说服性倾向比小说形式的乌托邦作品更为明显。像欧文等人的一些著作，本来就是投书当政者，希望贡献于当代社会改革的，而不仅是为了让一般读者看着美妙眩目。

　　从19世纪到20世纪，这种政论性的乌托邦著作，还有18世纪英国的葛德文《政治正义论》一书中《政治组织的未来》、《论政治社会的未来》等章、19世纪德国社会主义者魏特林《和谐与自由的保证》的第二部分《一个社会改革的理想》、20世纪俄国无政府主义者克鲁泡特金的《面包与自由》、20世纪英国思想家伯特兰·罗素《自由之路》的最后一章《我们能够实现的理想社会》。这些作者一般并不都被看作是空想主义者，他们中有些人本身就是现实改

---

①沃尔金：《十七世纪法国的一位空想社会主义者》，附录于商务印书馆《塞瓦兰人的历史》。

革或革命的实践者。但他们的这些著作如果不是全部具有空想性质的话，那么也是局部具有空想性质。这些空想的局部向人们显示的是：空想，或者沿着空想的历史轨迹思考，曾经是那么流行的思考形式。

还有法典形式的乌托邦。

为一个全新的社会立法，这样的思想，就体现为乌托邦著作的一种自然的形式。它一方面比文学的形式更为有效率地反映了空想家们对理想社会的全面思考；另一方面与这些西方作者所在的现实社会的深厚的法律传统有关。正是通过法律文本的形式，乌托邦试图诉诸实践。

英国17世纪"掘地派"领袖温斯坦莱就著有《新正义法》、《自由法》。法国18世纪共产主义思想家摩莱里著有《自然法典》。法国19世纪空想社会主义者傅立叶著有《社会法典》；另一位空想社会主义者德萨米著有《公有法典》。英国19世纪空想社会主义者欧文也为他的理想社会——"新村"写下了《以不变的自然法为基础的普遍适用的合理组织法》，他还为自己在北美创办的"新和谐公社"，写下了《新和谐公社组织法》。这些都是以"法律草案"的形式来构造的乌托邦。

20世纪初中国康有为的《大同书》，在构架上（表现为章、节的标题）往往用禁止性语句，如"男女听立交好之约，量定限期，不得为夫妇"，"男女合约当有期限，不得为终身之约"——这也是典型的"法言法语"，一副为社会立法的姿态跃然纸上。《大同书》的雏形文本更是以《实理公法全书》命名。

至于1925年张竞生出版的《美的社会组织法》，则更像欧文的《新和谐公社组织法》、《以不变的自然法为基础的普遍适用的合理组织法》。这种"法制化"的乌托邦，并不是我们中国人熟悉的形式，它们没有适当的文学性，但却表达了更清晰、更强烈、更直接的社会改造意志。

这些在形式上相差很远的乌托邦作品却有一个共同的特点：试

图系统地设计或表达一个理想社会。它们都不断地、反复回答相同的一类问题：社会财富的分配应该是怎样的？劳动组织和社会组织应该是怎样的？……这是本书所关注乌托邦作品的一个大致边界。以这个尺度来衡量，那么，像《桃花源记》、《镜花缘》乃至《格列佛游记》等等一般认为有着乌托邦色彩的中外文学作品，都不在此列；而魏特林的《和谐与自由的保证》、克鲁泡特金的《田园、工厂和作坊》、罗素的《自由之路》等政论作品，则都在这个范围之内。

空间与时间

> 通过空间旅行描述的乌托邦具有这样的含意：那里做到的，我们没有理由做不到；通过时间旅行描述的乌托邦具有这样的含意：现在做不到的，终究有一天会做到。

　　如何处理虚构的理想的社会与叙述者和读者之间的关系，这是作品的叙述形式问题。

　　按这个标准，那些文学形式的乌托邦作品也可以分为两类：空间的乌托邦与时间的乌托邦。不同的作者把他们理想中的社会或者置于烟波浩渺的大洋中，或者置于遥远的未来，前者凭藉船，后者凭藉梦。《太阳城》、《乌托邦》、《基督城》、《塞瓦兰人的历史》、《伊加利亚旅行记》是前一种的典型；而《乌有乡消息》的叙述者一觉醒来已是二百多年以后的伦敦；《回顾》的叙述者韦斯特则是因为催眠术的失误睡了113年后才从1887年"来到"2000年的波士顿。他们两人在空间上都没有移动，但时代已经完全不同了。他们不费舟车之劳，一下子便生活在新人和新社会之中，仿佛走进了"时光隧道"。

这两种作品的时空结构有着不同的意味。

16世纪英国人托马斯·莫尔的《乌托邦》，作者称全书是由航海家拉斐尔·希斯拉德亲历见闻。作者突出了一个新奇性，却不能回避一个偶然性——希斯拉德确实是偶然才发现这个岛的，而作者是偶然遇到希斯拉德的。这个岛，"根据他们的纪年史，直到我们登陆时，他们对于我们的活动一无所知，只知道1200年前一只遭风暴的船曾在乌托邦岛失事，那次若干罗马人和埃及人被冲上岸，从此留住岛上"。

这种突出偶然性的叙述结构，本质上对应着一种共时态的结构，即理想的社会与作者和读者处于同一个时代。这当然难以体现出作者把他描述的理想社会当作一种历史发展趋势的判断。实际上，就如作者在书中写到的：

"乌托邦国家有非常多的特征，我虽愿意我们的这些国家也具有，但毕竟难以希望看到这种特征能够实现。"[1]

17世纪德国人安德里亚的《基督城》被称作"空想社会主义史上的第三颗明珠"[2]。而安德里亚笔下的"基督城"则是一位航海者在船破碎之后只身漂流到南极附近才发现的小岛。

英国人培根（1561～1626）笔下的"新大西岛"也是主人公从秘鲁带上12个月的粮食经太平洋驶往中国和日本途中粮绝后遇到的岛。

实际上，把一个想象中的美好社会安排在一个"岛"上，是早期乌托邦小说的一个共同的特点。因为"岛"至少满足这样一个条件：它与现实的社会有空间上的距离。此外，它天然的封闭性使其美好的制度风俗得以不受侵扰。从阅读的角度来说，它也具有一种猎奇性。所以，在一本英国18世纪乌托邦作品的选本所开列的75部

---

①[英] 托马斯·莫尔：《乌托邦》，商务印书馆，1997年版，第119页。
②高放：《空想社会主义史上的第三颗明珠——安德里亚著〈基督城〉评介》，《基督城》，商务印书馆，1997年版。

乌托邦作品名录中（其中并不都是文学作品），书名（标题）中含有"岛"(Island)字的，就达10部。而书名中包含"旅行"（Trip；Travel；Journey）、航行（voyage）、历险（Adventure）的，就有21部，其中包括我们中国读者所熟悉的《格列佛游记》(Gulliver's Travels)。有意思的是，在这个名录[①]中，有7部作品中的书名（标题）含有"月亮"。其实，"月亮"与我们人类的距离和"封闭性"，与"岛"满足的条件一样。

19世纪初期，英国还有一部《布鲁斯的那不勒斯之旅》。看这个标题，地方似乎倒是不远，在意大利南部的地中海沿岸，然而当故事的叙述人随着货运海船到达目的地，与船长一起登上维苏威火山，他却不慎失足落入火山口——由此进入了一个理想社会[②]。

地心和孤岛、月球一样，都是隔绝于人类社会的空间，也是人类放置幻想的地方。

而到了19世纪中期《伊加利亚旅行记》中的伊加利亚共和国，虽也在"海外"，但访客到达那里却非偶然。这个国家有航班，有使馆，有国际交往，有大批的参观学习者，甚至还要向全世界输送共产主义制度。它虽然还保持着"海客谈瀛洲"式的古老叙述框架，但偶然性色彩淡化了，必然性色彩增加了。

以上都属空间结构的乌托邦。下面谈时间结构的乌托邦。

"物是人非"是19世纪后半期英国社会主义运动的先驱者威廉·莫里斯的空想社会主义小说《乌有乡消息》中的时间特色。事实上，书名（News from nowere）中的"nowere"（乌有乡）并不准确，这部书所描述的乌托邦，并不在什么虚无缥缈的地方，也不是像《乌托邦》、《基督城》描写的虚构岛屿，而就在故事的叙述人所熟悉的伦敦附近的泰晤士河地区，只是时间已是200年以后了。即这部小说展示理想社会的叙述手段，并不是空间的移动，而是时

---

①Chronology of main eighteen—century British utopian and anti—utopian texts,《英国启蒙运动中的乌托邦思想》(Utopias of the British Enlightenment)，剑桥政治思想史原著系列（影印本），中国政法大学出版社，2003年版。

②见Bruce' Voyage to Naples,《英国启蒙运动中的乌托邦思想》(Utopias of the British Enlightenment)，剑桥政治思想史原著系列（影印本），中国政法大学出版社，2003年版。

间的移动。

这个时间的过渡，是在小说的叙述人一梦之间实现的：

头一天晚上，这位19世纪的工人领袖还在与同志们讨论革命那天将会发生什么事情，以及新社会的前途怎么样。而一梦之间，他已经到了新社会。莫里斯的这部空想小说在我看来是写得最好的，文学性也很强，它充分传达了那种一脚迈入一个新的社会的新鲜感和陌生感——一种"外乡人"的感觉（实际上，他在书中也不得不自称"外乡人"）。这种感觉至今读来都有一种魅力。

而且，"这儿的变化是多么小啊！"（主人公在Day's 水坝上的感慨）。物没变，人变了——人的生活变了，这正是作者要强调的。这种把乌托邦置于时间中的结构比那种把乌托邦置于空间（如不为人知的荒岛）中的结构显得更有历史感和必然性。

大洋和岛，暗示着乌托邦存在的空间条件：隔绝；而不同的时代，本身也意味着隔绝。这两者有什么区别呢？

通过空间旅行描述的乌托邦具有这样的含意：那里做到的，我们没有理由做不到；通过时间旅行描述的乌托邦具有这样的含意：现在做不到的，终究有一天会做到。

卡尔·曼海姆《意识形态与乌托邦》（1929）一书，在政治学上也以时间和空间来划分乌托邦："对文化历史的出色研究表明，人类的渴求所具有的形式可以根据总的原则来陈述，而且在某些历史时期，愿望满足是通过投入时间来达到的，而在另一些时期，它则通过投射于空间来进行。根据这种区分，可以把空间的愿望称作乌托邦，而把时间的愿望称作千禧年主义。"[1]

曼海姆的"时间的乌托邦"，可以给人以积极乐观的理解。如学者程巍所言：曼海姆的"空间的乌托邦"与"时间的乌托邦"，"前者指在历史中不可能实现的想象，而后者指在历史中有可能实现的想象。举例说，幻想人能长出飞翔的翅膀，这是一种空间的乌托邦，因为它假设人在生物学上有所改变，这显然不可能，它因

---

①[德] 卡尔·曼海姆：《意识形态与乌托邦》，商务印书馆，2000年版，210页。

此只可能是一种想象空间中的东西，没有历史的可能性，而幻想人能借助飞行机器实现飞翔，是一种时间乌托邦，因为随着技术的发展，它有可能实现，而且的确实现了。"

16世纪的莫尔把心中的理想称作"最完美的国家制度和乌托邦新岛"；17世纪的康帕内拉把他的心中的理想"太阳城"称作"最好的国家"——实际上仍然只是大洋中的一个封闭的海岛；而到19世纪初的英国人欧文，则把自己的理想称作"新道德世界"（欧文创办的空想社会主义者周报的刊名）、"新社会"、"新秩序"，实际上是要由单个的新村联盟扩展，"最后把全世界联合成为一个只被共同的利益联合起来的伟大共和国"。19世纪末中国人康有为的《大同书》则在提出"去有级界平民族"之前，提出"去国界合大地"。这是乌托邦由空间迁跃到时间迁跃的一个线索，也是乌托邦作者，这些空想家历史观的进化：由在一个封闭环境中才能生存的偶然的社会，到对人类历史的普遍规律的体认。

我国学者何怀宏先生注意到乌托邦作品的叙述形式由空间到时间的转换与人类历史发展的关系，他在《认真对待乌托邦理论》一文中写道：

"像莫尔、康帕内拉这样一些16世纪的早期乌托邦论者较多地假托于异邦，因为那时世界上还有许多不为人所知的角落……而到地理大发现之后，尤其是在19世纪，乌托邦论者就更多地去设想未来了，这是和当时社会都普遍相信进步，相信规律，都比较乐观的思想氛围也有关系。"[1]

显然，19世纪的美国乌托邦作品《回顾》、英国乌托邦作品《乌有乡消息》是符合于这个特点的；而同样是19世纪的法国乌托邦作品《伊加利亚旅行记》，还是写海外异邦，就不适合这个特点。也许正是在这个意义上，有人认为，"卡贝根本够不上杰出二字，甚至谈不到有什么独创性，因为，说到底，他的这部《伊加利亚旅行记》并没有超出按法国小资产阶级的标准改写的托马斯·莫

①何怀宏：《底线伦理》，辽宁人民出版社，1998年版，第273～274页。

尔的那本《乌托邦》。"①

当然，这种叙述方式的"滞后"也许不能简单地理解为思想观念的落后，而是对应着某种现实性和行动的色彩。因为《伊加利亚旅行记》的作者卡贝不仅是写了这本虚构作品，而且现实地组织了一批法国志愿者到美洲大陆去创造理想社会。美洲大陆对于那些人来说，就是"海外异邦"。

陈列国家制度与展示人的生活

如果把理想制度完全融入"目睹"或事件性的描写中，当然是最好的结构了，但是确实很少乌托邦著作具有这样的结构。

早期的乌托邦作品只见物和制度，而不见人。1619年在德国问世的《基督城》一书各章节的题目差不多都是由物构成的，详列图书馆、兵器库、档案馆。它比1516年在英国问世的《乌托邦》、1601年在意大利问世的《太阳城》更像是文学作品的地方，是写到了具体的人名。但是这些人只有名字，没有声音、没有活动、没有个体的生活事件，更谈不上个人的情感。有一本1709年出版于英国的《满足岛》，其各章标题，无非是气候、环境、食物、酒、马铃薯汁、衣服、居民、艺术、贸易、法律、婚姻、运动、宗教等等。

到19世纪中期的《伊加利亚旅行记》、19世纪后半期的《乌有乡消息》、《回顾——公元2000～1887年》，始有作品中的人物姓名进入章节的标题。

①[德]海因利希·卢克斯：《艾蒂安·卡贝和伊加利亚共产主义》，商务印书馆，1992年版，第45页。

虽然许多乌托邦作品都是小说的形式，但一般来说，并非好的文学作品。比如，有人批评卡贝的《伊加利亚旅行记》："这部作品雄辩滔滔，但缺乏感染力。"①19世纪末期美国社会空想改良主义长篇小说《回顾——公元2000～1887年》的作者贝拉米在"作者前言"中写道："作者盼望本书能侥幸在题材方面引起读者发生兴趣，从而宽容其创作方面的缺陷。"②就是这方面的自觉意识。

其实，在乌托邦作品中，《回顾》在文学性这方面还是相当不错的，是一本比较注意营造结构、有悬念的作品。但是，其中大段关于制度的问答，仍然很难作为"文学"来阅读。在《回顾》中，生活在19世纪末的主人公韦斯特，由于一次失误的催眠术，偶然中一觉睡到了公元2000年的新社会。他除了与利特医生进行严肃的对话，就是与医生的女儿上街购物、谈恋爱，书中谈话的篇幅太多，限制了对生活表现的丰富性，不能不说是一种遗憾。这可能是因为，只有通过这种冗长的对话，才能反映作者对新的社会制度的思考和展望。

在游记性的乌托邦作品中，17世纪法国空想主义者德尼·维拉斯所著《塞瓦兰人的历史》是最有传奇性色彩的，在总共三章不长的篇幅中，前两章充满了大量的细节描写，的确如沃尔金所言——

"对于旅途中的波折，各种奇遇，旅行者的交际往来，自然景色，城市风光，渔猎实况等，都比早期空想主义者要描写得多"③。

然而，细读此书，却不难感到，《塞瓦兰人的历史》并非如沃尔金所言，"作者的社会思想和他所描写的那个国家的社会关系的特点，也就流露在那引人入胜的故事中"④。那些生动的文学描写只是承担了一般传奇小说的功能，并没有承担起多少表现思想和制度的任务——就一部空想主义小说而言，这很"浪费"笔墨，因此它也就不得不用第三章——没有什么引人入胜的色彩的文字——专门来容纳文学描写所承载不了的制度介绍。这使得整部著作在风格上很

①[德] 海因利希·卢克斯：《艾蒂安·卡贝和伊加利亚共产主义》，商务印书馆，1992年版，第44页。
②[美] 爱德华·贝拉米：《回顾——公元2000—1887年》，商务印书馆，1997年版，第12页。
③沃尔金：《17世纪一位法国空想主义者》，《论空想社会主义者》，中国人民大学出版社，1959年版，第110页。
④同上。

不统一，结构上也很不均衡。

如果把理想制度完全融入"目睹"或事件性的描写中，当然是最好的结构了，但是确实很少乌托邦著作具有这样的结构。

早期的乌托邦都是冷静的叙述，而晚期乌托邦，比如《伊加利亚旅行记》、《乌有乡消息》、《回顾》，却都是有情的叙述，这突出表现在情感介入，故事的叙述人——从旧社会到新社会的造访者，不仅是爱上了他们见到的新社会，而且都对那个新社会中某一个健康美丽的女性产生了难以抑制的爱情。而在《回顾》中，还特别突出了对叙述人的心理描写——相隔100年的社会制度给他造成的心理冲击。与早期游记性的乌托邦作品相较，《乌有乡消息》、《回顾》特别描写"亲身"经历了理想社会生活的叙述人，在一梦之间来到了美好的新社会，又在一梦之间回到"过去"不如意的资本主义时代，因对比鲜明而产生的那种痛彻骨髓的怅惘——实际上，他们在失去理想社会的同时也失去了心中所爱的姑娘。由于在梦中亲身体验了一种完全不同的美好社会，他们实际上已经难以生活在自己原来的时代了。不管读者是否接受书中的观点，这样一份无可排遣的怅然之情是非常打动人的。

然而，卡贝《伊加利亚旅行记》中的爱情描写却受到了批评："作品中，最不成功的地方乃是卡贝对勋爵加利斯达尔恋爱史的描写。这是卡贝笨拙地虚构的一个情节，他本以为描写勋爵的这段对伊加利亚美女追求的情史是会紧紧吸引读者特别是妇女读者的注意的。"[1]

应该说，乌托邦作品因为承载了大量的制度幻想和制度设计的任务，并且让描写服从于这个任务，其作者也大多并非专业的文学家，因此即使是小说体例的文本，在文学性上一般都不如其他小说。这是可以理解的。就我看，其中写得最好的是莫里斯的《乌有乡消息》。它整个是诗意化的，把现实世界与理想社会的对立和对比在一个跨越时空的人复杂的内心情感中去体现。

---

①[德] 海因利希·卢克斯:《艾蒂安·卡贝和伊加利亚共产主义》, 商务印书馆, 1992年版, 第45页。

而《伊加利亚旅行记》，他的批评者卢克斯认为："卡贝在自己的作品中，首先给人的感觉是：他是一位冷静的建筑师，一个新的社会大厦的建设者。在他的作品中可以看到这种倾向：用作品的丰富词藻来掩盖作品的贫乏的内容，作者似乎想用这种办法去剥夺读者进行深入思考的时间。这部作品雄辩滔滔，却缺乏感染力。"①

这真是19世纪末的"酷评"，很深刻，很到位。他指出的并非卡贝一个人的毛病，而是点出了乌托邦作品的一般状况。

19世纪末到20世纪初的英国著名小说家H·G·威尔斯在1905年发表的《现代乌托邦》一书中，也对大多数乌托邦小说缺乏人物性和命运描写的毛病提出了批评：

"它们共同的缺点是空洞。生活中的血性、温暖与事实，大部分都是缺乏的；在这种思考中，没有具有个性的个人，而只有一般化了的人民。几乎在每一个乌托邦中——或许只有莫利斯的《无何有之乡的消息》是个例外——我们都看到漂亮的，但没有性格的建筑物，对称的和完善的田地，健康快乐，服装美丽却没有个性分别的大堆人民。"②

以上只是就小说形态的空想作品而言。政论体裁的空想性著作另当别论。

空想的政论作品自然不如小说那样引人入胜，但是19世纪欧洲三大空想社会主义者之一傅立叶的作品，也会设置一两个并不生动的虚构人物来说明他要说明的问题，比如在《经济的新世界或符合本性的协作的行为方式》中，就有一个穷人鲁卡和一个富人蒙多尔。他们都是加入傅立叶的空想协作组织"法郎吉"的人。他们有各自的作息时间表，还有简单的生活经历③。但人物形象并不清晰完整。

比如，傅立叶还写了一个富人达蒙以及一个贫穷的小姑娘阿曼

①[德]海因利希·卢克斯：《艾蒂安·卡贝和伊加利亚共产主义》，商务印书馆1992年版44页。
②转引自《现代人论乌托邦》，台湾联经出版事业公司，1980年版，第14页。
③参见《傅立叶选集》第一卷，商务印书馆，1982年版，第161~163页。

特之间的事——

"达蒙是一个爱好花卉的人。当他住在巴黎时，就为布置自己的花坛费了很多钱。卖花的不但不支持他，还要骗他；园丁则偷他的花，这样，他对养花感到厌烦了，不再爱花了。

"达蒙在试验性的法郎吉安家落户之后，却又更加爱侍弄起花来了，因为热心的同事都帮助他，这些热心人不会引起他的不信任，而且不管他要什么，他们都会主动去做，甚至不要他吩咐就很熟练地完成了他自己不想担当的一切工作。他同他们没有任何利害冲突，因为一切开支都是由法郎吉负担的。"

显然，虚构达蒙这个人物是为了说明协作制度下和谐的人际关系。但是，这还不足以说明一个富人仅仅为了这一点就放弃原来的生活进入法郎吉。

贫穷的小姑娘阿曼特这个角色也是为了说明协作制度下和谐的人际关系而虚构的。她就是热心帮助达蒙的人——

"她对达蒙热情洋溢。她忘了他已经是60岁的人了，把他看作自己所心爱的花卉栽培工作的支持者。她想向他表示，既然她是侍女小组的成员或女侍从，她就要负责收拾达蒙的房间，照管他的衣柜。这样，阿曼特便自愿成了达蒙的女管家，达蒙并不付给阿曼特工钱，她认为要工资是丢人的事。"①

傅立叶用这两个人物的关系要说明的是：协作制度可以消融不同阶级的隔阂。

顺便说说，傅立叶对理想社会的论证与描写，给我一种过于铺张的、夸夸其谈的感觉。这种政论中的不真实感甚至超过了小说。

---

①《傅立叶选集》第二卷，商务印书馆，1981年版，132页。

对话与辩论

> 一种完全否定现有社会制度的理想设计，从一开始就不能不接受辩难，不能不处于论辩状态。

许多乌托邦作品在表现形式上还有一个共同的特点：一般都充满了对话和辩论。

即使是那些小说形式的乌托邦作品，即使是那些晚期的、发展成熟的乌托邦作品，也差不多都难以避免冗长的对话与介绍性的篇章。其中，在作品展示的理想社会中，总有一位知识丰富的人或者历史事件的亲历者作为谈话对象，回答故事的叙述者对理想社会的各项制度提出的疑问甚至质疑。在18世纪的英国作家托马斯·诺思莫尔所虚构的印第安国家"马卡利亚"，这个理想国家的革命和立法过程，主要是通过革命领袖、共和国的参议员伊欧索斯向故事的叙述人、英国航海家讲述的。而在19世纪末的《乌有乡消息》中，作者所虚构的英国革命和社会主义建设的历史过程，是通过叙述者与一位对"过去两百年历史"颇为了解的不列颠图书馆管理员哈蒙德老人的对话。

生活在16~17世纪间的乌托邦作者康帕内拉，在写了《太阳城》之后，又写了一篇《论最好的国家》，用以论证"太阳城"的合理性和可能性，完全是论辩的形式，先开列反对意见，一二三四五六七，然后逐条予以回答，第二篇又是开列反对意见一二三四，然后又是逐条回答。连对人们对他在《太阳城》中"设想在赤道附件有这样一个国家（太阳城）存在是不合理的"质疑也要回击。

"谁也不乐意在领导人的监督之下过这种严格的生活，不犯任何罪孽。因此，这种国家会被本国的公民所推翻，正像许多宗教骑士团被他们过着共同生活的成员所推翻一样。"[1]

这是康帕内拉《太阳城》所附录的辩论性文章《论最好的国家》第一篇"第七个反对意见"。康帕内拉《论最好的国家》就是以对反对意见的回驳来捍卫他的《太阳城》的，共罗列反对意见12条，主要集中于对虚构文本的质疑——"太阳城"存在的可能性。但这一条反对意见所见者远，超出了对虚构文本的质疑。

与此相较，常常被人们看作是我国古代乌托邦作品的《桃花源记》、《镜花缘》，都不需要如此论争。但是，正是这一点，真实地反映了西方乌托邦作品产生的思想史环境——一个意见冲突的、争辩的思想市场。这个背景，对于乌托邦作品的形态有着重要的影响。

欧洲中古有一种"魔鬼的辩护士"，那时候的神学者，提出了理论，必须请另外一个人，就敌对立场，提出反驳。真理要透过反驳，才无懈可击。那些提出反驳的人，好像站在魔鬼的立场讲话，所以叫"魔鬼的辩护士"[2]。这个小典故，是欧洲论争传统的精彩说明。而我国西汉以后，思想界长期处于大一统的环境中，百家争鸣时代的论争形式和论争传统不彰，乌托邦思想或被正统目为异端，或自居正统排斥异端，没有一个像在欧洲那样的论争环境，这也可能是乌托邦思想不发达的一个原因。

在《太阳城》中，作者针对"共产主义违反人类本性"、"共产主义妨害了劳动积极性"这些基本的异议进行了回答。这些驳议在此后的几个世纪里，又曾以不同的方式在不同的乌托邦著作中出现。

18世纪后期英国具有空想色彩的政治学家葛德文所著《论财产》凡八章，其中从第三章到第七章都是对"异议"的回答，如第

①《太阳城》，商务印书馆，1980年版，第63页。
②见李敖：《论唱反调》，湖南文艺出版社《千秋评论——李敖杂文选》。

047

三章的标题是"基于豪华生活具有良好作用的意见而对我们制度提出的异议",第五章"基于我们制度的不稳定性而对我们制度提出的异议",第六章"基于我们制度所造成的限制的残酷性而对我们制度提出的异议"。

19世纪法国小资产阶级空想社会主义后期代表路易·勃朗在他的《劳动组织》一书中专门设立了标题为"对各种批判的答复"的重要部分。所录批判意见并非虚拟,而是当时的各种报刊文章。

请看在法国19世纪空想社会主义者路易·勃朗的《劳动组织》一书中所录的舍伐利埃的反对意见:

"使所有的人,无论是高级官员或者是最低贱的临时工,都毫无例外地度着同样物质生活的这种思想是只有天真的中学生才会有的幻想之一。……这不是平等,这是最可恶的暴政的不平等。……只有在掌握权力的人兼并了所有的利益并且霸占了所有财富时,才会使强烈的想象力狂热地产生类似的空想,或让自己受到这些空想的诱惑。"

"仅仅靠责任感是不可能建设一个社会的;革新者不考虑个人的利益就会忽略人类一般行为的最有力的动力,至少忽略那种能使人奋发的力量。"①

这两段话,可以看作是对几乎所有乌托邦思想和许多乌托邦作品的批评。而从这一段话中,我们也可以理解30年前当代中国改革的基点在哪里了。那就是从一种对人性和制度的幻想回到真实的人性和人的权利。

就游记形式的乌托邦作品而言,对制度的介绍往往是借助"旧社会"和"新社会"两种制度下的人的对话来进行的。由于乌托邦创作纵贯上千年,其"对话"水平当然是不同的,越是到了晚期——资本主义发展兴盛期,"对话"就有更尖锐的色彩,也更具有思想交锋的价值。这在19世纪中期的《伊加利亚旅行记》和19世纪末期的《回顾》两书中表现得特别明显。

---

①[法] 路易·勃朗:《劳动组织》,商务印书馆,1997年版,第96、97页。

《伊加利亚旅行记》的第二、三卷，在为外宾举办的历史讲座的大厅里，展开了以博学机智的西班牙宗教法官安东尼奥为发难方，以伊加利亚年轻的历史学家狄纳罗为辩护方的关于伊加利亚共产主义制度的大辩论——整整占了两章。这个安东尼奥绝非稻草人似的摆设，而是真往要紧的地方问，要命的地方戳。如果说，当这部作品1978年在我国初版时人们还难以理解安东尼奥辩难的力度的话，那么在今天，当我们亲身经历了两种经济体制的转变，我们就能够感到那位在小说中"输"了的论辩家的厉害了：他提到了绝对平均的社会的致命弱点——人们缺乏进取动机和竞争性，以及在分配"结果公平"中的实际上的不公平。"这种平等不仅远非有利于弱者和无能者，而且对一切人都是有害的，因为它窒息能力和奋斗意志，妨害天才的发挥和发明创造的出现。"①

　　而《回顾》则是通过一位1887年5月30日入睡，又在2000年9月30日醒来的富家公子韦斯特与理想社会中利特医生之间的问答来表现理想社会的各项制度的。韦斯特在一场113年的大梦醒来之后，几乎一开口就向2000年的理想社会的居民发问："社会所必须的职业不可胜计，它们的性质截然不同，相互比较的标准又无法一致，在这种情况下，你们怎能把无数职业的不同报酬或工资圆满地定下来呢？"

　　正是在论辩式的对话中，《回顾》一书触及到：如果国家成为唯一的雇主，那么个人自由还有哪些余地？这正是本世纪自由主义大师哈耶克在《通往奴役之路》一书中提出的问题。

　　既然这些乌托邦作品是通过问答乃至论辩形式介绍理想社会的制度，那么我们今天就能看到，其中尖锐的提问和"反对意见"有的还是很有道理的；而作者的回答，却不一定都站得住脚。在这里，虚构的论辩也能产生真实的论辩效果，虚构的论辩也可能成为真实的认识形式。这一点是耐人寻味的。这可能既缘于西方的思想传统，也缘于这样一种自觉，即一种完全否定现有社会制度的理想

---

　　①《伊加利亚旅行记》第二、三卷，商务印书馆，1978年版，第98页。

设计，从一开始就不能不接受辩难，不能不处于论辩状态。其中的许多著作都很突出逻辑的形式表述。而从今天看，这至少给我们留下这样一个空间：看一看他们的论辩逻辑，哪一步推演错了？

在《回顾》一书中，于公元1887年入睡又于公元2000年醒来的富家公子韦斯特，他几乎是以一种怀疑、审视的眼光来了解这个"未来"的理想社会的，让人听起来是处处"找茬儿"。他所问的问题几乎每一个都从市场经济的角度向理想社会制度发问，虽无敌意，却很厉害。比如：

"尽管有这些缺点，按照市场的行情来定价格，还是一个切实可行的办法。很难设想，你们在这方面会找到什么令人满意的办法来代替。既然政府成为唯一可能的雇主，当然也就无所谓劳工市场或市场行情了，各类工资势必由政府强行规定。我真难以想象有什么任务会比这更复杂更需要慎重处理的了，而且不管怎样执行，也没有比这种任务更容易引起普遍不满的了。"

他一点都没说错。这正是后来所有计划经济的社会主义国家都曾经背过的重负。

空想与虚构的区别

乌托邦意义上的空想与一般文学作品的虚构是有区别的，前者向读者明示其表现的内容不可能在现实中产生；而后者则都是在现实社会的背景中产生的，需要用现实的经验来理解。

如果我们把前面介绍的乌托邦作品看作主流的乌托邦作品的话，那么，在此之外，还有一脉"变形的乌托邦"的源流。

18世纪英国作家斯威夫特的《格列佛游记》是中国人比较熟悉的一本西方名著。其中"大人国"和"小人国"的故事给人的印象很深。然而，人们所不太熟悉的第四卷《慧骃国游记》却写出了一个与现实的英国社会（乃至人类社会）相对照的"理性马群"的理想社会——是马的，而不是人的，这一点体现了《格列佛游记》的讽刺性特征，故意要"人"难堪。但是，就是这个"马的理想社会"，却寄托了作者人的理想，以至于主人公流连忘返，不愿意再回到人类社会了。而且，就是这个马的理想社会，也有它的社会生活准则，有它的代表大会等政治制度。从这一点看，它还是乌托邦；但因为是"马"的而不是人的社会，所以说是变形的乌托邦。这就像创作了反乌托邦作品《一九八四》的英国作家奥威尔另有一部《动物庄园》应当算"变形的反乌托邦"一样。

当代美国著名学者波斯纳把《格列佛游记》看作是"政治讽刺文学"的经典作品，同时把《一九八四》等反乌托邦小说也看作是"政治讽刺文学"。也有人把《格列佛游记》叫作"乌托邦讽刺作品"。其实，"讽刺"固然是其形式特点，但是，典型的乌托邦作品当然不是在于讽刺，而在于歌颂。这种讽刺性的作品之所以也被算作乌托邦，那是因为它与主流乌托邦作品有着同样的因素：空想。

乌托邦意义上的空想与一般文学作品的虚构是有区别的，前者向读者明示其表现的内容不可能在现实中产生，与现实有着非常遥远的距离——或是空间的距离，或是时间的距离；而后者则都是在现实社会的背景中产生的，需要用现实的经验来理解。

《格列佛游记》正是在这一点上跨在空想与虚构之间：它用虚构来批判现实，也用空想来批判现实。"小人国"、"马国"属于文学中"虚构"的成分，这种虚构与一般的虚构还有区别，即"变形"。而这部小说空想的部分，则是在"马国"，即《慧骃国游记》中，描写了与现实完全不同的理想社会——这一点与大多数乌托邦都相同。尽管大多数乌托邦作品都有批判现实的成分，比如通过现实社会与理想社会的对比来批判现实社会，但大多数乌托邦作品的主要目的还是在于展示对理想社会的空想，而不是像《格列佛游记》那样批判现实。

除了上述区别之外，虚构这个概念，在文学作品的范围之内，属于文学创作的手法，而乌托邦作品并不都是文学的形态，还有政论和法典的形态。对于后者而言，就只能说是空想，不能说是虚构了。

至于20世纪出现的反乌托邦作品，如英国作家奥威尔的《一九八四》、赫胥黎的《美丽新世界》、俄国作家扎米亚京的《我们》，它们是借用乌托邦形式进行的意识形态批判、社会历史批判，也是对传统乌托邦充满乐观进步的空想本身的批判。人们通常称它们为"反乌托邦"或"反面乌托邦"是比较传神的——"反面"比"变形"更能体现其思想的对立和批判性。

理想中的物质分配

从公共仓库到"交易簿"

从"时间货币"到"道德银行"

从"懒人津贴"到剧院门口的"票匦"

为什么要聚在一起吃饭？

从公共仓库到"交易簿"

如果说公共仓库是早期乌托邦分配制度较为原始的（也是基本的）形式的话，那么，"取货证"和"交易簿"就是晚期乌托邦一种较高级的，相对复杂，因而也更为自由和灵活的分配形式。

分配（或者消费）是乌托邦思想历史发生的逻辑起点。这表现为公共仓库的突出描写。因为在那些消灭了金钱和市场的理想社会中，产品的终点和分配的起点，都是仓库。

欧文在《新道德世界书》中具体描述道：

"财富被生产出来后，将按种类放进仓库或货栈里保存起来，以供消费者使用。……不需要把货物从甲地运往乙地，货物不再由于分批零售而受到损失，各种物品不会由于保管而受到损失，不会由于等待顾客而浪费时间，也不会再有商业风险；永远消除货物积压造成的损失，永远不会因挑货和讨价还价而浪费时间……"①

在空想小说《乌托邦》中，"每一区的中心，是百货汇聚的市

---

① 《欧文选集》下卷，商务印书馆，1965年版，第33页。

场。任何一户的制品都运到市场的指定建筑物中。各种货物在仓库中是按类存放。每一户的户主来到仓库觅取他自己以及他的家人所需的物资，领回本户，不付现金，无任何补偿。有什么理由来拒绝给予所需要的物资呢？首先一切货品供应充足。其次无需担心有人所求超出自己所需。"

——这是"各取所需"的分配原则的生动描写。同时假定了两个相互依赖的条件：一是物质的充足；二是人们不会超出自己的需求索取。这暗示了人的道德水平。

在《基督城》中，物质的分配却是定量的：

"正如食品的分配是根据年景的情况一样，每周给各个家庭的数量也是按照人口的比例来发的"。

"他们去肉店里取鲜肉，按照规定的分量拿走，不多不少。鱼类，还有猎物，以及各种禽鸟，都是按照每人一份分配给他们的，其中应发的次数和个人的年纪均在考虑之列。"①

——显然，在这里，物质极大丰富的假定和人民道德水平的假定都没有了。

而在17世纪英国掘地派运动的著名领袖和杰出思想家温斯坦莱的《自由法》中，如果发现某一家庭领取的东西超过需要，这个家庭就要受到惩罚。

显然，在这种法典式的乌托邦作品中，理想的成分较少，而强制的成分较多。它连对人的"道德水平极大提高"这种温情的想象都放弃了。

18世纪法国人摩莱里的《自然法典》第四篇《合乎自然意图的法制的蓝本》中，开列出的第一个法就是"分配法或经济法"。

在摩莱里的《自然法典》中，生产者从公共仓库无偿取回原料，而消费者从生产者那里无偿取回产品。这给人的印象似乎是：生产和分配是随机、分散的。但他也没有忽略数量问题："一切产

---

① [德] 约翰·凡·安德里亚：《基督城》，商务印书馆，1997年版，第29页。

品都要核算，使他们的数量与每个城市公民人数相适应，或与使用他们的人数相适应。"①如有剩余就储存起来，如有不足就停止发售。如此看来，分配还是统一的。

可以看出，这样的分配，是一种简单化的分配，分配的半径很短，分配的手段很直接。正如19世纪空想社会主义者欧文所言：

"在理性的社会制度下，财富的分配将是一切生活问题中的最简单的问题。"②

19世纪法国思想家蒲鲁东是空想社会主义著作的批判者。他在《贫困的哲学》一书中，认为乌托邦实行的不是分配而只是配给，因为"任何分配都与个人主义同义"。从欧文对分配问题的上述描述看，也的确是配给制无疑。配给制的确能消除商业风险和浪费时间现象，但却没有消费者的自由。

19世纪的德国社会主义者魏特林已经意识到：

"仅仅平均分配劳动的生活资料还不足以保证人类得到持久的幸福。人类获得严格计量的单调的平等就如同一个旅行而又累又饿的异乡人得到没加盐的菜肴一样，他开始觉得这是渴望已久的，但一天比一天觉得乏味，并最终感到厌恶。"

他遇到的正是人的自由问题：

"诚然，最严格的财富共有共享体制已经可以通过各种科学的教育，通过公众宴会和娱乐使人的精神在六小时的工作时间之外获得充分的活动和寄托；但是，有一种欲望强烈的人，他们如果不能按自己的自由意志和欲望行动，就会感到不幸福。"

"一些人会突然想起这一天或那一天不去工作。另一些人不喜欢联盟的服装式样和家具式样。还有一些人想要吃喝公共食堂菜单上没有的这种或那种东西……"③

①[法]摩莱里：《自然法典——或自然法律的一直被忽视或被否认的真实精神》，商务印书馆，2006年版，第109页。黄建华 姜亚洲译。
②《欧文选集》下卷，商务印书馆，1965年版，第33页。
③[德]威廉·魏特林：《现实的人类和理想的人类：一个贫苦罪人的福音》，商务印书馆，1997年版，第30页。

魏特林显然意识到：在普遍物质保障之外，只有加上自由，人才可能是幸福的。这是他的思想高于早期乌托邦设计者的地方。这也是晚期乌托邦思想普遍高于早期乌托邦的地方。

从文学角度看写得最好的空想小说《乌有乡消息》，在分配和劳动交换的制度设计上却没有什么建树。尽管也有一章叫作《买东西》，而且这一章中也写到了市场的商店，但是从故事情节的描写看，却根本不是"买"东西，而是"拿"东西，既没有金钱，也没有其他的交易形式。当故事的叙述人威廉每一次从衣袋里掏出19世纪的货币时，都会引起尴尬局面。比如在一家商店"购买"一些烟草和一只烟斗——

"我从她的手里把烟斗接过来，正在看的时候，一不留神脱口说了出来：'可是这一件东西叫我怎么付款呢？'

"当我说话的时候，迪克把手放在我的肩膀上，我掉过头来，看见他的眼睛里有一种滑稽的表情，警告我不要再把已经失效的商业道德搬出来应用，因此我红着脸沉默不语。这时那女孩只是用挺严肃的态度望着我，好像我是一个说错了话的外国人似的，因为她显然完全不理解我的意思。"①

如果说公共仓库是早期乌托邦分配制度较为原始的（也是基本的）形式的话，那么，"取货证"和"交易簿"就是晚期乌托邦一种较高级的，相对复杂，因而也更为自由和灵活的分配形式。

在《回顾》所描写的理想社会中，国家向人民定量发放"取货证"。社会生活中处处都用"取货证"来支付——包括艺术欣赏、买书买报，还有家政服务。

"譬如大扫除或修理房屋，或是家里有人生病，我们一向都是可以从生产大军那儿得到帮助。……如果人们需要他们的服务，就可以向专门的机关申请，而政府便在申请人的取货证上扣除他们服务的代价。"②

---

① [英]威廉·莫里斯：《乌有乡消息》，商务印书馆1997年版，第46页。
② 爱德华·贝拉米：《回顾》，商务印书馆，1997年版，第89页。

这种家政服务社会化的幻想，在今天不是已经实现了吗？而且对于一些城市的老人，确实是由政府购买服务，向人们发放非货币形式的证券来实现的。

实际上，这是一种超出"配给"功能的准货币系统。它自身"反对"了自身。为什么这么说呢？因为这个社会是丰富的，也是尽量保障自由的，这就不得不给个人以更多的支付途径，而不再限于实物的"货"，因此"取货证"至少是名不副实的。它只是没有货币形式（从而也规避了货币风险）的货币而已。由于"取货证"的发放起点是平等的，积蓄和转移是有限制的，因此也就可以避免理想社会所担心的贫富差距的逐渐形成。

《回顾》中的"取货证"制度并不是我们通常理解的、在我们这个国家几十年前曾经实行过的配给制，而远比它丰富得多；但也不是我们通常理解的"各取所需"——远比它具有可操作性。配给制在我国社会主义现实分配制度的演变过程中曾是一种"过渡"的分配形式，而在《回顾》中，"取货证"制却是一种理想。这种"取货证"可以作任何支付手段，却仍保留了"钱"的名义单位。伯特兰·罗素在《自由之路》一书中说，"即使是主张全部劳动产品在所有人中间进行无偿分配的无政府主义计划，也不能摆脱对某种交换价值标准的需求"，说的就是"钱"的名义单位。

"取货"的方式在《回顾》所描写的理想社会中表现得更为复杂一些：虽然也是"商店"（其实只是"样品店"）的形式，但"顾客"在这里实际上只是看样订货，由国家的"生产大军"根据"顾客"留给商店的订单来组织生产。这至少理想化地解决了供需平衡问题。显然比早斯乌托邦作品（只是简单地认为只要物质足够和人不贪心，供需就会自然平衡）考虑得更高级了。

然而，逛一回商店，居然还不能直接"买"回自己想要的东西，这不免让人感到颇费周折。而且顾客到商店里下了"订单"直到货物到手，这样一个周期有多长时间？《回顾》设想了来自千千万万个消费者的订单是如何进入生产领域，以及自动化的物流配送情景：

"在那边的一个工作亭里，坐着一个分发货单的办事员。所有的定货单由店铺的各个部门收下来，通过自动输送管送到这里来。他的助手把定货单分类整理好，一种定货单放在一只传递盒里。在那个分发货单的办事员面前，有十几个按照货物的品种分类的自动输送管，每个自动输送管连接着货栈的相应部门。他把装着货单的小盒子放进一个输送管里，几分钟以后，这只盒子就和来自其他样品店的同一类货物的所有定单一样落在货栈里的一个指定台子上了。那里的店员按照定单大声报念、登记送去配货，真是快如闪电。……这些包裹通过较大的输送管送到全城各区，再转发到各家去。只要我告诉你，我定的货物送到家里比我从这里带走还要快，你就会明白整个过程是多么迅速了。"[①]

您看，这难道不是比早期乌托邦小说中的简单粗放的"各取所需"更为高级、先进，更接近现代生活吗？

与《回顾》中"取货证"类似的，是19世纪德国无产阶级思想家魏特林在《和谐与自由的保证》这本书第二部分《一个社会改革的理想》中设想的"交易簿"。前者基于平等的分配，而后者更侧重于记录一个人为社会付出的程度不等的劳动。它是劳动者之间相互服务，进行劳动交换的媒介，也像《回顾》中"取货证"那样"盖销"。它基于把劳动分为两部分的观念：一部分是规定性劳动，对应的是一个人在社会中应得的生活必需品，这是不能通过交换来获得的；另一部分就是在规定性劳动之外，被称作"交易小时"的自由劳动，"交易簿"上所记的正是后者。规定劳动对应的是生活必须品的平均分配；"交易小时"中的非规定性劳动，对应的是"舒适产品"的交易性分配。所谓"舒适产品"，包括剧院、舞会、音乐会、艺术展览会、私人庆祝会、啤酒和咖啡馆等等。正是这些，使魏特林的乌托邦最终告别了传统乌托邦的禁欲主义色彩。然而，在这部书中设计的理想社会，生产劳动没有以脑力劳动与体

---

①［英］爱德华·贝拉米：《回顾——公元2000～1887年》，商务印书馆，1997，第80～81页。

力劳动的界限来划分，也没有以生产物质产品的部类与生产精神产品的界限来划分，而是以生产生活必需品和生产"舒适产品"的界限来划分（这样，啤酒、烟草就与科技、艺术可笑地处于同一部类中了），这也显示出它仍然带有禁欲主义的痕迹。

我国20世纪初有一位传奇学者张竞生，写过一部《美的社会组织法》，也是一部展望理想社会的空想作品。其中也谈到，国内交易使用一种"美值票"，"凡得票若干可到公家工厂换物品"[①]。如果"要购买外国货则需到国家银行换取汇票"。显然，"美值票"是受限制的票券，而不是一般的货币。

"取货证"的设计，在马克思对未来社会的设想中也能见到端倪。我国已故经济学家顾准就注意到：

"马克思、恩格斯在《资本论》及其他著作中再三提到，在社会主义社会中，个人交换将被废除，作为一般等价物的货币不再存在，分配将利用劳动券。"[②]

顾准深刻地指出：

"从具体的消费品的品种、花色而言，由于消费兴趣的多样化，人们必然要求自由选购，反对凭证领取。"

"劳动者消费兴趣多样化的结果，延期消费与提前消费是不可免的。这不仅需要利用货币，并且还需要一个信贷系统，利息也还保存着。"[③]

把消费分成两个部分，从而把劳动也分成两个部分的思路，20世纪俄国无政府主义思想家克鲁泡特金在《面包与自由》中是这样表述的：

"一个人每天做四五小时的工作以后，已足以维持他的生活了，还有五六小时，他可以利用来满足自己的嗜好。……他要先在田地，工厂及其他的地方劳动，这是他对社会上一般的生产所尽的义务。过

---

①《张竞生文集》上，广州出版社，1998年版，第231页。
②顾准：《试论社会主义制度下的商品生产和价值规律》，《顾准文集》，贵州人民出版社。1994年版，第13页。
③同上，第15页。

后他便用他的其余的时间来满足他的艺术和科学的欲求和嗜好。"①

　　然而，这种把劳动和分配各自分成两个部分的思路，在克鲁泡特金的"无政府共产主义"理论中的重要意义在于：一个社会的基本生活必需品应该无偿分配，无论你是否参加劳动。这实际上是取消劳动义务和经济报酬。

　　20世纪英国思想家伯特兰·罗素在《自由之路》一书中探讨了这种可能性。他认为，从生产力的发展所能提供的物质来看，这是可以实现的，问题的关键是，"如果人们不劳动也可以过到普通的舒适生活，社会上必须的工作还会有人来做吗？"

　　罗素承认："大多数人对这个问题都会毫不犹豫地给予否定的回答。"②但罗素自己的结论还是认为，这是可能维持的，他的根据就是劳动本身的进步和人们对劳动本身的需求。他说：

　　"如果要让人们不是被迫而是受吸引去参加劳动，则社会显然要设法让劳动变为愉快的事情。"

　　"目前待遇较高的工作，即企业和专门职业中的工作，绝大部分都是轻松愉快的。我不是说每一分每一秒钟都是愉快的，但是总的来说，一个从事这种职业的人要比一个游手好闲而取得同样收入的人快乐得多。一个精力充沛的人如果想保持心智的健康和对生活的热爱，他必须进行适当的劳动。"③

　　这种对劳动的乐观和对人的乐观态度是乌托邦在劳动问题上的传统态度。但也应该注意到，这与早期乌托邦作品中另外一种思路——强迫劳动或"劳动义务军"的传统是截然不同的。这里反映出晚期乌托邦思想对人的自由的重视。这样它就不得不对劳动本身的"愉快性"寄予更大的期望了。

　　一个社会的基本生活必需品应该无偿分配，取消劳动义务的思想，这大致与克鲁泡特金的无政府主义的逻辑相关：因为，如果不是这样的话，国家和政府有可能通过控制（它所承认的）劳动来控

　　①[俄]克鲁泡特金：《面包与自由》，商务印书馆，1997年版，第128页。
　　②[英]伯特兰·罗素：《自由之路》上，文化艺术出版社，1998年版，第68页。
　　③同上，第68、69页。

制社会成员的生活资源，从而为专制留下余地。

从早期乌托邦简单抽象的平均分配，到19世纪的晚期乌托邦中"凭证取货"，使乌托邦中的分配有着更具体的形态的操作程序。比如魏特林的"交易簿"就写清是这样的：

"交易簿里包括执有人的半身像片和他的特征的说明。除了一页供备注特别事项的空页外，全册共60页，每一项各供五个劳动日之用，以300个劳动日为一年。每一项包含有四个不同的栏……在第一栏上记明这个人交易小时的结存数字；下面记明他所在的劳动的技术工厂或是地方……在对面的第四栏'享受小时'上，记载这个人所换入的一切享受及舒适的产品，注明其价值及所取得的供应单位。""劳动小时只是每五个劳动日注明一次，享受小时在每次接受舒适的享受时即加以记载。"[①]

这种在分配问题上更为具体，更具"操作性"的设计，从今天看来，也许比早期乌托邦中模糊抽象的表述显得可笑。实际上，由于"交易簿"的核心是"所有产品的价值都根据劳动时间来计算"（魏特林），这需要大量的、十分复杂的社会管理——它要以抽象的"劳动小时"（一种价值量，而非个别实际付出的劳动时间）在不同性质的成千上万种劳动产品之间换算，在每个人的劳动与享受之间作不同的品种、不同的量的严格"盖销"，因此，它付出的代价还不仅仅是不方便，还是不自由。它牺牲的是什么自由呢？正是由生活资料变成生产资料的自由。

尽管这种"交易簿"比贝拉米设计的"取货证"更接近金钱，但与其说它是为了回避金钱，不如说它是为了回避资本，那些储存在"交易簿"上的"劳动小时"，受到各种各样（限制于消费领域）的限制，是不可能通过积累转化成资本的。

"为什么我们不可以用金钱或是证券而要用交易簿？"

魏特林的回答是："一切社会的混乱和失调以及它的罪恶和过错，只有在一种不良的调整交换的方法中才有它们生存和发展的机

---

①[德] 威廉·魏特林：《和谐与自由的保证》，商务印书馆，1997年版，第195页。

会，我们的钱币、钞票、国家证券、股票以及等等诸如此类的东西，就正是这样一些不良的交换手段，因为：

"甲）人们可以把这些东西大量积存在一个人那里，因此引起其他人的缺乏。

乙）人们可以用它逃避一般的必要劳动时间，并因而造成其他人终身辛苦劳动以至于死。

丙）由于这些东西的特性，人们可以人为地制造缺乏和充裕，宝贵和贫困，因此使一些人的生命健康幸福和自由成为另一些人的贪欲的玩物。"[①]

此外还有四个理由，一直到"庚"。

而也正是出于这种考虑，在19世纪中期法国人卡贝幻想的"伊加利亚共和国"，分配的方式更为原始——"以实物而不是以金钱来付给他们报酬。"[②]

然而，20世纪英国自由主义经济学家哈耶克说："钱是人们发明的最伟大的自由工具之一。"[③]他讲的"自由工具"并非指支付方式的自由工具，而主要是指作为资本的自由工具。

这种把"钱"限制于生活资料领域的消费，而禁止它们成为生产资料的投资的设计思想，可谓用心良苦，它是空想社会主义者们的理想社会的底线，因为，如果再退一步，这个社会就垮了，就与旧社会没有什么区别了。尽管通过积累，人们在消费领域中也可能形成一定的贫富差距，但是，金钱用于生活资料给人造成的差距，与用于生产资料给人造成的差距，这两者几乎不可同日而语。在《回顾》的理想社会就是容忍人们在生活消费上的差距的。因为在作者看来，它所容忍的，正是人的生活自由，即多消费一些或少消费一些的自由。

魏特林以劳动小时为基础的所谓"交易簿"的思路，不仅停留于空想，而且是曾经在较简单的水平上被实践过的。这就是19世纪

---

① [德] 威廉·魏特林：《和谐与自由的保证》，商务印书馆，1997年版，第200页。
② [法] 埃蒂耶纳·卡贝：《伊加利亚旅行记》，商务印书馆，1982年，第136页。
③ [英] 弗雷德里希·奥古斯特·哈耶克：《通往奴役之路》，中国社会科学出版社，1997年版，第88页。

英国空想社会主义者欧文领导的交换商场运动。

"1832年至1834年在欧文直接领导下营业的伦敦交换商场，从合作社组织和个人手里收进商品。专门的估价员确定生产每件商品所必须的原材料及劳动时数。然后按照收进的商品所估计的'劳动时数'发给生产者一定交换券——劳动券，但扣除1/12的管理费。每人都有权利拿着这些交换券从仓库中领取他所需要的、与劳动价值等值的产品。"①

这种尝试失败了。

恩格斯写于1872年的《论住宅问题》中曾顺便提到欧文几十年前搞的这个交换商场运动："在蒲鲁东发明它之前，它已经在英国以Labour Exchange Bazaar的名义破产过不止一次了。"②

该书注释这样解释Labour Exchange Bazaar：

"Labour Exchange Bazaar或Equitable Labour Exchange Bazaa（劳动产品公平交换市场）是英国各城市的工人合作社创立的。第一个这样的交换市场是1832年9月罗伯特·欧文在伦敦创立的，它一直存在到1834年年中。在这些交换市场上，劳动产品是用一小时劳动时间为单位的劳动券来进行交换的。这些企业在商品资本主义经济条件下建立不用货币的交换的乌托邦做法，很快就失败了。"③

"所有产品的价值都根据劳动时间来计算"的思想，既是魏特林的，也是欧文的。它在抽象意义上的合理性，也与马克思的劳动价值论相通。避开商品——货币这一对有风险的、价格经常波动的、从而也是经常对劳动者不利的交换媒介，而直接以抽象的劳动时间作为劳动交换的媒介，一直是空想社会主义者的一个理想。比如欧文在计算"劳动券"时，就假定每小时工作等于六便士。"一切产品中的劳动量根据目前计算商品主要成本的原理计算后，将很容易加以确定，然后按照劳动量进行交换。"④

①沃尔金：《罗伯特·欧文》，《论空想社会主义者》，中国人民大学出版社，1959年版，第365页。
②《马克思恩格斯全集》第18卷，人民出版社，1964年版，第250页。
③同上，792页。
④《欧文选集》第一卷，商务印书馆，1979年，第355页。

他设计的在合作社中用来当作交换媒介的"劳动券"具有下列表式：

公平交易的交换银行

劳动价值每小时等于六便士

劳动券的发行号码：_____

凭券向持票人支付价值_____小时（用大写字书写小时数）的交换商品

监理签字_____[1]

然而，令人无奈的是，对"劳动小时"的估价是一件太困难的事。正如亚当·斯密在《国民财富的性质和原因的研究》中所说："劳动虽是一切商品交换价值的真实尺度，但一切商品的价值，通常不是按劳动估定的。要确定两个不同的劳动量的比例往往很困难。"[2]

而一般等价物——货币就不可避免地成为衡量和表达劳动价值的中介。

空想社会主义者们在回避货币之弊的同时，也失去了只有货币才能提供的价格信号：什么多了，什么少了？欧文的交换商场正是因为这个而最终破产，成为一次告别金钱的悲壮实验。

沃尔金说："交换商场的破产，证明在无组织的商品生产的条件下，组织交换，铲除市场无政府状态的思想（这种思想曾迷惑了19世纪许多社会思想家）是荒谬无稽的"。[3]

实际上，在"有组织的"商品生产（社会主义的计划经济）条件下，这个思路也没有成功。"迟至1921年，苏联经济学家一直忙于制定一个完全消灭货币并以'工分'取而代之的这种劳动核算单位计划。"[4]

---

①《欧文选集》上卷，商务印书馆，1965年版，第385页。
②亚当·斯密：《国民财富的性质和原因的研究》上卷，商务印书馆，1979年，第27页。
③（沃尔金：《罗伯特·欧文》，中国人民大学出版社1959年版，《论空想社会主义者》，367页。
④丹尼尔·贝尔：《意识形态的终结——五十年代政治观念衰微之考察》，江苏人民出版社2001年版，第435页。

因此，尽管我们今天的社会仍会经常地感到金钱对社会分配公平的扭曲，但已经放弃了回避金钱以捍卫公平的理想。

　　与历史上这些空想社会主义者的设计相较，我国大跃进时期取消金钱的实验则显得更为粗鄙化。康健在《辉煌的幻灭：人民公社警示录》一书中记载了河南省遂平县人民银行在陈伯达的倡导下于1958年进行的一场以"交换券"代替钱的实验：

　　"券有大券小券，没有面值，券只起个证明作用，不起任何货币作用。券印好后，发给群众，群众拿着券可以进行交易。比如种韭菜的人想吃鸡蛋了，有鸡蛋的人想吃韭菜，就可以拿韭菜换鸡蛋，双方给交换券就行了，证明你交换的。"

　　"后来，陈伯达又亲自制订了几本小册子，专门订了物与物之间的标准。"

　　"但是，没几天，矛盾就暴露出来了。种菜的人都想吃鸡蛋，就拿菜去换鸡蛋，可养鸡的人说：'我吃不了这么多菜呀，不换了。'有的人扛着根檩条到供销社，往那里一放，说：'日他娘，换一双胶鞋穿穿。'可是换得多了，供销社也没法处理。有一个懒汉扛了一袋麦，来到供销社，说：'日他奶奶，这回得弄一身毛呢穿穿。'结果供销社的东西被交换一空，只好关门。"[1]

　　这种实际上只是取消货币形式而并不取消交易的做法，徒然添乱而已。因为在历史上的空想社会主义者们那里，"券"不具有交易的功能，而只具有消费的功能，在逻辑上先就排除了劳动者个人之间的劳动交换，"券"只是人民个人向国家索取的凭证，因而回避了个别的、分散的交换行为之间复杂的量的关系和计算量的成本。而遂平县的实验不能取消交换，反而必然使社会交换退回到以物易物的粗鄙状态，不仅不能说是继承了空想社会主义先驱的思想，而是已失其魂。

　　在空想社会主义者的考虑中，这种证、券形式的分配，与金钱的形式相较，还有一种重要的功能，即防止积累——防止资本的形

①康健：《辉煌的幻灭：人民公社警示录》，中国社会出版社，1998年版，第132页。

成。直到20世纪的英国思想家罗素，还认为："最好使用一种只能在一定期限内（譬如一年）有效的票券。这让人可以为每年一度的休假积蓄资金，而不可长期积蓄下去。"[1]

对于积累的危险性，马克思和恩格斯是这样说的：

"私有制，就它在劳动范围内是同劳动对立的这一点来说，是从积累的必然性中发展起来的。"[2]

实际上，即使分配不产生不平等，储蓄也可能产生不平等。消费中的不平等不可怕，可怕的是这种不平等转入生产领域，导致对生产支配权和分配支配权的不平等。"文革"期间，中国农村爱提"消灭资本主义尾巴"，其实农民的收入或节余本身再怎么不平等也不可能与资本主义有关，但这些资金流入生产领域形成资本，就真可能成为"资本主义尾巴"了。即使当代西方市场社会主义论者，也认为："对储蓄的延迟消费应给予'报酬'，然而很清楚，这些私人储蓄应投入到（某种形式的）公共投资中，而不应成为'恢复资本主义'的代用品。"[3]

由此可见，在分配思想上的这样一个理论界线，从传统的空想社会主义者一直延续到当代西方的一些社会主义思想者。

①伯特兰·罗素：《自由之路》上，文化艺术出版社，1998年版，第123页。
②《费尔巴哈》，《马克思恩格斯选集》第一卷，人民出版社，1972年版，第73页。
③[英]克里斯托弗·皮尔森：《新市场社会主义》，东方出版社，1999年版，第129页。

从"时间货币"到"道德银行"

> 一些曾经是"空想"的思想资源，往往会在它们被忘得干净的时候被人当作新的思想重新提起。

　　"取货证"、"交易簿"的思想真的已经因为太久远而显得可笑了吗？

　　实际上，这种思路也同样没有被当代的共产主义者所抛弃。在1998年的俄罗斯《对话》杂志上，就有古巴诺夫《共产主义：切实可行的方案》一文谈到，"参加劳动的'凭证'将电子化，它所证明的不是付出劳动的多少，而是所得的闲暇时间总量。"[①]这不是另一种更现代化的"交易簿"吗？而从某种意义上来看，在一个现实的社会主义已经消亡的国土上，对未来的共产主义还作这种具体的设计，这不是有一点乌托邦气息吗？

　　英国著名学者安东尼·吉登斯曾提到80年代以来流行于美国和日本许多城市的"服务信用"：

　　"参加慈善工作的志愿者可以从别的志愿者那里得到以时间为单位的'报酬'。一套计算机系统登记着每一'时间——货币'（time-dollar）的确切收支情况并且定期向参与者提供结算表。时间货币是免税的，并且可以积累起来以支付保健以及其他医疗卫生服务的费用，包括降低健康保险的成本。'纽约时间——货币协会'正在创建一个就业机构，它将为人民提供获得工作、接受培训

---

① 《现代外国哲学社会科学文摘》，1999年第3期。

和获得帮助的机会。"①

一种理想的交换关系，首先在一些有理想的人们之间建立起来了。

2001年3月5日是第二个中国青年志愿者日，中国中央电视台早间新闻的一条消息说，将建立志愿服务时间储蓄制度。这实际上是一种对志愿者的回报制度。把志愿者年轻时所做的志愿劳动时间"储蓄"下来，以便他们年老时可以相应地享受同样长度的志愿服务。

当我看到吉登斯对"服务信用"的介绍和上面这条关于志愿者的回报制度的消息的时候，就想到了魏特林等乌托邦作家的那种储蓄劳动时间的"交易簿"。只不过应用的范围不同罢了，而以劳动直接交换劳动的思路没有什么不同。

2002年2月26日新华社有一篇电稿，报道长沙市岳麓区望月湖社区推出了一家"道德银行"的事。"这家特殊的'银行'作为社区志愿者协会下属的一个载体，导入银行运作理念，以协会制度形式规范和保障志愿服务者可以获得社会志愿服务回报。通俗地说，也就是志愿服务者可以将自己所做的好事在'道德银行'进行储存，以此作为'道德资产'，日后在遇到困难需要帮助时，可以通过'道德银行'提取相应的'道德储蓄'"。

此事在长沙甚至全国都引起了激烈的争论。"一些党政机关的工作人员对此提出质疑，社区内的党员和干部也被列入服务对象，这是否与中国共产党对党员'无私奉献'的要求相悖？虽然说党员干部作为普通公民，同样需要得到大家的关心和帮助，但大张旗鼓地提倡是否会导致形成不良风气？""还有一些群众认为，道德行为本来就是无私的，对于奉献者来说，服务别人本不应该带有任何目的和想法，如果非得靠制度或某种形式来求取互助风气，那么道德本身就变了味，再者对那些达不到'无私奉献'境界的人来说，再怎么形成制度也是枉然。因此，'道德银行'的创办大可不必。"还有人著文《道德储蓄，良心破产》，严厉批评。

---

① 安东尼·吉登斯：《第三条道路——社会民主主义的复兴》，北京大学出版社/三联书店，2000年版，第87页。

在我看来，这不过是一种劳动交换的途径罢了，一种在市场和货币之外的劳动交换形式。

劳动交换为什么要在市场和货币之外进行？

这是因为市场和货币的功能有限。有些劳动是买不来的，但是可以通过以同等劳动之间的交换获得。你现在就要买你老了的时候需要获得的他人的劳动，这就买不来；当然你也可以攒足了钱，到时候再买；但是你现在不见得有足够的钱，你也不能确定到时候就有足够的钱。但是你可以现在就为别人提供同样的劳动，到时候你就有资格享受这些劳动了。货币与劳动的比值是随着时间和地点大不相同的，但是劳动与劳动本身是一样的。

湖南经视对这一事件的报道标题是：《道德银行：不存金钱存时间》。"存时间"的概念，就与19世纪空想社会主义者的基本思路相合。可惜，大家在议论这一事件时，都没有想到这样的思想资源。

这件事也使我想到，一些曾经是"空想"的思想资源，往往会在它们被忘得干净的时候被人当作新的思想重新提起。

在2001年北京国际环境电影节上放映的德国科幻影片《未来城市交通》（1992年），这是一部以2012年为背景的大胆假想，其中谈到分配给每个公民的出行卡——一张表示对生态友好的交通联系卡，其中计有个人可享用的出行公里数余额。它不是限制人出行自由的卡，而只是平均分配人们占用影响环境的交通资源的卡。实际上，仍然是一种配给制。在这一点上，我觉得它还有点像《回顾》中的"取货证"。不同的是，"取货证"是对人的劳动成果——生活资源的平均分配，个人有选择地享用；而"出行卡"只是对公共生态资源的平均分配。

当资源是有限的时候，人类总离不开这样一种分配形式，所不同的只是：什么才是真正有限的？

从"懒人津贴"到剧院门口的"票匦"

"懒人津贴",作为理想社会个人自由的保证。它保障了个人不工作的自由,也保障了个人从事艺术和其他丰富追求的自由。

在什么范围内,对什么资源进行共产主义的分配,不同的乌托邦著作有不同的设计,也有不同的结果。

19世纪法国空想共产主义者德萨米在《公有法典》中主张:"在整个共和国境内,从这端到那端,普遍一律地在所有公社之间实行社会财富的平均分配。"所以,他诉诸一个"中央公共财产管理局"[①],而各公社之间只在这个管理局里存在着簿记的关系。

而19世纪法国另外一位空想社会主义者傅立叶所设想的理想社会中的"法郎吉"和"谢利叶",则是相对独立的劳动集体,不可能由"中央"来进行"平调",而且内部是有利润分配的。在路易·勃朗的《劳动组织》一书对"社会工场"的设计中,也存在利润。

伯特兰·罗素在《自由之路》一书中指出:

"在分配问题上,社会主义和无政府主义之间有着根本的差异。各种形式的社会主义大都主张保留按劳取酬或按劳动意愿取酬,而且,除了对那些因为年龄或身体原因而没有劳动能力的人之外,使愿意劳动成为维持生存(或者至少高于最低水平的生存)的条件。相反,无政府主义则企求做到无条件地满足任何人对普遍产

①[法] 狄·德萨米:《公有法典》(修订二版),商务印书馆,1964年版,第43页。

品的需求，而供应不足的稀有产品也是平均分配。"①

如此比较，无政府主义——这个没有机会获得实践的主义——更为"乌托邦化"。

尽管如此，罗素还是提出一种最基本的无偿分配，他称作"懒人津贴"，作为理想社会个人自由的保证。它保障了个人不工作的自由，也保障了个人从事艺术和其他丰富追求的自由。

有一个问题是乌托邦作品无法回避的，那就是稀缺资源、奢侈物品如何分配的问题，因为稀缺资源、奢侈物品的"极大丰富"或充分供给是不可想象的。

作为虚构作品，最简单的办法就是否定稀缺性——无论什么都是足够地多；但是，《伊加利亚旅行记》是要宣传一个理想社会的可行性，而不愿意被人视作天方夜谭，所以一定要认真，要在逻辑上严丝合缝，这就难免使自己处于逻辑难局中：不能假定资源的无穷无尽，因为那不仅是廉价的虚妄，也同共和国节俭的道德相矛盾。那么，作者是如何分配基本生活资料之外的稀缺性生活资源的呢？

一种方案，就是为了公平，暂时取消对这种稀缺性资源的需求：

"比方说，如果它能够供给每个人一套高级马车，那么我们每个人就有那么一套；但是，这种事情既然办不到，那就谁也没有，大家就都乘坐公共马车，而共和国又尽可能地使这种马车既方便又舒适。"②

另一种方案，就是假定需求与供给刚好相等。但是，在信息不完备的基础上，需求与供给如果刚好相等，在实际上就会表现为供给不足，即短缺。这时，不想对物质生产量作假定的《伊加利亚旅行记》，就不能不作出另一个假定："信息完全"的假定。在这部书第三十章《剧院》中，来访人物欧仁与伊加拉市公民阿尔马埃有一场关于戏票如何供应的问答就涉及了这个问题。您看看有多麻烦吧：

---

①[英]伯特兰·罗素：《自由之路》上，文化艺术出版社，1998年版，第65页。
②[法]埃蒂耶纳·卡贝：《伊加利亚旅行记》，商务印书馆，1982年，第136页。

"欧仁问阿尔马埃说，'你们既然一方面什么也不出卖，另一方面所有的公民又都享有同等的权利，那么，你们怎样组织大家看戏的？'

"'难道您这也猜不出来？'阿尔马埃回答说，'这么吧，您来安排安排看！要是您的活，您怎么办呢？'

"'是不是一个戏一定要让伊加拉市所有的居民和在这里的外省人、外国人全都能免费看到？'欧仁问。

"'那当然啦！'

"'是不是得让每个人都一定有个座位，用不着在门口站着等？'

"'对了！当然要这样。'

"'好！那么，想看演出的居民和游客可能有多少？'

"'大约是90万人吧！'

"'剧场里能容纳多少观众呢？'

"'大致是15000人左右。'

"'这么说，一出戏得演60场才能让所有的人都看到，是吗？'

"'对了，差不离是这样。'

"'您知道伊加拉市有多少人家，每一家又有多少人吗？'

"'噢！知道得很清楚！'

"'这么说，30口的有多少家，25口的有多少，20口的又有多少，您全都知道。'

"'对了！一点也错不了！'

"'那么，每次演出时剧院的经理处是不是可以预先安排好让多少30口、25口和20口人的家庭以及多少外省人和外国人来看？'

"'当然可以喽，而且很容易做到。'

"'那行啦！其余的问题就好办了：每次演出都准备一些家庭票和个票，用抽签办法来分配。……每家分到一张家庭票，其中每

一个人又有他的个人票，这样，大家就都预先知道他看的是哪一场演出……'

"'对了！对了！正是这样！可是，要是该我看的那天我去不了呢？怎么办？……'

"'那您可以查一查中签人名单，找一家愿意和您调一调的人家把票换了……'

"'太对了！您完全猜着了！'"①

大概是因为看戏作为一种精神生活的标志，比较具有代表性吧，德国社会主义者魏特林在《和谐与自由的保证》中也恰好回答了近似的问题："人们怎样处理剧院里各种不同的席位，对于这些席位一切人本来是有同等权利的？"为此，魏特林设计了一种摆放在剧院门口的无偿抽取的"票瓯"——

"在剧院门首设有若干票瓯。在第一个票瓯里有许多单个的带号码的球。在第二个票瓯里这种带号码的球是两个一组地相连的；在第三个票瓯里是三个球一组相连的，照这样下去以至于五个球一组。这些在五个票瓯里的号码是顺序相连的，它们代表剧院里的全部席位。

"单独来的个人就从那盛有单个球的票瓯里探取，然后得有一个由一张与球号相符的戏票所指定的席位。如果有两个或更多人愿意坐在一起，就由一个人从那个盛有所要求的、相续联着的号码的票瓯里去探取。如果单个的号码已经取完了，可以从其他票瓯里取来补充，为此人们可能把连组的球折开。

"这一切不都可以进行得很好吗？"②

而法国18世纪空想共产主义者邦纳罗蒂则规定：

"凡不是每一个人都能享受的娱乐，应严加禁止。"

"为了使自己同胞摆脱那种奢侈无度和令人萎靡不振的只不过是反映等级差别的享受的折磨，我们的委员会一致决定：教育院中

①[法] 埃蒂耶纳·卡贝:《伊加利亚旅行记》第一卷, 商务印书馆, 1982年版, 第295~296页。
②[德] 威廉·魏特林:《和谐与自由的保证》, 商务印书馆, 1997年版, 第210~211页。

的工艺美术劳动仅仅限于制造人人都能够很容易地得到的用品。"①

——尽管生生硬硬，但还是他来得痛痛快快！这是通过法令人为地根本取消稀缺性的办法。

19世纪美国人贝拉米的《回顾》也遇到了这个问题，他却老老实实地采用了市场经济的方法——通过价格杠杆进行调节。下面一段对话发生在故事的叙述人——来自"旧时代"的青年韦斯特与"新社会"的医生利特先生之间：

"'有一点我想可能引起人们的不满，'我说。'既然私人企业不可能存在，那么当少数人要求生产那些没有大量需要的东西时，又怎样保证他们的要求会得到尊重呢？政府一道命令，随时都会把少数人特别爱好的东西剥夺掉，理由只是因为大多数人并不需要。'

"'那样，当然很专制罗，'利特医生答道，'不过，你可以放心，我们并不这么做，对我们来说，自由是和平等博爱同样可贵的。……假定某种物品由于需要不大，生产成本变得很高，那么价格自然也就相应提高，不过，只要消费者肯出这个价钱，这类物品总是继续生产的。'……'在你们那个时代，实行高价意味着高价的物品只有有钱人才买得起。可是现在，大家的收入相同，结果只是那些最喜欢这类物品的人才去购买。'"②

在贝拉米看来，留给自由的这种物质选择的差别，并不破坏理想社会的平等和平均分配原则，只是平等的人们的不同偏好之间的交换而已。在平等和自由之间能够如此兼顾，这个设计可谓够妙的。

应该看到，"各取所需"的原则与"平均分配"的原则是不一样的。"各取所需"所面临的问题更多、更复杂一些，所需要的假定也更多一些，比如是不是要假定物质"极大丰富"？是不是要假定"信息完全"？是不是要假定人的欲望有限？如果都不作这些假

---

①《为平等而密谋》，上卷，商务印书馆，1997年版，164、222页。

②[美] 爱德华·贝拉米：《回顾——公元2000～1887年》，商务印书馆，1997年版，第134页。

定，那就只能对人的需求本身作出限制，就如邦纳罗蒂所做的生硬限制一样，实际上限制的是人的自由——人在生活在这个理想社会之前就已经拥有的自由。《回顾》放弃了"各取所需"，而选择了"平均分配"的原则，而且"平均分配"的不是物质形态，而是价值形态，这就为人的多样性需求、差异性消费打开了大门。

差异性消费和差异性分配到了傅立叶设计的协作社——法郎吉中表现得更为明显。实际上，没有任何其他一种乌托邦比傅立叶的法郎吉更加容忍差异，甚至提倡差异。

傅立叶认为，差异是协作制度的动力。然而，这里的差异是怎么形成的呢？它们不是靠市场分配自然形成的，而是靠"道理"形成的。比如说，在市场社会，艺术家的劳动往往不能得到优厚的报偿，而在这里，艺术家可以得到最优的报酬。傅立叶的分配原则也是"按劳分配"的，而不是按"产品的价值"来分配的。但是他的"按劳"，并非马克思所使用的抽象的劳动时间，"而是依照某种劳动在引力与和谐结构中的作用"[1]——这么说太不容易懂了，往明白点说，就是哪一种劳动更愉快，它的报酬就低一些；哪一种劳动更枯燥，它的报酬就要高一些。

比如，像种植果树这些在他看来是愉快的劳动在这里得到的报酬相对较少，这是因为这种愉快本身就是对劳动者的报酬了。他按照这个标准给不同的劳动定了级、排了队。但是，傅立叶没有注意到，这一条原则却是与给艺术家最高报酬的原则相矛盾的，因为艺术家的创造性劳动对于他们自己而言，岂不是最愉快的吗？

在所有的乌托邦分配方案中，有的是以劳动作为分配理由的，不劳动者不得食；有的不是以劳动，而是以人的生存本身作为分配理由，"他享受分配的基础就在于他是一个人"（《回顾》）。这样，就包括三种分配原则："各取所需"的分配原则（没有例证）、"定量分配"原则（如《基督城》）和平均分配的原则（《回顾》就是这种）。

---

①《傅立叶选集》第二卷《第九概述，论分配的协调》，商务印书馆，1959年版，第168页。

几乎所有的乌托邦都不承认以资本作为分配的理由，因为那正是资本主义社会的现实原则。只有一位空想家傅立叶同时承认资本、劳动、才能三者都是分配理由，他写道："我在从原则问题转到实践时，必须提醒一下：协作理论遇到的一个明显的困难就在于要按三种生产能力——资本、劳动和才能来确定人人都感到满意的分配。"①

　　他认为，在共同赢利的分配中，资本应该得十二分之四，才能应该得十二分之三，劳动应该得十二分之五。无论这个比例是否公平，从今天中国的角度看，这已经不是空想，而正是现实。

　　傅立叶因此受到同时代的德国社会主义者魏特林的批评：

　　"在对于资本的承认和报酬上，傅立叶犯了最可怕的错误；因为他为我们把商人也缝缀在这个否则将是——很美好的制度里；你必须把它剔除出去，傅立叶主义者！把资本扔到垃圾堆里去吧！"②

　　实际上，我感到很奇怪，这位承认私有制而反对公有制的傅立叶，在过去那么长的时间里竟被看成是19世纪三个最著名的空想社会主义者之一。而在今天，在所有空想理论中，恐怕也只有傅立叶与我们中国的社会主义市场经济距离最近。

---

①《傅立叶选集》第二卷《第九概述，论分配的协调》，商务印书馆，1959年版，第1页
②[德]威廉·魏特林：《和谐与自由的保证》，商务印书馆，1997年，第259页。

为什么要聚在一起吃饭

> 所有的乌托邦都是回避交换价值和交换行为的，因为只要有交换就
> 会有物质的积累，就会有不平等，因此即使是生活资料也不是"分
> 配"，而只能是"配给"，什么事情最适合这种配给呢？就是吃；
> 什么事情最能够彻底体现这种原则呢？就是大家坐在一起吃！

一提到"大跃进"时代"白吃"的公共大食堂，人们可能就会哑然失笑；其实这是一个严肃的问题，它有着非常久远的思想渊源。

对于一个完全废除私有制，什么都是"公"的社会而言，吃饭的"公共性"是在逻辑之中的事。几个世纪以来，在一些空想社会主义的乌托邦著作中，公共食堂制度——共餐制，首先是共产主义分配的一种传统形式表现。

共食制度是符合早期共产主义原则的。

法国19世纪空想社会主义者勒鲁的《论平等》第10章，专门对这个问题进行了研究，认为公共用膳，"是平等人精神共同体的象征"。为此，他引述亚里士多德《政治学》、尼布尔《罗马史》和孟德斯鸠《论法的精神》等著作，将共食制的历史追溯到古希腊时代。

"在古斯巴达国家，追求平等制度的立法者莱库古（Lycorgus）规定，每一个国民必要共同用膳，这是最严厉的法令。""人们一致认为这是他最精彩的创举之一，即实行公共用膳。他逼迫公民们一道用膳，根据法律的规定吃同样的肉……"[1]

---

① [法] 皮埃尔·勒鲁：《论平等》，商务印书馆，1996年版，第139～140页。

显然，这与人们的原始习惯不同，这是以立法的形式进行乌托邦式的制度革命。

对"公共食堂"，较早的乌托邦作品中就有描述。

古希腊柏拉图的《法律篇》中，就强调每个地区都要设立若干公餐所。

16世纪的《乌托邦》写道："每条街有宽敞的厅馆，位置的距离相等，每一座有自己的专名。摄护格朗特住在厅馆里。一个厅馆左方右方各十五户，共管三十户，集中在厅馆中用膳。各厅馆的伙食经理按时到市场聚齐，根据自己掌管的开伙人数领取食品。""在规定的午餐及晚餐时间，听到铜喇叭号声，摄护格朗特辖下全部居民便前来厅馆聚齐。"①

16世纪的《太阳城》是这样描写大食堂的：

"食堂的餐桌摆成两排，每张桌子的旁边都排列着两行座位，一行是男人的，一行是妇女的，大家保持肃静，鸦雀无声，有如修道院的食堂一样。用膳时，有一个青年人站在高处拖长声音高声朗诵圣书，但有时当某个负责人提醒大家注意其中某段的重要性时，也会打断他。一些穿得很漂亮的青年人敏捷地侍候人们用餐，看起来真是一幕非常动人的景象；他们亲切、有礼貌而谦逊地像朋友、兄弟、儿子和父母生活在一起一样。"②

你看，这何止是吃饭的事呀！这是一项具有社会凝聚作用和教化功能的庄严的社会活动。

共餐制是各取所需分配原则对应着的一种特殊形式，也是各取所需形式的一种替代。因为单就食品来说，既在大食堂集中享用，也就用不着"取"了。但是，"各取"与"共食"还是有着耐人寻味的区别的："各取"意味着个体和家庭支配生活资料，意味着保持个体和家庭中的经济生活空间；而"共食"则相反。而从生活资料的量上看，如果量不足，则不敷取用；但量不足，却不妨碍"共

①[英] 托马斯·莫尔：《乌托邦》，商务印书馆1997年版，62页、63页。
②《太阳城》，商务印书馆，1980年版，第16页。

食"。这就决定了，当各取所需的分配理想因为物质尚未"极大丰富"时，共食制大食堂就成了前者的低级替代品。这就是早期乌托邦选择共食制的原因，也是中国大跃进时代选择大食堂的内在逻辑。

作为共产主义分配（消费）的一种传统形式，大家一块吃饭，比从公共仓库无偿取货更"形式化"，它并不是乌托邦分配必然的形式。在17世纪的德国人安德里亚的《基督城》里就是各家从公共仓库里按定量取回食品回家食用。17世纪温斯坦莱的《自由法》中也没有公共食堂。

早期乌托邦作品中的共食制终于在18世纪英国的葛德文的《论财产》一书中受到质疑：

"财产平等制度不要求任何限制和任何监督。在这种制度下，不需要进行共同劳动，也不必设立公共食堂和公共仓库。所有这一切都是不顾健康思想的要求而指导人们的行为的错误的坏手段。"[1]

他显然把公共食堂看作对个人自由的限制。

他还说："我们为什么要举办公共食堂呢？难道我必须跟你们同时挨饿吗？我为什么要在一定的时间离开我在那里工作的博物馆，或我正在沉思的幽静场所，或我观察自然现象的气象台，而到专供吃饭使用的某个大厅，而不是按照理性的指令，在对我的工作最方便的地点和时间去吃饭呢？"[2]

这种对公共食堂的怀疑和否定，是基于人的自由和个体尊严的自觉。这也是公共食堂在西方晚期乌托邦作品中逐渐消失的根本原因。

人的个体自由的理想，与乌托邦的集体道德理想，是乌托邦思想传统中在逻辑上难免冲突，难以割舍，但实际上此消彼长的两种思想倾向。这两种倾向的此消彼长，就具体表现在公共食堂的消长中。

---

① [英]威廉·葛德文：《论财产》，商务印书馆，1959年版，第64页。
② 同上，第65页。

19世纪法国人德萨米的《公有法典》，还是把公共食堂重新摆到很重要的地位，专用一章（第四章）来写"公共食堂"：

"我们以公有原则为基础的思想体系的真正烙印，就是打在公共食堂上的，公共食堂是了解我们思想体系的关键。"

为什么呢？因为：

"公共食堂的主要目的在于发展和维持平等人中间的博爱感情。"①

谁说吃饭不重要？它在这里维系着一个理想制度的存废，从而具备了社会性、道德性和礼仪性：

"男女两性和各种不同年龄的人，直到很小的孩子，大家都掺杂地坐在一起。大家都遵守最端庄的礼节，并享受最充分的自由。谈谈私事是允许的，但为了共同的利益，每桌要选出一位桌长。"②

我们不知道，这坐在一起吃饭的一桌人是永远固定在一起的呢还是临时凑在一起的？"桌长"是固定的呢还是每次吃饭临时选出来的？而坐在一起吃饭的人，除了吃饭还有什么"共同的利益"？作者都没讲。但是，如果每次人员是固定的，那他们就不是吃饭的一桌人，而是一个基层社会组织！

德萨米说："我认为，在社会革命成功的翌日，新政府即通令在所有各公共场所均设立公共食堂。"③

为此，德萨米这样描述他想象中的公共食堂：

"既然公共食堂的主要目的在于发展和维持平等人中间的博爱感情，我想，假如有可能的话，那就要有一个宽敞而富丽的食堂大厅。这个大厅全部占用小区建筑物的一隅，可以用活动的同时又能升降的精致的板壁把它隔成为一排单独的房间。在平常的日子里，这些板壁都是放下来，一至节日，就采取剧院里所使用的方法，仿佛由于魔术一样，所有的板壁就会全部绝迹，以便让我们一万个公民能够同时举杯祝贺人类的幸福，祝贺共同祖国的万古长存！！！"④

①[法] 狄·德萨米:《公有法典》商务印书馆, 1964年版, 第43页。
②同上, 第46页。
③同上, 第286页
④同上, 第45页。

乌托邦幻想中公共食堂的这种豪华化的倾向，到了中国近代的康有为的《大同书》中，则发展到了这样一种程度：

"大同之世，只有公所，更无私室。故其饮食，日日皆如无遮大会，亦有机器递入私室，听人取乐。其食品听人择取，而给其费。大同之世无奴仆，一切皆以机器代之，以机器为鸟兽之形而传递饮食之器。私室则各有电话，传之公厨，即可飞递。或于食桌下为机，自为输运至于桌中，穿窿忽上，安于桌面，则机器复合。抚桌之机，即能开合运送去来。"①

这想象得也太奇妙、太浪漫化了。与早期禁欲主义的乌托邦相比，康有为的这个由"公厨"——大食堂所体现的大同世界，可以说是享乐主义的。

公共仓库和公共食堂，不仅停留在乌托邦空想作品中，而且确曾在19世纪北美实验公社中实行过。

1928年在中国翻译出版的日本人波多野鼎著《近世社会思想史》就记录了当时"阿玛拿共产村"的情况：

"各村建造四到十六个食堂，每一食堂有三十至五十个家族，在一处行膳食。""衣食住三者，都由村里来供给；但其他的货财，各人都从各村所置的共同仓库里取得，共同仓库里贮藏着很多必要的物品。村人对于从这个仓库里取得的物品，并不付给货币；各人按照'公平和正义'的原则，一年得从仓库里取得二十五元至五十元的信用，根据这个信用来领取物品。"②

据说，这个共产村从1840年起存在了八十多年，竟然比社会主义苏联的历史还长。

德国人海因利希·卢克斯于19世纪末叶所著《艾蒂安·卡贝和伊加利亚共产主义》一书，记录了《伊加利亚旅行记》的作者卡贝领导的北美共产主义移民区的公社实验，其中描写了大食堂的情况：

---

① 《康有为大同论二种》，三联书店，1998年版，第363页。
② 转引自《论共产主义公社》，中国人民大学出版社，1958年版。

"学校以外的第二个主要建筑物就是食堂，它有三十米长十米宽，有十二道门，有十二个窗户。在平整雪白的墙上首先映入眼帘的是行行书法秀丽的标语口号，这些标语口号虽然简短但包含了共产主义学说的主要内容。在那里可以读到下列标语：

　　"'首先要像爱护自己一样地爱护上帝，爱护自己的同志。'

　　"'己所不欲，勿施于人。'

　　"'你愿意得到的东西，要让别人也得到，这样，别人有的也会让你得到。'

　　"'各尽所能，按需分配。'

　　"'一人为大家，大家为一人。'

　　"'不劳动者不得食。'

　　"'每个人要做可能做到的事，要做应当做的事。'

　　"'指望好年成，应当先耕耘，应当先播种。'

　　"'对物质的要求，第一要考虑是否必须，其次要考虑是否有益，最后才考虑享受。'

　　"……

　　"所有这些都显示了良好的伦理道德的训诫。

　　"在食堂，餐桌排成三行，全体成员在那里日进三餐。……晚餐有煮得很出色的土豆炖肉。……午餐比晚餐要丰富：除了牛肉、鱼，还上了各色蔬菜和应时的水果。早餐有咖啡、牛奶、菜、鸡蛋……厨房所占用的劳动极少，全体厨师一共十三人，但却负担四百五十六人的伙食，谁当厨师用抽签办法解决。"[①]

　　伊加利亚移民区还只是一个拓荒社团，而非一个成熟的社会。但看看他们的伙食水平，已让我们很替在上一世纪50年代的"大跃进"中同样搞大食堂的中国农民艳羡了。

　　据康健的《辉煌与幻灭：人民公社警示录》，在中国的1960年，正当河南遂平县人民在饥饿的死亡线上挣扎的时候，《河南日报》上发表了一篇文章描写"龙沟食堂的光芒"：

083

---

①[德]海因利希·卢克斯：《艾蒂安·卡贝和伊加利亚共产主义》，商务印书馆，1992年版，143~144页。

"这个公共食堂实际上是在1956年一次开荒中偶然产生的,一起开荒而合伙吃饭,是很自然的,不存在什么理论准备和继承。但后来就成了典型。龙沟食堂确实是一颗明珠,它不仅办得早办得好,而且还放出了共产主义思想的光芒。这个食堂的无人售饭制度,已经坚持了四年,没有错过一个馍;食堂小卖部无人售货实行了三年,不错一文钱。……公社化后,大规模的集体化生产,要求生活集体化相适应,公社党委5月初在龙沟召开了食堂现场会议,全社很快实现了食堂化,同时,龙沟食堂也在公社的具体领导和成千上万参观者的鼓舞下,取得了更大的成就,实现了吃水自流化,切菜机械化……"①

这一段出于当时记者与县委、公社干部"合作"的手笔,尽管可能有不实之词,但我们可以看出,这样的公共食堂更侧重于生活方式的"集体化",而不是分配方式的"共产化"。我们今天不太明白,集体化生产为什么非要以"集体化生活"来适应,集体化生产而"个体化生活"不行吗?而这篇引文所暗示的"集体化生活"对个人所起到的道德锻炼功能,可能是一个答案。

从西方乌托邦作品主流总的趋势看,"共食"的传统到晚期乌托邦作品中已经式微。

在19世纪中期的法国空想社会主义者卡贝的《伊加利亚旅行记》一书描写的伊加利亚共和国中,"早餐和午餐这两顿主要的饭食,都在外面吃,由国家的厨师给做",家庭妇女要做的,只是"准备两顿最简单的饭"——他们大概一天四顿饭。

到19世纪晚期的《回顾》中,济济一堂"共食"的"公共食堂",实际上已经完全消失,而流变为每一个家庭在"公共大厦"中的由社会提供免费服务的单间餐室,今天晚上不想在家吃饭了就去那里。"每户人家只要每年交纳很少的租金,就可以在这个大厦里占有一个房间,长期独家使用。"②

084

---

①康健:《辉煌的幻灭:人民公社警示录》,中国社会出版社,1998年版,第311页。
②[美]爱德华·贝拉米:《回顾——公元2000~1887年》,商务印书馆,1997,第114页。

"我们走进一个大厦，络绎不绝的人群也正在往里边涌进。……我们走上宏伟的大楼梯，沿着一条宽阔的走廊走着，两边有许多通向走廊的门。不多一会，便到了一个房间，门上写着我的主人的名字。我们走了进去，看到这是一间很雅致的餐室，室内放着一张桌子，可供四人用膳。窗户对着一个庭院，院中喷泉喷得很高，音乐也很动人。"

"其实，这是我们住宅的一部分，不过同其他房间略微隔得远一点罢了"。

在那里，利特医生一家和他们的客人享受到"生产大军"安排的侍者的免费服务，菜单是头一天晚上送来的。然而，除了免费，这与今天普通的餐馆有什么区别呢？

公共食堂在几个世纪的乌托邦著作中忽隐忽现，最终消失，有着什么意味呢？意味着人的自由价值逐渐高于社会集体道德的价值。这是晚期乌托邦作品的重要趋势，不可不察。

19世纪末20世纪初的俄国空想社会主义者克鲁泡特金在《面包与自由》一书第十章的一个脚注中，以卡贝的《伊加利亚旅行记》为例解释过这个问题：

"青年伊加利亚共产主义社会中的人已经知道在工作以外的日常关系中自由选择的重要。原来宗教的共产主义者常以共同会食为其理想，从前的基督教徒以共同会食为皈依基督教的表示。圣餐礼即其遗迹。然而，青年伊加利亚的人却已放弃了此种宗教的习俗；他们虽在公共食堂里会食，但里边设有分别的小桌子，任他们选择自己所喜欢的地方去坐。"[①]

吃饭的问题对于乌托邦并不是小事，它对于乌托邦的共有制结构意味深长。有一位乌托邦主义的批判者，19世纪法国思想家蒲鲁东，就是从这一点上颠覆和瓦解乌托邦的。针对《伊加利亚旅行记》中在共食制方面的松动，他这样说：

"在伊加利亚（我每次想到卡贝先生时，总是好笑）。每栋房

---

①[俄] 克鲁泡特金：《面包与自由》，商务印书馆，1997年，144页。

子都有庭院和花园。由一个家庭住用。就这一句话便包含了三种背离共有制的例外情况：1.家庭分开，2.住所分开，3.家政分开。事情还不止于此。卡贝先生给伊加利亚人规定的那四顿饭（傅立叶答应的是七顿）中。有两顿在工厂里吃，就是早点和早饭，第三顿是在共和国餐厅里共餐。第四顿，即晚饭。则是在家里吃。为什么要这样区别呢？为什么要有同事共餐、邻里共餐和一家共餐之分呢？为什么不四顿都在外吃，或者都在家吃呢？您不是赞成消费私人化吗？由于家政料理是否高明取决于妇女的才能，而且享用的艺术并不比生产容易，因此，家里要有一位能干的主妇，同样的收入便可以过双倍幸福和舒适的生活。结果，各家的生活境况就不再平等，这难道公正吗？如果您认为这是公正的，我便要问您：既然消费与生产归根结底是一回事，那么，为什么您不把适用于消费的原则也应用到劳动上呢？"①

蒲鲁东的诘难可能令人感觉太繁琐了一点，但是他是严格按照逻辑推演的。简单说，所有的乌托邦都是回避交换价值和交换行为的，因为只要有交换就会有物质的积累，就会有不平等，哪怕只在生活资料领域。因此，严格说来，因为"任何分配都与个人主义同义"，因此即使是生活资料也不是"分配"，而只能是"配给"，而且必须假定一次消费干净，不能有积累。因为对于纯粹的平等社会而言，最大的威胁就是个体的积累了。积累才是资本的温床。什么事情最适合这种配给呢？就是吃；什么事情最能够彻底体现这种原则呢？就是大家坐在一起吃！再没有什么比吃到肚子里的东西更"平均"的了。

如果说许多乌托邦作品选择共食制在道德上是积极的倡导的话，那么没有被明言的则是他们在经济上的考虑：消极地防范可能威胁公有平等制度的一切因素。这一点被蒲鲁东揭穿了。

共食制有利于维系思想和伦理意义上的公共生活。这是早期乌托邦的思路。而那些仍然提倡共食制的晚期乌托邦，则更侧重于从

---

①[法]蒲鲁东：《贫困的哲学》下卷，商务印书馆，2000年版，第683、685页。

节约社会资源的角度论述公共食堂的必要性。19世纪英国空想社会主义者欧文在《致拉纳克郡报告》中说：

"全体成员的食物如果在一个总的安排下烹调，能比在其他情形下更便宜、质量更好。"①

而在《论古今社会所产生的几种谬见和灾祸》一文中，欧文写道：

"在工业城市里，每个家庭都要特别置备一套炊具、食器等，而且还得有一个人专管做饭，以维持全家的正常饮食。在所筹划的新村里，将用最好的食品做出美餐佳肴，同时能使五六个人做出一千人食用的饭菜。"②

即使在傅立叶设计的有着贫富差别的"法郎吉"协作社中，也有公共食堂，只是消费分为不同的等级。在这里，公共食堂的意义与其说是共产主义分配和消费形式，不如说是一种节约社会劳动的效率形式："只消使用我们小规模经济合起来所需要的工作人员和机器的百分之一，只消用四五个大炉子，就足以代替三百个厨房的炉灶和三百位家庭主妇，来准备供应四五个等级选用的各种膳食。"

恩格斯也是在这个意义上赞成公共食堂的，他《在爱北斐特的演说》中说：

"我们拿做饭来说，在现在这种分散经济的情况下，每一个家庭都单独准备一份自己所必须的、分量又不多的饭菜，单独备有餐具，单独雇用厨子，单独在市场上、在菜场里向肉商和面包商购买食品，这白白占据了多少地方、浪费了多少物品和劳动力！可以大胆地假设，有了公共食堂和公共服务所，从事这一工作的三分之二的人就会很容易解放出来。"③

这与欧文、傅立叶的表述很相近。这个思路是不错的，如果只是为了解放人的劳动，这倒不难。虽然是"空想家"说过的话，并不都是"空想"，我们今天不是有了"主食厨房"和超市中的半成品菜了吗——不过这恰是由市场经济带来的而已。

①《欧文选集》第一卷，商务印书馆，1979年版，第330页。
②《欧文选集》上卷，商务印书馆，1965年版，226页。
③《马克思恩格斯全集》第2卷，人民出版社，1957年版，第613页。

美妙的劳动

生产力的幻想

> 通过我们的一套恢复气候水土和大气的办法，自然力可以说将会向
> 人的天才低头，那时人便能像新的风神一样，把北风和飓风束缚起
> 来，使和煦的春风在空中和波浪上吹拂。

乌托邦作为一种社会的理想，一般总要包含着生产力的理想——即对生产力增长的乐观展望。因为它是理想社会分配原则和可能性的物质基础，没有它，后者在逻辑上就不能成立。

英国18世纪初的《满足岛》，是把理想国家安置在一个气候特别温和适宜的纬度上，在这个国家，"土地肥沃，到处是美味的马铃薯。我们想在哪儿挖就能轻易挖到，根本用不着铁锹"。"自然提供了丰富的食物，用不着任何人工劳动，甚至也用不着厨艺来提高食物的品味。"因此，"人民除了吃、喝、睡，以及在歌唱、舞蹈和笑声中打发时光之外，几乎无事可做。"[1]

设想这样的条件，毕竟太特殊了。这可能反映了早期空间小说"海外奇谈"的特征，在生产力的幻想方面，则没有什么思想价值。

19世纪早期的英国思想家葛德文说：

"在未来的公社中，每二十个人中有一个人劳动，就完全可以保证其余的一切人得到绝对必要的物品。如果将来不让这些少数人来承担这种工作，而由我们大家友爱地分担起来，那么这种工作只

---

[1]《英国启蒙运动中的乌托邦思想》(Utopias of the British Enlightenment)，剑桥政治思想史原著系列 (影印本)，中国政法大学出版社，2003年版，第5、9页。

会占去每个人的二十分之一的时间。

……如果每个公社社员每天能够忠实地劳动半小时，就可以供应全体社员以应有的一切必要物品。"①

注意：是"半小时"。这是几个世纪乌托邦作品中最少的劳动时间。

到了傅立叶，对生产力的空想更表现为对财富增长倍数的过于随便的许愿。比如他说：

"可以看出，在谈到实际财富增加四倍和享受增加四十倍的时候，我的估计低于实际情况。因为在许多部门，如效能运输方面是增加一百倍以上。我所说的二十倍和四十倍这类话，乃是为了冲淡这个光辉真理的一种谦虚的说法。"②

可是他一点也没有说明增加这么多倍数的生产力基础，一点也没说明这么多倍数是怎么算出来的。

比如他还说：

"把这种增加二十倍的舒适与上面所列举的增加三十倍的舒适加在一起，我们便会发现，享受总和在行的方面已达到五十倍。既然为了享受这种舒适，人们收入将增加四倍，在拿四倍的实际收入乘五十倍的相对可能性时，便会达到二百倍。这就是说，在和谐制度下，舒适的增长是无法计算的。"③

这都是从哪儿说起的呢？就是从"所有住宅区、牧畜圈、商店和工厂内部上方都有天棚"说起的，最初的"增加二十倍的舒适"就是指此。怎么得出"二百倍"的，则完全是胡说，甚至使人感到，傅立叶有一种"倍数狂"，整体上有夸夸其谈的感觉。

德萨米的《公有法典》列举了世界上许多自然灾害：大雷雨、暴风雨、台风和地震，然后写道：

"在完全和谐的公有制度下，不必担心任何这一类的不幸。通过我们的一套恢复气候水土和大气的办法，自然力可以说将会向

---

①[英]威廉·葛德文：《论财产》，商务印书馆，1959年版，第53页。
②《傅立叶选集》第二卷，商务印书馆，1959年版，第130页。
③同上，第127页。

人的天才低头，那时人便能像新的风神一样，把北风和飓风束缚起来，使和煦的春风在空中和波浪上吹拂。人们甚至连火山也认为是可以战胜的。将开凿许多地下水渠，以便把巨流和河水引入地下，这样来逐渐地扑灭最猛烈的大火……"

这样一种"制度胜天"的豪迈精神气质，经历过"大跃进"的中国人也不会陌生吧？

与此相对的是，他把许多小概率事件，包括火灾和交通事故，都算到私有制度的账上，也不大能够服人。

从另外一个角度看，乌托邦对生产力的想象则并非是完全没有物质基础的。在这方面，应该考虑到英国工业革命的背景与空想社会主义和乌托邦作品繁荣的关系。

1882年，英国空想社会主义者欧文应邀在一个由拉纳克郡缙绅组织成的委员会上提出"一项使贫民和劳动阶级获得永久的、生产性的工作，从而解除公众困苦并清除不满情绪的计划"。在这篇第一次明确而系统地概述自己的空想社会主义思想的报告里，欧文曾写道：

"由于科学设备和科学管理制度得到迅速的改良和发展，同时或多或少地为全国各工业生产部门所采用，不列颠帝国的生产力特别在最近五十年中得到了不断的提高，超过了任何其他国家。这种新生产力的规模，由于缺乏适当的资料，无法作十分准确的估计。但报告人根据无可争辩的事实可以肯定，新生产力的增长是极其巨大的；新生产力和大不列颠与爱尔兰的全体人民的体力劳动相比至少是四十比一，而且很容易使之成为一百比一；这种增长可能发展到其他国家去，而且目前的状况就已经足以使全世界充满财富。"[①]

此后，他还在其他文章中乐观地阐述他对生产力的展望：

"这种新生产力保证人们有无穷无尽和不断增长的可能性像取水那样容易地生产财富，像利用空气那样充沛地满足人类的一切合理需求。"[②]

---

①《致拉纳克郡报告》，《欧文选集》第一卷，商务印书馆，1979年。
②《新道德世界书摘译》，《欧文选集》下卷，商务印书馆，1965年版，第52页。

这后面一句话最有想象力，那就是随着"物质极大丰富"而来的一切稀缺性的消失，这样，"私有"的动机岂不是自然就不存在了吗？

与此相类似的，是19世纪末的英国人埃比尼兹·霍华德在《明日的田园城市》中所表达的观点：生产力的空前发展会使财富形式变得没有意义。

他写道："看到当今空前迅速的进步和发明，难道任何理智的人会怀疑今后六十年会有非常显著的变化吗？难道有人会设想这些似乎在一夜之间雨后春笋般萌发出来的财富形式会有什么真正的持久性吗？姑且不谈劳动问题的解决办法和为成千上万双渴求工作的手寻找工作的解决办法——我认为已经证实了一种解决办法的正确性——仅仅潜心于专注于发现新动力、新的（也许是穿越空中的）机动手段、新的供水方法和新的人口分布本身就可能使多少物质财富全然无用和过时啊！那么，我们为什么要为人类已经生产的东西而争吵呢？"[1]

霍华德并不是人们所知的空想主义者，他只是一个有着社会改革思想的城市规划师。但是他的上述观点，确实反映了19世纪欧洲对未来社会的普遍乐观态度。这种乐观态度是建立在生产力的迅速发展基础上的。这也是乌托邦思想非常活跃的一个物质基础。

物质财富的无限增长，即私有制的无意义，正是乌托邦作家们展开自己美好设计的一个基础。

这种对生产力巨大增长的想象，作为乌托邦传统一直延续到20世纪的俄国无政府共产主义者克鲁泡特金。他不满足于空想，而是试图从当代农业技术现实水平和科学实验的角度展望生产力空前提高的可能性。

克鲁泡特金描写道：

"他们创造了一种跟过去完全不同的新的农业。当我们谈到用轮种法每年可收一次（或三年收四次）的时候，他们却对着我们微

093

---

①[英] 埃比尼泽·霍华德：《明日的田园城市》，商务印书馆，2000年版，第104页。

笑，因为他们的野心是要在同一块土地上在十二个月里收六次到九次。他们不懂得我们为什么说这块地的土壤好，那块地的土壤坏。他们自己制造土壤，而制造的数量往往又很大，以至于每年必须出售一部分，否则他们的园子每年就要增高半英寸。他们不像我们在一英亩的土地上只收获值五英磅的五六吨草料就满足了，而是要在一英亩的土地上收值一百英磅的50~100吨白菜、卷心菜、胡萝卜等各种蔬菜。"①

当然，克鲁泡特金对生产力，特别是农业生产力的想象有科学幻想和科学预测的成分，比如他幻想到大面积的温室栽培和太阳能技术、生物技术——"许多英亩的土地都会被玻璃掩盖了"、"将来的穆学（19世纪法国物理学家，以他的应用太阳热的实验出名）发明一种机器用太阳光线来工作"、"实验培养细菌来灌溉土地的方法"②。

这种对生产力的乌托邦想象和期待，具有科学幻想的魅力，但从另一方面看，由此发展到中国"大跃进"时的"亩产万斤"，也是符合逻辑的。德萨米的《公有法典》中提到"农业生产将在可以移动的防雨的大帐篷下进行，同时这种大帐篷还具有一切合乎理想的优点：光亮、通风、甚至有取暖设备。"③这些属于对农业生产条件的科学幻想，如今也已经实现了，尽管与社会制度的转变关系不大。

克鲁泡特金对生产力增长的研究，在乌托邦思想史上是有重要意义的，这一点得到了另一位具有乌托邦情结的政治思想家伯特兰·罗素的肯定。罗素在《自由之路》一书中说：

"我相信，生产设备的技术改进，潜力十分巨大，无论如何在今后几个世纪中人类福利事业的进步不会遇到难以克服的障碍，这一进步既可带来生产数量的增加，又可同时导致劳动时间的缩短。克鲁泡特金对这一问题做过特别的研究。不管人们如何

①克鲁泡特金：《田园、工厂和作坊》，转引自伯特兰·罗素：《自由之路》上，文化艺术出版社，1998年版，第63页。
②克鲁泡特金：《面包与自由》，商务印书馆，1997年版，第236、237页。
③[法] 狄·德萨米：《公有法典》，商务印书馆，1964年版，第76页。

看待其一般政治理论，他对农业生产的潜力问题的论述都是富于教益、非常具体而令人信服的。社会主义者和无政府主义者大都是工业生活的产物，因而他们中间极少能具备粮食生产的实践知识的。但克鲁泡特金是个例外。他的两本著作《面包的掠取》和《田园、工厂和作坊》列举了大量详实的资料，尽管其观点有过于乐观之嫌，我认为不可否认的是他指明了我们以前很少会相信的农业发展潜力。"①

对于生产力的幻想的其中一个结果，就是劳动时间的减少。劳动时间的减少是乌托邦的一个重要内容。它意味着休闲和人的自由、人的精神生活的丰富。这不仅体现为每日工作时间的减少，也表现为人整个一生劳动生涯的减少。在《回顾》一书所描写的理想社会中，人们"到四十五岁，就注册退出生产大军，在自我进修和消遣中度过晚年"。

我国近代思想家康有为的《大同书》则说："太平之世，一人作工之日力，仅三四时或一二时而已足，自此外皆游乐读书之时矣。"②

而19世纪德国社会主义者魏特林的估计是："在已经建立起来和和平地度过二十年之后的财富共有共享制度下，满足所有人的福利和生活享受所必需的劳动时间将会很容易地从每天六小时降到三小时。"③

当然，并不是所有乌托邦作品都把劳动时间的减少寄托在生产力的幻想上。比如早期乌托邦作品莫尔的《乌托邦》和康帕内拉的《太阳城》，生产力水平还是很低，基本上是传统的农业生产力。在这里，削减劳动时间，主要是靠"人人都劳动"这一点来做到的。因为人人都劳动，在《乌托邦》中，每个人每天的劳动时间不超过六小时就够了；而在《太阳城》中，则更被缩减到四小时就够了。19世纪傅立叶说自己的协作制能增加产量三倍，也不是靠新的生产力，而是靠大规模集体劳动（生活）产生的劳动节约和资源节约。

①[英]伯特兰·罗素：《自由之路》上，文化艺术出版社，1998年版，第61~62页。
②《康有为大同论二种》，三联书店，1998年版，第310页。
③[德]威廉·魏特林：《现实的人类和理想的人类：一个贫苦罪人的福音》，商务印书馆，1979年，第30页。

而19世纪的欧文认为劳动时间可以"每天不到四个小时"则有着机器生产的背景：

"借助一些简单而合理的措施，社会现在就能随时获得它所需要的一切财富，而且绰绰有余。利用最近一百年来的发明和发现，根据科学原理组织社会，并以简单而合理的平等的原则管理社会，人们就有可能在每天不到四小时的有益而愉快的劳动条件下，使社会拥有大量品质优良的产品。"①

但是，实际上，据欧文自己写的《关于罗伯特欧文管理新拉纳克的三十年实验的记述》，在欧文自己的工厂，"把各种年龄的工人的工作时间缩短为每天十小时半"②——这就是理想与现实的距离，虽然这个时间已经大大低于当时别的工厂的劳动时间了。后者往往为十四五个小时。

对劳动时间的缩减这个人类理想的表达，一直就没有断绝。实际上，不仅乌托邦作家对此情有独钟。英国经济学家凯恩斯，他在1930年撰写的《未来的经济学前景》（Economic Possibilities for Our Grandchildren）一书中就预言说，如果我们选择非经济目标的话，那么每周15个小时的工作时间就可以满足一个社会的需求。③但是凯恩斯的预言中有一个重要的条件不能忽略，就是"如果我们选择非经济目标的话"，而现实的资本主义不可能选择"非经济目标"。这就不只是对生产力的幻想所能解决的问题了。

---

①《新道德世界书摘译》，《欧文选集》下卷，商务印书馆，1965年版，第12页。
②《欧文选集》，第二卷，商务印书馆，1981年版，第92页。
③转引自托马斯·古德尔、杰弗瑞·戈比：《人类思想史中的休闲》，云南人民出版社，2000年版，第100页。

社会分工的消灭

> 是否可能消灭分工是一个问题；是否把消灭分工当作一个理想和奋斗
> 目标则是另一个问题。从生产的角度看，分工是社会的合理性，但却
> 牺牲了人的合理性，牺牲了完整的、全面发展的人。

许多乌托邦作品都有打破社会分工的倾向——至少是打破工农业的分工。如在16世纪的《乌托邦》中，就有城市人民轮流迁到乡下务农的制度。在18世纪摩莱里《自然法典》中，"土地法"规定，"所有公民，只要无残疾，从二十岁起到二十五岁止，都应当毫无例外地从事农业。"但是在"治理法"中有一句"只有离开农业回到本行一年以后，即达到二十六周岁时，才可以担任工长"[①]，可见农业，是要大家在青年时期都轮流做的。这有点把务农当作类似于兵役的公民义务。

人在不同年龄段履行不同的劳动义务的思想，在乌托邦著作中比较普遍，如温斯坦莱《自由法》就说：

"地里的全部工作和手艺工作，都要由青年人和失掉自由的人去做。然后，从四十岁起到八十岁止（如果人能活到那么大年纪），也就是说，从成年起到暮年他将免除任何劳动和义务，如果他自己不愿意承担的话。"[②]

这里可以看出，乌托邦中的制度化的劳动义务，尽管不是有意，也是与社会分工相对立的。

按19世纪两大空想社会主义者傅立叶、欧文的设计，工业、农

---

①[法]摩莱里：《自然法典——或自然法律的一直被忽视或被否认的真实精神》，商务印书馆，2006年版，第110、114页。

②《温斯坦莱文选》，商务印书馆，1965年版，第178页。

业差别以及城乡差别，是在基本的劳动组织"法郎吉"和"谢利叶"中打破了，因为它们是跨越工农的劳动组织。

在欧文的新村设计中，"每个村庄的居民都应当种地，从事工厂生产，培养或形成人的性格，担任行政管理工作。""村庄为了成为一个自给自足的整体，需要一些工厂和工业用房。"[1]

显然，欧文的打破工农业分工，是与"自给自足"（实际上是排除商品与市场）相关的。

在傅立叶的设计中，消除分工是被当作一种人的理想——人的全面发展的理想描述出来的："每个人干一次活的时间非常短，最多一小时到两小时，以便能在一天之内从事七八种诱人的工作；第二天工作能够有所变化；能够参加与前一天不同的一些小组的工作。"

他还说：

"文明制度的人们享受的这种快乐总是非生产性的，而协作制度却把各种快乐都应用到已经成为诱人的工作之一。""必须使协作制上的劳动成为诱人的劳动，就像我们现在参加庆祝活动和观看游艺节目那样诱人。"[2]

傅立叶这种把劳动娱乐化的思想，当然属于空想的成分。从一个学说体系来看，凡是这种轻轻跳过论证的"取巧"的地方，也是其体系最脆弱的地方。但沃尔金却对此有较高的评价：

"傅立叶劳动学说的这一特征，当时引起马克思的尖锐批判。但是，自由的、快乐的劳动的思想，劳动即需要的劳动本身，无疑是傅立叶体系最有意义的原理之一。"[3]

显然，傅立叶的设计是靠劳动的多样化和频繁的交替来抵消劳动的单调，使之成为"诱人"的。这种频繁的交替是否真的有效率，是很令人生疑的。在《经济的新世界或符合本性的协作的行为方式》中，他列了穷人鲁卡和富人蒙多尔各自一天的作息表如下：

① 《欧文选集》第二卷，商务印书馆，1981年版，第115页。
② 《傅立叶选集》第一卷，商务印书馆，1982年版，第161页。
③ 沃尔金：《空想社会主义的遗产》，《论空想社会主义》上卷，商务印书馆，1982年版，141页。

鲁卡：

3：30　起床，准备。

4：00　在马厩小组工作。

5：00　在花匠小组工作。

7：00　早餐。

7：30　在收割庄稼小组工作。

9：30　在蔬菜小组的活动在棚下工作。

11：00　在畜圈谢立叶工作。

下午

1：00　午餐。

2：00　在造林谢立叶工作。

4：00　在制造小组工作。

6：00　在农田灌溉谢立叶工作。

8：00　在交易所。

8：30　晚餐。

9：00　出去作一次有趣的访问。

10：00　就寝。

（注释：在每个法郎吉内，交易所举行集会不是为了在利息和粮食交易上进行投机，而是为了商谈劳动和娱乐方面的集体活动。）

蒙多尔：

3：30　起床，准备

4：00　清晨接待来客，读晚报。

4：30　晨餐（第一餐），随后是劳动检阅。

5：30　在狩猎小组工作。

7：00　在捕鱼小组工作。

8：00　早餐，看报。

9：00　在园艺小组的活动在棚下工作。

10：00　祈祷。

10：30　　上养鸡小组工作。

11：30　　上图书馆。

下午

1：00　　午餐。

2：30　　在温室小组工作。

4：00　　在珍异植物栽培小组工作。

5：00　　在养鱼小组工作。

6：00　　在露天吃晚期前餐。

6：30　　在养细毛羊小组工作。

8：00　　在交易所。

9：00　　晚餐（第五餐）。

9：30　　文艺活动：参加音乐会、舞会、观剧、招待客人。

10：30　　就寝。①

其中富人蒙多尔的作息表,比较接近马克思在《德意志意识形态》中的设想:"上午打猎,下午捕鱼,傍晚从事畜牧,晚饭后从事批判。"

这是对劳动本身的浪漫态度。

恩格斯在《反杜林论》中,以杜林作为对立面,积极肯定了欧文、傅立叶消灭分工的思想。他说,"根据这两个空想主义者的意见,每个社会成员都既从事农业,又从事工业","他们两人都要求每个人在农业和工业上也尽可能多地调换工种,并且相应地训练青年从事尽可能全面的技术活动。在他们两人看来,人应当通过全面的实践活动获得全面的发展;劳动应当重新获得它由于分工而丧失的吸引人的力量。""即使和'白痴'的傅立叶最狂勇的幻想所包含的基本思想相比较,即使和'粗糙、无力和贫乏'的欧文的最贫乏的观念相比较,自身还完全被分工所奴役的杜林先生也还是一个妄自尊大的侏儒。"②

不过,与傅立叶把消灭分工完全建立在农业生产的多样化幻想

①《傅立叶选集》,第一卷,商务印书馆,1982年版,第161～163页。
②恩格斯:《反杜林论》,《马克思恩格斯选集》第三卷,人民出版社,1972年版,第332页。

不同，恩格斯消灭分工的思想，是建立在"社会成为全部生产资料的主人，可以按照社会计划来利用这些生产资料"这样一个条件之上的；也是建立在"生产力的社会化"和资本主义机器化生产这样一个生产力的基础之上的。在这样一种生产中，"生产劳动给每一个人提供全面发展和表现自己全部的即体力的和脑力的能力的机会，这样，生产劳动就不再是奴役人的手段，而成了解放人的手段，因此，生产劳动就从一种负担变成一种快乐。"[1]

这样一种对生产劳动的想象，也具有乐观的乌托邦色彩，它至今仍然没有实现。但是，它作为一种价值目标，可以引导社会在可能的条件下调节生产劳动，使其向着有利于劳动者的方向演变。

早期乌托邦作品中多实行的是半强制性的劳动制度。而在18世纪法国空想家摩莱里的《自然法典》则规定了择业自由：除每个公民二十至二十五岁必须从事农业外，行业是自己凭爱好选择的。特别是"到四十岁时，就可以没有固定职业，成为自由工人。这就是说，他不脱离劳动，但只从事自己所选择的劳动，或只负担自己所承担的任务，他有权随意支配自己的休息时间。"[2]

傅立叶设计了一种在两千人的生产组织"法郎吉"内部小范围的择业自由："法郎吉"内部有着牧畜、纺织、园艺等专业分工的"联组"，每个人可以根据自己的爱好，在一日之内轮换参加许多个联组的劳动，其中富人"一天的工作多样化到三十种之多。[3]"

这种择业自由虽是有限的，但也太浪漫了，不像是正常生产劳动，倒像是游戏。

这种对劳动的浪漫态度在德萨米的《公有法典》里甚至以这样一种形式表现出来：

"每个公民可以选择某一个职业的三四个部分，属于农业的亦包括在内，我看不出这有什么不方便。"[4]

101

①恩格斯：《反杜林论》，《马克思恩格斯选集》第三卷，人民出版社1972年版，第333页。
②[法]摩莱里：《自然法典——或自然法律的一直被忽视或被否认的真实精神》，商务印书馆，2006年版，第115页。
③《傅立叶选集》第一卷，商务印书馆，1982年版，第179页。
④[法]狄·德萨米：《公有法典》，商务印书馆，1964年版，第65页。

"……就是有劳动能力的工作人员要想离开工作，亦完全不需要勉强去履行形式手续，这种形式手续永远是使人讨厌的，因为履行形式就是假定有遭受拒绝的可能。"[①]

这一条看得人目瞪口呆，它岂不是意味着一个人可以随意离开他的工作吗？

一天之内频繁更换劳动的设想不只傅立叶一人，19世纪德国社会主义运动的活动家魏特林也设想过："每个人都可以按照自己的愿望从事一种行业或同时从事几种行业。为此目的，所有劳动都将每过两小时替换一次。"[②]

到了19世纪末的俄国无政府共产主义者克鲁泡特金，"他反对过细的劳动分工。他所需要的是整体，'即这样一个社会其中每一成员既是体力工作者，又是脑力工作者，每一有劳动能力的人都是工人；每一工人都既在农园又在厂房里工作。'"[③]

这种变换劳动环境和节奏的理想，也在20世纪的未来学家的视野中。阿尔温·托夫勒，不是想到了，而是看到这样的场景，并把它当作未来工厂劳动的趋势：

在美国科罗拉多的春城，"休利特—帕卡德工厂的职工，可以在一定范围内，自己选择劳动时间，而不是非要每个职工同时按时到达工厂，争先恐后地进入自己的工作岗位。他们并不被迫在一个固定的岗位上工作，而是可以根据自己的愿望换到别的岗位上。"

"他们不是在机器噪杂中大声讲话，而是用平常的声调讲话。由于每个人都穿着普通上街的便服，因而看不出明显的职务区别。生产工人坐在自己的桌子和椅子上，许多桌子上摆饰着常春藤，鲜花和其他绿意盎然的植物，因而瞬息之间，从某一角度看，仿佛置身于花园之感油然而生。"[④]

---

①[法]狄·德萨米：《公有法典》，商务印书馆，1964年版，第63页。
②[德]威廉·魏特林：《现实的人类和理想的人类：一个贫苦罪人的福音》，商务印书馆，1979年，第24页。
③[英]伯特兰·罗素：《自由之路》上，文化艺术出版社，1998年版，第64页。
④[美]阿尔温·托夫勒：《第三次浪潮》，三联书店，1984年版，第258~259页

可见，19世纪乌托邦作家的劳动理想不能算是太过分。

然而，值得注意的是，与欧文不同，傅立叶对工业的态度很冷淡：

"协作制度把工业生产只看作对农业的补充，看成是漫长的冬季和赤道大雨时期避免发生情欲冷却的一种手段。"

"上帝为工业劳动分配了引力的定量。这个定量仅仅相当于协作制度的人所能付出的工作时间的四分之一。其余四分之三的时间应该用于照料牲畜、植物、膳食、劳动军，以及与工业劳动不同的其他各种劳动。"

我们应该注意到欧文和傅立叶都是强调新制度带来的生产和财富增长——傅立叶说的最小数字是增长三倍。但是，欧文是在19世纪迅速增长的工业生产力基础上谈新制度的财富增长的，他自己就是一位工业家；而傅立叶绝口不言及于此，只说协作制本身的"制度节约"。这种态度，非常耐人寻味。我想这是因为，19世纪的资本主义工业本身和劳动者的"异化"，很难将其与"愉快的劳动"联系在一起。因此，虽然傅立叶比欧文更强调满足人的自然欲望，但是在理想社会的劳动选择问题上，他却作出了与上述倾向相反的选择：重农而抑工。

恩格斯在《共产主义原理》中关于消灭分工的论述，与傅立叶、魏特林的设计是相近的：

"分工已经被机器制度给破坏了；那迫使这一个人做农民，另一个人做鞋匠，第三个人做厂工，第四个人做股票投机者的分工，就将完全消灭了。当青年人受学校教育的时候，关于整个生产系统的知识，也是他们所受的教育的一部分；并且还要按照社会需要如何，个人的嗜好如何，而由一个工业部门参加到另一个工业部门里去。"

"为了取消迄今存在的分工，用工业教育、工作的变换……"

"农业和工业将会由同一个人来经营而非由社会里两个不同的阶级来经营这一事实，乃是共产主义社会的真正基础。"

克鲁泡特金也是反对分工的，他的《面包与自由》的第十五章就是《分工》。他特别厌恶亚当·斯密从效率的角度论分工的好处——就是亚当·斯密在《国民财富的性质和原因的研究》中列举的那个通过分工制造扣针的例子①。他说："如果劳动者一生只做同样的机械工作，便会失掉他的智力和发明的精神。"②

《乌有乡消息》中有意描写了一位写小说的清洁工博芬。与此相应，克鲁泡特金则主张作者本人应当是排字工或装订工。他甚至暗示出书的所有工作都得作者自己干。

在他看来，分工的结果，就是使"阶级"固定化了，脑力劳动和体力劳动的分野固定化了。这既不是人的理想，也不是社会的理想。

分工的另一种危险是马克思和恩格斯揭示的：

"分工从最初起就包含着劳动条件、劳动工具和材料的分配，因而也包含着积累起来的资本在各个私有者之间的劈分，从而也包含着资本和劳动之间的分裂以及所有制本身的各种不同形式。"③

这是乌托邦的作者们没有用清晰的经济学语汇说出来的。

是否可能消灭分工是一个问题；是否把消灭分工当作一个理想和奋斗目标则是另一个问题。从生产的角度看，分工是社会的合理性，但却牺牲了人的合理性，牺牲了完整的，全面发展的人。这种认识，至少是19世纪思想家鉴于工业革命的后果而得出的，是在那样一种生产力和科学发展水平之上的认识，其潜含的比较对象是工业革命之前的自由手工业者。

19世纪法国空想社会主义者布朗基就说：

"从个体分散劳动发展到劳动分工，毫无疑问是一个有决定意义的进步……但是代价呢？完全放弃个人独立自主；在团结的外表下互相奴役；协作关系的紧密甚至达到束缚的程度。"④

---

①这个例子见亚当·斯密：《国民财富的性质和原因的研究》上卷，商务印书馆，1979年版，第6页。
②[俄] 克鲁泡特金：《面包与自由》，商务印书馆，1997年，第203页。
③《费尔巴哈》，《马克思恩格斯选集》第一卷，人民出版社，1972年版，第73页。
④《布朗基文选》，商务印书馆，1979年版，第73页。

其实，对人的全面发展的限制最终不是分工，而是人本身。这一点，在科学发展、知识和信息不断增长之后就很容易明白。即使未来社会生产力水平的进步可以把人从单调的劳动中解放出来，使他可以多样化地干些别的，但维持这种高水平生产力（如自动化）的人，也仍然需是专家；而腾出手来干别的的人，除了打猎、捕鱼等简单劳动而外，所遇也多是专业性的知识障碍。因此，马克思和傅立叶、魏特林的描述虽然美好，但作为一个人的理想，却可能是"不可欲"的。

实际上，随着人类的技术进步和社会生活的多样化，在专业操作的意义层面上消灭"分工"，凭常识和直觉判断都不可能。人们本来要消灭的，其实是分工背后的社会差别和福利差别。

19世纪英国政治哲学家葛德文就不是一般地反对分工，而只是反对分工的利润动机。他在《政治正义论》中写道：

"每个人都将自己制造工具、家具和其他生活用品吗？这大概会是令人厌烦的事。人人从事于自己驾轻就熟的任务，一定又好又快。如果由我自己做就要花三四倍的时间，而且最终还做不完善的东西，那么你就应该替我做。那么我们要进行物物交换和交易吗？绝对不是。只要我根据你的合理要求以外的任何理由向你供应，只要我在善意的要求以外向你要求任何互惠的好处，那么我们讨论的正义和纯洁的社会就会落空。"

你看，他不反对分工，却反对与分工相伴的劳动交换，而且仅仅以"正义和纯洁"的理由这么反对，这多不好办，这样的关系，除了"正义和纯洁"的人们以外没法维持。

在精神生产与物质生产之间，是否要有职业性的分工呢？

早期乌托邦作品，如《乌托邦》、《太阳城》等实际上尚没有涉及精神生产的问题。

到了19世纪，《回顾》、《乌有乡消息》对这一问题的态度是不同的。在《回顾》中，"自由职业者如医生和教员，艺术家和文学家们，因为获得准许不从事生产方面的工作，所以就不隶属于生产大军了。"报纸编辑是由人民选举产生的，"当人们不需要某一编辑继续工作，而他又不能通过其他文字工作来享受创作假的权利，他只能回到原来的工作岗位。"

从这一段叙述看，物质生产的岗位是所有精神生产者"原来的工作岗位"，并且永远为其保留着；而精神生产的岗位是从物质生产岗位擢升上去的，这两种生产明显有高低之别。

而在《乌有乡消息》中，精神生产则被看作是人的自由、人的全面发展问题，不应该与物质生产分割开来，所以在这里写到一位清洁工人是写小说的，而一位纺织工人在研究数学，一位船夫在写历史。

顺便说说，取消社会分工的思想，在中国辛亥革命前十年关于未来中国政治构想的思想大辩论中也已经出现。刘师培1907年出版的《天义报》第三期上发表《人类均力说》，提出了"人人为工、人人为农、人人为士"的社会乌托邦。他甚至按年龄为段给人的一年制造了一个"工作表"[①]——只有这样，人人才能保持平等。这是一种完全破坏社会分工的思想。

这种关于劳动分工的空想观念，对于中国20世纪20年代的"新文化运动"也是有所影响的。当时著名的上海《时事新报》副刊"学灯"和《新人》月刊上都曾发表文章，"主张把分工理解为，每个人要在劳心与劳力这两部分工作里，各尽一种本能，各有一种活动，才算是正当的生活，至于专劳心不劳力的人，或专劳力不劳心的人，都不算合于真正的'分工'，前者是寄生生活，后者是牛马生活。"[②]

顺便还要插一句：在当代中国被称作"共产主义小社区"的河南省南街村，有一块分给文工团的地。当来访者问起为什么文工团也要种地时，村党委书记王宏斌回答说：我们南街村就是亦工亦农，亦文亦武，文工团既演戏也要种地。[③]这倒是与欧文、傅立叶

①见《辛亥革命十年间时论选集》第二卷下册，商务印书馆，1963年第1版，第907页。
②《五四时期期刊介绍》第二集上册，三联书店，1959年版，第413页。
③参见南街村自己出的VCD光盘《红色南街村》。

的设计暗合。"亦工亦农",不仅继承了传统乌托邦反分工的倾向,实际上工、农二者在这里并不仅仅具有两种生产力、两种生产方式的意义,而且更重要的是伦理意义、价值意义,落后的生产力和生产方式——农业,在这个结构里反而居于"本"的中心地位。即使像欧文那样承认机器工业的生产力,但从他处处拿新村与"工业城市"作比较,并把工业建在乡村来看,他还是在伦理上以"农"为本的。傅立叶就更不用说了。

回归乡村之梦

> 将来不再有首都,不再有大城市,全国将不知不觉地布满了乡村;这些乡村坐落在最有益于健康和最舒适的地方,在这些乡村之间,有纯粹为了公共利益而修建起来的道路和四通八达的运河。

以傅立叶作品为代表的乌托邦作品中那种"以农为本"的根源何在?难道仅仅是出于纯洁道德的目的吗?欧文的《新社会观问答》中有这样一句话,也许可以提供答案:"我们必需使体力劳动恢复价值,而这一点只有在田地里才能做到。"[①]

显然,在19世纪欧洲资本主义工业高速发展的时期,人们看到体力劳动的价值在工业中是大大降低了。因此,以农为本,不是以一种生产方式为本,也不是以一种道德伦理为本,而是以一个阶级在社会经济中的价值为本,为此,宁可退回农村。

另一方面,如果我们读一读与这些空想家差不多同时期的恩格斯《英国工人阶级状况》对当时充满贫民窟的工业城市恶浊环境的

————————————
① 《欧文选集》上卷,商务印书馆,1965年版,第204页。

详尽描写，就不难理解为什么这些空想家把他们的理想社会重新放回乡村。因为，那时的城市，已经不是人适宜居住的地方了。

在卡贝的《伊加利亚旅行记》中，"由于收获总是像节日一样欢乐，所以一般都是有求必应。因此每个农庄总是准备四五十套供客人下地时使用的鞋帽和其他必要工具"①。

一位姑娘"还绘形绘色地描述了那些男男女女的临时农民从城里坐公共马车或长途马车，用骡子驮着粮食到达这里的情形。"②

你不要以为这些城里来的"外行"会帮倒忙，"在我们的国家里，农活被认为是每个人不可缺少的技能，共和国要求所有的公民在必要的时候都能够当农业劳动者。因此，人人都要培养到能够当农业劳动者。"③

莫里斯的《乌有乡消息》中更是以浪漫的笔调多次描写了理想社会中的劳动，比如每年的收获季节和泰晤士河上游晒干草的劳动，差不多成为全社会联欢性质的集体活动。人们自由结合划着船溯流到那里去，似乎没有劳动组织，也没有社会动员。每到收获季节，每户农民总要请青年学生或城里的青年学生来帮忙。实际上，在这部书中特别着意地描写了多次美好的劳动，却几乎忘记了似的没有一笔交代劳动组织。在其他乌托邦作品中的"劳动大军"、"生产军"在这里根本没有影儿。人们的劳动都是自由的、分散的。这是作者为劳动的浪漫化、优美化而对劳动专业化、劳动效率作出的牺牲。

实际上，《乌有乡消息》的生产力不是机械化、大生产式的，而是退回到手工业劳动——艺术化的劳动。劳动、体力劳动不是被压缩，而是被享受。在泰晤士河上游有一个展览馆，里面陈列着大批由机器时代到当代的工业品和艺术品，"这些物品标志着由机器的粗制滥造时期到新的手工业时代初期的过渡"。一位考古学家向来访者介绍说：

---

①[法] 埃蒂耶纳·卡贝：《伊加利亚旅行记》，商务印书馆，1982年，第214页。
②同上。
③同上，第203页。

"在大变革以后的半个世纪，这个新的革命开始越来越明显，人们以机器不能产生艺术品为理由，悄悄地把机器一架又一架地搁置起来。"①

对于莫里斯这样一种反对工业化、反对技术进步的乌托邦倾向，有一位对乌托邦小说很有兴趣的诺贝尔物理学奖获得者温伯格曾经批评道：

"莫里斯设想一个非技术的乌托邦能够养活与目前同样多的人口。我不相信这种乌托邦，但即使我相信，我也会反对放弃给我们心脏起搏器和基本粒子加速器的工业技术。事实上，莫里斯是在骗人。他提到某种能以手工不能完成的必要劳动提供帮助的'力量'；但是，没有工业企业，怎么可能存在诸如此类的东西？"

"莫里斯把现代工业技术排除在他的乌托邦之外，这不仅因为他喜爱中世纪，而且因为他希望为人们保留可做的工作。虽然现代技术已使工作变得令很多人更不满意，但我认为，莫里斯设想这种情况不可避免是错误的。不用头脑和反反复复的特性将使装配线上的日常工作变得十分可恨，但也正是这种特性将使这种工作在未来有可能完全由机器完成。"②

为了使劳动场景更为优美浪漫，莫里斯在《乌有乡消息》中不止一次地描写劳动者穿的服装：

"晒干草的大多数是年轻姑娘，和昨晚爱伦的打扮差不多，不过衣服料子大都不是纺织品，而是装饰着华丽刺绣的薄毛料，男人穿的都是装饰着颜色鲜艳的刺绣的白法兰绒衣服。因此，整个草地看来好像一个巨大的郁金香的花坛似的。"③

实际上，在《乌有乡消息》中，工作与休闲已经失去了界限。劳动本身已经完全娱乐化、休闲化了。在这里，并没有集中划一的劳动，只有自由的人在享受一般、表演一般地进行分散的劳动。实

①[英] 威廉·莫里斯：《乌有乡消息》，商务印书馆，1997年版，第223页。
②[美] 温伯格 (S. Weinberg)，《五个半乌托邦》，《国外社会科学文摘》，2000年第6期，钱进/译。原刊美国《大西洋月刊》2000年1月号。
③[英] 威廉·莫里斯：《乌有乡消息》，商务印书馆，1997年版，，第192页。

际上，劳动已经"非手段化"、"非效率化"了。你如果由此产生疑问：这样的劳动如何支撑一个理想社会的物质生活？那么答案也在书中暗示：这个社会并不追求多么丰富的物质生活，至少作者并没有在书中炫耀物质的丰富。在这里，你确实能够体会到海德格尔那句名言："人在大地上诗意地栖居。"

实际上，劳动将成为十分愉快的事情，不仅是空想社会主义流派的思想传统，只要是有着社会理想，其他各种主义都会有这种思想传统，直到20世纪英国思想家伯特兰·罗素，仍然保持着对这个问题的兴趣，在他的《自由之路》中，很认真地讨论这一问题。而俄国无政府主义者克鲁泡特金在《田园、工厂和作坊》一书中展望："社会的每一个人都是体力劳动者同时又是智力劳动者，每个健康的人都是工人，而每一个工人既要在田间劳动也要在工厂劳动。"

克鲁泡特金在《面包与自由》一书中写道：

"大都市和乡村一样，都应当着手来耕种土地。我们必须恢复生物学所说的'各机能的总和'——就是说，在分工之后，又实行'全工'：这是遍于全自由界的进程。"

"农业和工业的联合，一个人同时做农夫又做工人——无政府共产主义倘使起初便以充公作出发点，结果会把我们引到这方面去的。"

"要是一个人永远束缚在一架机器旁边，他的健康不久就会被损坏，他的才智也要变成愚钝；可是当一个人可以随时变更职业，特别是时常互相替换着做手工作与脑工作的时候，那么，虽然每天劳动十个小时或十二个小时，也不会感到疲倦，反而觉得愉快的。"①

这种消灭分工的方向，是让工人去做农民而不是让农民去做工人，当然是针对革命之后生活物资匮乏的特殊情境的选择，而从生产力发展史的角度看，它是"逆向"的。

①[俄] 克鲁泡特金：《面包与自由》，商务印书馆，1997年版，第103、104页、128页。

与消灭社会分工一样，乌托邦作品针对19世纪严重对立的城乡差别也有一个理想化的设计安排。其基本倾向是反城市化。

　　反城市化的思想在欧洲18世纪就出现了。卢梭在《爱弥尔》里就写道："城市是坑害人类的深渊。经过几代人之后，人种就要消灭或退化，必须使人类得到更新，而能够更新人类的，往往是乡村。"①

　　法国空想社会主义者邦纳罗蒂《为平等而密谋》描绘的理想社会，其中一节就是《大城市的衰落》：

　　"将来不再有首都，不再有大城市，全国将不知不觉地布满了乡村；这些乡村坐落在最有益于健康和最舒适的地方，在这些乡村之间，有纯粹为了公共利益而修建起来的道路和四通八达的运河。"②

　　对大城市的敌视态度，同样反映在法国空想社会主义者德萨米的《公有法典》中："许许多多的灾难都是与这些大城市有密切关系的。"因此，他还批评卡贝的《伊加利亚旅行记》"接受了城市和首都制度"③。

　　欧文则认为："工业城市是灾难、恶习和痛苦的渊薮；而所筹划的新村将是富裕、睿智、善行和幸福的源泉。"④

　　傅立叶说："我说在协作制下，人们的爱好将不同于目前的爱好，他们宁愿住在乡村而不愿住在城市。"⑤

　　"一切工厂，至少是大部分工厂，都将会离开城市而分散到各个官办农场。在那里，工人可以变换工种，轮流在园林畜圈和工厂等等地方工作，过着愉快舒适的生活，而在城市的阁楼里的生活则是艰苦的，一年三百六十五天从早到晚都干着同样的活，大大地损害健康。"

　　这种退回农村的倾向，显然是对19世纪资本主义城市工业非人

　　①卢梭：《爱弥儿》上卷，商务印书馆，1981年版，第43页。
　　②[法]菲·邦纳罗蒂：《为平等而密谋》上卷，商务印书馆，1997年版，第173页。
　　③[法]狄·德萨米：《公有法典》，商务印书馆，1964年版，第36、37页。
　　④论古今社会所产生的几种谬见和灾祸，《欧文选集》上，商务印书馆，1965年版，第228页。
　　⑤《傅立叶选集》第一卷，商务印书馆，1982年版，第10页。

性化的批判，试图在农村建立人性化生活的理想。

《乌有乡消息》的生活场景基本上是以伦敦为中心的，作品中的主人公也是19世纪的英国工人领袖；但引人注意的是，这部书差不多完全没有理想社会中城市生活的描写，基本上是农村生活。实际上，在《乌有乡消息》所描写的21世纪的英国，的确有一个"农村化"的历史过程：

"人们成群结队地涌向农村，简直像野兽捕食动物似的占有了那解放了的土地；在很短的时间内，英国乡村的居民比14世纪以来的任何时候还要多，而且人数还在迅速增加。当然，如果人们还处于阶级垄断的束缚下，这种涌入农村的潮流就很难对付，而且一定会造成很大灾难。可是当时的民政部却能使一切不久就自然而然地上了轨道。人们找到了适合自己的工作，放弃了那些必然会遭到失败的职业。城市侵入农村，而那些侵略者和古代好战的侵略者一样，被他们周围的势力所同化，变成了乡村居民。当他们的人数超过了城市居民的时候，他们又对城市居民发生了影响。因此，城市和乡村之间的差别变得越来越小，城市居民的思想和活泼的作风使乡村生气蓬勃起来。"①

一直被我们列为共产主义目标的"消灭城乡差别"，在这里竟是这样"倒着"被实现的！

1898年，英国一位速记员埃比尼泽·霍华德在《一条通向真正改革的和平道路》一书中，提出了"城市——乡村"的概念和设想。他写道：

"事实并不像通常所说的那样只有两种选择——城市生活和乡村生活，而有第三种选择。可以把一切最生动活泼的城市生活的优点和美丽、愉快的乡村环境和谐地组合在一起。这种生活的现实性将是一种'磁铁'，它将产生我们大家梦寐以求的效果——人民自发地从拥挤的城市投入大地母亲的仁慈怀抱，这个生命、快乐、财富和力量的源泉。"②

---

① [英] 威廉·莫里斯：《乌有乡消息》，商务印书馆，1997年版，第89页。
② [英] 埃比尼泽·霍华德：《明日的田园城市》，商务印书馆，2000年版，第6页。

值得注意的是，霍华德并不像以上其他乌托邦思想家那样简单地批判城市，谴责城市和号召弃绝城市，而是在肯定城市与乡村各自优点的基础上，提出了一种城乡一体化的思路。（实际上，与其说他着眼于弃绝城市，不如说是为了解决城市问题而着眼于建设乡村——他实际上着眼于"在农业用地上建设起一座规划良好的城市"①。）他所要解决的问题，仍然是20世纪以后，直到今天的21世纪世界与中国城市化进程中要解决的问题，因此他的理想思路，在今天仍然向我们发散着诱人的乌托邦魅力。这就是为什么他的《明日的田园城市》在出版100年之后，终于在公元2000年在中国城市隆隆的建设声和乡村农民涌入城市的杂沓脚步声中正式翻译出版的原因。

实际上，霍华德城乡一体的思想早在本世纪初叶就能在我国的乌托邦思想家张竞生的著作中看到影子。张竞生在1925年发表的《美的社会组织法》一书后附了一幅"美的社会"的分区规划图——"城乡合一图"。

而在当代世界，如果我们得到的信息更多一些的话，我们也许会看到一些与上述梦想暗合的迹象。"在当今西方发达国家，'逆城市化'已经是如火如荼，如最近20年来英格兰大部分农村地区的人口增长将近20%。"②

---

①[英]埃比尼泽·霍华德:《明日的田园城市》，商务印书馆，2000年版，第44页。
②参见《南方都市报》2010年6月26日社论版:《强镇扩权重在强化村镇自治》。

休闲的幻想

在这里，休闲不是为了更好地劳动，也不是对劳动的报酬，更不是像傅立叶所设计的那样把劳动美化为休闲，或把休闲当作对人们劳动的诱惑。

与高度发达的生产力相伴生，作为劳动时间、劳动年龄不断缩减的逻辑结果，晚期乌托邦著作《回顾》写到了人的一生漫长的休闲时光。

"一个人参加劳动的期限是二十四年，从二十一岁受完教育开始，到四十五岁为止。每个公民在四十五岁以后，就不再从事生产劳动。"①

《回顾》的作者给四十五岁以后的岁月以相当高的评价，赋予了很重要的意义，体现了晚期乌托邦的人道主义价值观：

"这是一个让他们悠闲而宁静地欣赏世界上美好事物的时期，因为在创造这些美好事物的过程中，他们也曾尽过一份力量，但是，不论我们在利用闲暇时间方面各人的嗜好怎样不同，我们都一致期待着解除职务那一天的到来。到了那时候，我们才第一次充分享受着我们的生活权利，才第一次真正算是成年人，从监督和管理之下解放出来，自己来支配生活，现在我们都盼望着四十五岁的到来，正像你们那个时代的孩子期待着二十一岁一样。我们到二十一岁变成大人，但到了四十五岁又重复年轻了。现在我们认为，人们一生中令人羡慕的时光是中年以及你们称为老年的那时期而不是青春时期……我们到四十五岁的时候才开始一生最愉快的生活。"②

这一段文字是多么美好啊！尽管许多乌托邦作品在今天看来有

①[美] 爱德华·贝拉米：《回顾》，商务印书馆，1997年版，第50页。
②同上，第142~143页。

这样那样的缺点，但是属于个人的、休闲、自由的幸福时光的乌托邦是具有永恒魅力的。

当代美国思想家丹尼尔·贝尔在《意识形态的终结——五十年代政治观念衰微之考察》一书中提到了贝拉米的构想：

"爱德华·贝拉米在他的《回顾》一书中预见到了这样一种状况：一个人用其一生的二十年到二十五年来例行公事地打发每天数小时的时间，然后才得以自由地追求自己的愿望。在这里，在20世纪中期的美国，以一种精确的方式，贝拉米的预见变成了现实。每周平均工作时间已经从七十点六小时（在1850年）减少到四十点八小时（在1950年）。每周两个休息日成了美国生活的标准，每天工作7小时也即将得到实施。"①

《回顾》一书对于人类的休闲意义毫不掩饰地肯定，甚至不顾忌社会劳动的意义，这与那些国家主义、奉献至上的早期乌托邦作品有着重要区别。在这里，休闲不是为了更好地劳动，也不是对劳动的报酬，更不是像傅立叶所设计的那样把劳动美化为休闲，或把休闲当作对人们劳动的诱惑。在这里，休闲具有根本的意义。我们中国人过去也没有过这种思想。在长期的社会主义建设中，我们歌颂劳动，但没有赞美过休闲。因为休闲没有国家意义、社会意义和政治意义。劳动（和奉献）的理想可能是集体和国家的，但休闲的理想只能是属于个人的。一个思想家的理想与一个国家的意识形态，在休闲的问题上的距离必然是截然分明的。

当然，休闲的幻想是建立在生产力的幻想的基础上的。贝拉米对未来社会生产力的幻想，是建立在美国19世纪晚期城市大工业的现实生产力基础上的，而19世纪上半叶法国的傅立叶对生产力的幻想，则是建立在农业协会基础上的。两者根本不可同日而语。所以，傅立叶只能幻想以频繁变换人一天之内的劳动内容与形式的方法来抵消劳动的强度和时间给劳动者造成的身心负担，而不能幻

---

① 丹尼尔·贝尔：《意识形态的终结——50年代政治观念衰微之考察》，江苏人民出版社，2001年版，第285页。

想以休闲代替之。傅立叶甚至让三岁的幼儿也进工厂拿起小工具劳动，自然不会幻想到人到四十五岁就完全从劳动中解放。

另外顺便一说的是，当代美国学者，美国休闲教育者和学者机构的会长托马斯·古德尔所作《人类思想史中的休闲》一书，虽然把休闲理想的起源追溯到古希腊，但是对空想社会主义的休闲理想却不着一语，只在《经济人》一章中有一节叫"空想社会主义和科学社会主义"。显然，他忽略了同是美国人的贝拉米，忽略了空想社会主义的休闲理想。

而在当代丹麦哥本哈根未来研究院的罗尔夫·詹森所写的一本未来学著作却似乎印证了《回顾》这部一百多年前的乌托邦小说关于休闲的幻想：

"许多科学家——我敢说，大部分——都及时预言工作已经开始消失，即使在今天也可以目睹这一趋势——会计师的审计职能由软件代劳，企业保安人员被电子传感器所替代。当然，需要有人编写软件，但是一小撮足矣，而且编程也逐步实现自动化。不过，这一理论导致了两种传统性但却截然不同的对未来二十年的预言：在未来，我们有足够的时间与家人分享，进行业余消遣。休闲社会将最终成为现实。这是一种奢侈的生活，就像我们形容过去欧洲有闲阶层的生活方式一样。我们不工作也能赚钱。"[1]

苏联解体后，俄国社会主义者在反思的同时仍然在继续着关于社会主义和共产主义的思考。在俄罗斯《对话》杂志1998年第3期发表的古巴诺夫《共产主义，切实可行的现实方式——老问题的新答案》一文中，就提到，共产主义的"目的，是指满足每个人闲暇时间的需要"。

他作了一个对比：现在，"美国劳动者每昼夜平均闲暇时间不超过三十分钟，俄罗斯工人只有十一分钟。不妨对比一下：共产主义社会的标准是每昼夜三至四个小时。"

正是因为把闲暇时间作为共产主义的目的，所以，在他看来，

---

[1]罗尔夫·詹森：《梦想社会——第五种社会形态》，东北财经大学出版社，1999年版，第118页。

"共产主义经济的调节者是劳动者闲暇时间的定额"，"闲暇时间定额将预先决定生产力和资源的分配"。"凡是不能提供甚或减少闲暇时间的东西，都不应该生产。"

而对于劳动者来说，"参加劳动的'凭证'将电子化，它所证明的不是付出劳动的多少，而是所得的闲暇时间总量。在这方面进步使我们超越以前的观念，走得更远，抛弃掉价值分配的原则。"①

把闲暇时间放在如此重要的地位，这是传统共产主义思想中没有的。但是，从其中控制生产的手段来看，仍然带有一般乌托邦作品中计划经济的影子。而其中电子化的劳动凭证，不是很容易让我们联想到《回顾》中的可以支付一切的"取货证"和魏特林的"交易簿"吗？

从"劳动军"到小型个体生产

乌托邦历时数百年的创作史，经历了从手工作坊到社会化大生产的生产力、生产关系变迁，但他们的社会理想里都选择了集体劳动。

无论在什么样的生产力条件下，大多数乌托邦作品都是集体劳动的，普遍实行劳动义务制度。

在1838年魏特林的《现实的人类与理想的人类》一书中，第四章即为"担负联盟普遍义务劳动的产业军"，该章提出"所有健康强壮的人都有义务在产业军中从事三年劳动"。"产业军是军事化

---

①[俄] 古巴诺夫：《共产主义，切实可行的现实方案——老问题的新答案》（下），《现代外国哲学社会科学文摘》，1999年第3期。

的组织，接受议院的直接领导"①。

这种普遍的劳动义务甚至约束出外旅行的人："每个旅行者在他投宿的家庭里有权要求得到平等的款待。如果他在公共劳动时间内在这里逗留，而又不是为联盟事务出差，他就有义务在这里参加公共劳动，否则应从交易簿中注销掉相应的劳动时间。"②

在1843年出版的德萨米的《公有法典》第十一章《工业军》中，谈到了劳动组织军队化：

"只要公有制度一取得胜利，就会建立起工业军，因为革命时期教养出来的青年，从军营出来时，都对军队的团结具有巨大的爱好。"

"在工业军的帮助下，极巨大的工程将变成游戏和娱乐。一开始，工业军就会遍布各地来耕作土地，把公社布满大地……当全人类代表会议把三四百万劳动者集中在一个地带时，便可能轻而易举完成多么大的奇迹啊！极广阔和极炎热的荒原，甚至撒哈拉沙漠，那时都将变成可耕的良田。"③

显然在这里，军事化的劳动组织不仅用于工业，实际上也用于工程和农业。

1888年出版的贝拉米《回顾》提到了"把普遍兵役制度运用到劳动用工问题上"而形成的"生产大军"。

1847年，马克思、恩格斯在《共产党宣言》中也提到："实行普遍劳动义务制，成立产业军，特别是在农业方面。"

由此我们不难发现，《共产党宣言》中关于"劳动义务制"和"产业军"的思想，其实是那个时代空想社会主义者普遍的思想。

乌托邦历时数百年的创作史，经历了从手工作坊到社会化大生产的生产力、生产关系变迁，但他们的社会理想里都选择了集体劳

①[德]威廉·魏特林：《现实的人类和理想的人类：一个贫苦罪人的福音》，商务印书馆，1979年版，第25、26页。
②同上，第29页。
③[法]狄·德萨米：《公有法典》商务印书馆，1964年版，第161、162页。

动。这一点耐人寻味。它既是与公有制的社会理想联系在一起的（公有制似乎在逻辑上就与集体劳动不可分），也是与资本主义生产力的社会现实联系在一起的。

19世纪空想社会主义者傅立叶设计的基层劳动单位是有着1600～2000人的"法郎吉"。这又令人联想起17世纪维拉斯的《萨瓦兰人的历史》中设计的1000人的生产组织"奥斯马齐"。但是这种相似并不意味着傅立叶在劳动组织的"空想"方面的停滞，因为傅立叶的"法郎吉"协和社，是由劳动与资本共同联结的，"富人在这里将赚到收益，赚到按资本而定的红利"①。这更近于改革开放后中国的股份合作制企业。承认个人资本在劳动组织中的地位，这在空想社会主义的设计中差不多是绝无仅有的。在资本与劳动相结合的"法朗吉"中，资本不能代替劳动，劳动却可以转化为资本（劳动者入股）。这种设计的目的不在于消灭财产，而在于将劳动者变为有产者。这是把劳动者与生产资料结合起来的一个思路。

19世纪具有空想主义倾向的英国政治学家葛德文既反对集体组织消费，也反对集体组织生产。他在《论财产》一书中说："财产平等制度不要求任何限制和任何监督。在这种制度下，不需要进行共同的劳动，也不必设立公共食堂和公共仓库。所有这一切都是不顾健康思想的要求而指导人们的行为的错误手段。如果你不能把公社社员的心吸引到自己这方面来，你就不能指望靠粗暴的控制得到成功。"②

看来，他只是在监督和控制的意义上反对集体劳动，这在逻辑上其实并不意味着反对效率意义上的协作劳动本身。但正因为此，沃尔金说葛德文"还不能称为共产主义者"。

对于葛德文来说，"他希望技术发展成这种样子，即可以让目前组织集体的工人重新分散成许多小的生产单位，从而返回小型个体生产。"③

---

①《傅立叶选集》第一卷，商务印书馆，1982年版，第154页。
②[英]威廉·葛德文《论财产》，商务印书馆，1959年，第64页。
③沃尔金：《威廉·葛德文的社会思想》，载《论空想共产主义者》，中国人民大学出版社1959年版，238页。

这是劳动的理想，也是人的理想，生产力的理想。特别值得注意的是他把这种"劳动组织"（实际上是没有"组织"）的发展设想为技术发展的结果，而不是傅立叶那样在低技术水平上的低水平回归。从今天的科学技术发展来看，这种理想并非是一种妄想。

在传统的乌托邦中，有一种倾向，就是以劳动组织代替社会组织，比如17世纪《萨瓦兰人的历史》中1000人的生产组织"奥斯马齐"。这实际上是限制人的自由、人的丰富性的一种制度安排，在晚期乌托邦中就已经逐渐消失。然而，当代西方的未来学著作中，也有对劳动组织的展望。比如丹麦学者罗尔夫·詹森所写的《梦想社会：第五种社会形态》一书就说，在即将结束的信息社会之后的梦想社会里，"公司将不再是一个法律经济实体。它更像一个部落——渔猎时代所定义的部落。人们集体打猎，按照现行法则分配猎物，员工不再处于老式合同下受雇于人的地位，而是部落成员。"他还写道："也许我们应该大胆一点，把未来的梦想社会公司直接叫作社会单位——一个没有雇员而只有参与者的部落，一个没有臣民而只有公民的社会，公民团结在社会目标周围。"①

有学者曾言，在民主社会里，企业内部组织是最不民主的。罗尔夫·詹森的这种展望，虽然可以看作是对基于生产资料私有制的企业不民主的批判，但是这本描写未来社会的书，却还是以现在的企业经营作为视角，未免令人疑心为不过是一种经营管理术，比如企业员工如何把工作当玩乐等等。这种把生产组织当作社会组织，甚至以生产组织代替社会组织的观念，仍然承袭了早期乌托邦的陈旧思想。

---

①罗尔夫·詹森：《梦想社会：第五种社会形态》，东北财经大学出版社，1999年版，第137页。

在计划与市场之间

反对商业的理由

反对竞争，保留竞赛

从全能的统计到订单式生产

乌托邦中的计划经济及其反对者

反对商业的理由

商业从本质上是一种社会分工，反对商业也是反对社会分工。即使商业具有真实的恶，那也是一种人类社会难以摆脱掉的恶。

几乎所有乌托邦都是反对商业的。

乌托邦对商业的反感至少在起初是源于纯洁道德的动机。

在英国17世纪空想主义者温斯坦莱的《自由法》中，就写道：

"一个人有一匹马或一头不好的牛，或有某一种不适用的商品，他们就把他送到市场上去，欺骗这个或那个没有心眼的人，回家以后，就嘲笑自己的邻人受到了损失（而且还有比这种损失更糟的事）——难道人们一般不都是这样看的吗？人类开始买卖之后，就失去了自己的天真和纯洁。"①

但是，当我们看到，同样在《自由法》中，"买卖双方将作为共和国和平的叛逆而被处死"、"经营商业来获取土地，就将被当作背叛者处死"的严酷惩罚，不禁感到，对商业行为的排斥绝不可能仅仅是出于道德原因。因为简单的买卖都会破坏乌托邦的基础。因为这样一个理想国家是靠劳动者无偿向公共仓库交纳所有生产果实来维持的，而这个国家的社会生活是靠向人民无偿分配生活资料来维持的。只要存在买卖，这些就都难以维持，就会出现剩余产品

---

① 《温斯坦莱文选》，商务印书馆，1965年版，第100页。

和资本的集中。

在《自由法》中，不仅产品不能出卖，而且劳动本身也不能获取报酬，"付工钱和领工钱的人都将受到被剥夺自由的处分"[①]。

到了19世纪，法国的空想社会主义者傅立叶并不反对私有制和分配差别，但是他仍然反对"商业自由"，他把它定义为"出卖假货的自由"。在他的"和谐制度下，政府将统制全部商业，法郎吉将不能容忍任何人单独为自己的私利从事商业。"[②]

这实际上是一种政府的商业垄断。

德萨米的《公有法典》，则是回到现实的经济结构中来批判商业的：

"贸易完全是以虚伪制度为基础的：欺骗、重利盘剥、垄断、投机倒把、破产——这就是它的方式、手段及其不可避免的后果。""特别是对工业和农业来说，贸易真正起到了神话中强盗的作用，不断地挖割工农业经常重新生长起来的肝脏和其它内脏。它使工农业凋敝，榨取它们的一切精华，把一切资本、一切生产工具都吸收到自己这方面来，听任它的压榨。"[③]

路易·勃朗的《劳动组织》这样说：

"商业并不从属于也不能从属于生产。既然一切生产都归根结底为了寻找消费者，而所有生产都致力于争夺消费者，那么，怎么能免除经济人、掮客、买卖人和小贩呢？商业就这样成了生产的蛀虫。介于劳动者和产品消费者之间，商业统治着这两者，并利用一方来统治另一方。"[④]——这是从消费者和劳动者本位的立场来批判商业，从"两头"的立场来批判"中介"。

《回顾》一书则是从价值的损失的角度来批判商业：

"在我的梦里，通过向每区一家大商店定购的办法，一切物品都由一个货栈供应。在这家大商店里，购货人用不到浪费时间和精

123

---

①《温斯坦莱文选》，第200页。
②《傅立叶选集》，第四卷，第115页。
③[法] 狄·德萨米：《公有法典》，商务印书馆，1964年版，第82页。
④[法] 路易·勃朗：《劳动组织》，商务印书馆，1997年版，第85页。

力，就可以买到他所需要的全世界的各种货物。在那儿，不需要在分配工作上花费很多劳动力，因此在货物成本方面所增加的额外费用，对消费者来说是微乎其微的。实际上，购货人所付的全部价格就是产品的成本。但在这里（指商业社会），单是货物的分配，转手之间就增加了成本的四分之一、三分之一、二分之一，甚至更多一些……"①

作者打了一个这样的比方："如果人们用汤匙吃碗里的东西，当东西还没有到嘴里，就洒了一半，那么他们岂不是要挨饿吗？"

空想共产主义这种对商业的批判态度为马克思、恩格斯所继承。恩格斯在1844年写成的《政治经济学批判大纲》一文中，就批评亚当·斯密"商业是人道"的理论，直接指出：

"商业就是一种合法的欺诈。"他从"每个人必然要设法贱买贵卖"这样一个具体的商业活动形式出发，得出一个普遍性结论："在任何一次买卖中，两个人在利害关系上总是绝对彼此对立的，这种冲突带有完全敌对的性质……商业所产生的第一个后果就是互不信任，以及为这种互为信任的辩护，采取不道德的手段，达到不道德的目的。"②

如果说，以上反对商业的观点还都是出于商业之外、不近铜臭的文人，那么，在商业立国的英国，作为成功企业家的空想社会主义者欧文反对商业的观点，就更值得我们注意了。他在自传中写道：

"我对那些向来只知道廉价买进、高价卖出的合伙人已经完全厌倦了。这种职业败坏并往往摧毁人们固有的最敏锐、最可靠的官能。我在长期生活中经历了各种等级的工商业和各行业，根据这一经验我绝对相信，在这自私透顶的制度下是不可能养成优良性格的。忠诚、诚挚、美德只是徒有其名。"③

①[美] 爱德华·贝拉米：《回顾——公元2000~1887年》，商务印书馆，1997年版，第224页。
②《马克思恩格斯全集》卷一，人民出版社，1956年版，第600页。
③《欧文选集》第三卷，自传，商务印书馆，1984年版，第163页。

欧文20岁时就能够非常有效地管理500名男子、妇女、儿童，把一家困难重重的工厂经营得相当兴盛，超过所有与之竞争的工厂，是英国纺织业兴盛时代的佼佼者，他在投资方面也屡擅胜场。他说出这样一番话来，应该是不怀偏见的。

然而，商业从本质上是一种社会分工，反对商业也是反对社会分工。即使商业具有真实的恶，那也是一种人类社会难以摆脱掉的恶。有意思的是，在反对商业的道德立场上，乌托邦主义者与历史上的一些封建帝王几乎一致。

据亚当·斯密的《国民财富的性质和原因的研究》称，在后来成为商业国家的英国，国王爱德华六世就曾颁布法令规定："凡购买谷物而想再拿出来售卖的人，应视为犯法的垄断者，初犯，处以二个月监禁，科以等于谷物价值的罚款，再犯，处以六个月监禁，科以等于谷物价值二倍的罚款；三犯，处以头手枷刑，和期限长短由国王决定的监禁，并没收其全部动产。欧洲其他大部分地方往昔的政策和英国昔时的政策简直一样。"

实际上，取消粮食商业，要求农民直接售粮，这是否对农民或消费者更有利？斯密作了一个分析：

"以他的资本分投于两种不同用途，即以一部分投在谷仓和干草场上，以供应市场上不时的需要，而以其余部分用来耕作土地。但他投于后一部分所得利润，既不能少于农业资本的普遍利润，所以他投于前一部分所得利润，亦不能少于商业资本的普遍利润。实际用来经营谷物生意的资本，无论属于被称为农业家的人，还是属于被称为谷物商人的人，都要有相同的利润，来补偿这样投资的资本所有者……"，

因此，斯密得出结论说：

"被迫而兼营谷物商业的农业家，决不能把他的谷物卖得比任何其他谷物商人自由竞争的场合不得不卖的价格，还要便宜。"

这只不过是让农民一身二任，又成了商人而已，但是成本却比专门经营农业或专门经营商业要大，因而价格要高。原因是：

"以全部资本投在单一行业对商人有利，正如以全部劳动用来单一操作对劳动者有利一样。一般地说，劳动者能因此以低廉得多的价格，提供他们的产品，而商人亦能以同样低廉的价格，提供他们的货物。大部分的农业家，更不能像处处留神的活跃的谷物商人，他们唯一的业务是整批地购买货物贮存大谷仓内，再零星售卖出去——以那么低廉的价格，把他们自己的谷物，零售给他们四五哩的都市居民。"

这是对商业取消论的否定。

中国都市近些年的蔬菜贩卖都由农民包了——尽管都说是"自家产的"，但是，他们哪里真是种菜的？

反对竞争，保留竞赛

富人的欲望最不容易调动，因为他们即使不进入你这个理想社会，在物欲方面就已经很满足了。但是他们缺什么呢？傅立叶看出来了，他们缺的是被表扬。

任何社会的发展都是需要有持续的动力的。满足饥渴的欲望当然是一种动力；但是饥渴满足了之后呢？物质财富当然是一种欲望，但是当"物质极大丰富"了呢？市场经济社会有社会差别，对个体而言，在这些差别的阶梯上攀登就是动力，因此要相互竞争。但是，在不允许存在差别的各种乌托邦社会中呢？

尽管晚期乌托邦越来越多地在制度设计中体现了人的自由，但他们仍然是反对竞争的。

《回顾》中利特医生说："第二种大浪费是竞争造成的。整个生产领域是一个像世界那么辽阔的战场，在这里，从事这种工作的人相互攻击，浪费了精力，而这些精力如果能像今天这样同心协力地加以利用，便可以使大家富足。"①

"竞争是自私的本能表现，换句话说，就是力量的浪费；而联合却是进行有效生产的一个秘诀。"②

路易·勃朗的《劳动组织》就是一本对竞争全面的控诉书：

"对人民来说，竞争是一种毁灭性的制度。""从真正的字义上来理解，竞争是绝对不起任何调节作用的，竞争使整个市场成为一个陷阱。""有竞争就没有自由，因为竞争阻止弱者发展他们的能力，并使他们成为强者的战利品；有竞争就没有平等，因为竞争不过就是不平等本身的行动表现；有竞争就没有博爱，因为竞争是一场战斗。"③

竞争的危害，首先是劳动者之间的竞争危害——导致失业和劳动报酬下降。

"一个企业主需要雇用一个工人：前来的则有三个——你的劳动要多少钱？三个法郎，因为我有一个妻子和许多孩子。——好。你呢？——两个半法郎，我没有孩子，我只有一个妻子。——好极了。你呢？——我只要两个法郎就够了：因为我是单身汉。——那么我就优先雇用你吧。这就完了。交易已经讲妥了。然而那两个被排挤的无产者将有什么遭遇呢？他们只好自己饿死。"④

这个道理是显而易见的。在劳动组织（工会）和劳动立法不健全的19世纪，这也是竞争的主要危害，即"迫使无产者互相歼灭。"⑤

实际上，对资本主义社会竞争给无产阶级带来的恶果，路易·勃朗的观点是建立在大量统计数据和调查基础之上的。比如，他对于工人工资的统计资料，"是由设在巴黎的八百三十所工场的

①[美]爱德华·贝拉米：《回顾——公元2000～1887年》，商务印书馆，1997年版，第166页。
②同上，第175页。
③[法]路易·勃朗：《劳动组织》，商务印书馆，1997年版，第145页。
④同上，第26页。
⑤同上，第27页。

职工中的一千五百多名男女工人那里获得的。"①而书中对工人阶级居所恶劣条件的描写，有点近似于恩格斯著名的《英国工人阶级状况》，声情并茂，十分感人。

但是，当他讲到企业之间的竞争对于消费者的危害时，所举的一个例子说明得不大好：

"我们假定有几个运输公司相互竞争地经营着我们的交通路线，这种竞争就给车票决定某一价格。但是，如果在三个运输公司中有两个由于竞争的结果宣告失败，那么旅客立刻就要付出三倍的票价。"②

显然，在这里，他指的是垄断价格。但是，他不是以竞争本身来说明竞争的消极性，而是以竞争的对立面——垄断来说明竞争的消极性，这在逻辑上是不大合适的；他不举竞争过程中票价降低，却举竞争失败后票价上升，这也同样不合适。况且，垄断固然是竞争的一种消极结果，但没有竞争，本身就是一种垄断。

马克思、恩格斯继承了早期共产主义者反对竞争的观点。恩格斯早在1844年写成的《政治经济学批判大纲》中，就阐述了反对竞争的观点：

"只要私有制存在一天，一切终究都会归结为竞争。""竞争贯串了我们生活的各个方面，造成了人们今日所处的相互奴役的状况。竞争是一部强大的机器，它一再促使我们的日益衰朽的社会秩序，或者更正确地说，无秩序的状况活动起来。"③

恩格斯在1847 年的《共产主义原理》一文中预言了共产主义社会竞争消亡的前景：

"首先将根本剥夺相互竞争的个人对工业和一切生产部门的管理权。一切生产部门将由整个社会来管理，也就是说，为了公共的利益按照总的计划和在社会全体成员的参加下来进行。这样，竞争将被这种新的社会制度消灭，而为联合所代替。"④

---

①[法] 路易·勃朗:《劳动组织》，商务印书馆，1997年，第28页。
②同上，第146页。
③《马克思恩格斯全集》第一卷，人民出版社，1956年版，第611页、623页。
④《马克思恩格斯选集》第一卷，人民出版社，1972年版，第217页。

应该看到，19世纪社会主义者——包括"空想"的和"不空想"的——反对竞争的出发点，与我们今天赞成竞争的出发点是不同的。我们今天赞成竞争，是从整个社会的活力出发的；而他们，除了竞争威胁"自由、平等、博爱"的理念外，则是从资本主义社会中的弱势阶级——工人阶级的生存角度出发的。尽管早在亚当·斯密的《国民财富的性质和原因的研究》中就揭示了产业竞争有利于人民大众的规律，但在社会主义者们的眼中，资本家之间的竞争，首先威胁的就是工人阶级的生存，使工人阶级的生存状态恶化。这是当时的社会主要矛盾使然。

正如欧文1833年10月6日在夏洛蒂街机关内的讲演词中所说：

"只要有一个业主同另一个业主竞争，就既不可能改善与工人有利害关系的条件，又不能改善与业主本身有利害关系的条件。"[①]

但是，空想社会主义者虽反对竞争却不排斥竞赛。他们把竞赛当作竞争的替代品。

路易·勃朗就不反对社团之间和内部的竞赛，这是因为在他看来，人的本性里有一种"竞赛心"："所以再谈到我们的制度，首先就可以发现这个制度有一种优点，那就是它不但不摧毁竞赛心，而且还使大家都有这种竞赛心并使这种竞赛心纯洁化。"[②]

这种"纯洁化"的原因自然在于其没有利益色彩，不是生死之争，而只有荣誉色彩。以竞赛代替竞争作为社会动力，既顺应了人的本性，又避免了竞争带来的弊端。

恩格斯显然更深刻地意识到"竞赛代替竞争"的问题：

"为了正确地判断这种关系，判断合理的社会机构的生产力能提高到什么程度，请读者读一读英国社会主义者的著作，同时读一读傅立叶的著作。

"在这种情况下，个人之间的竞争，即资本与资本相争、劳动与劳动相争等等，就会归结为以人的本性为基础的并且到目前为止

---

①《欧文选集》上卷，商务印书馆，1965年版，第393页。

②[法] 路易·勃朗：《劳动组织》，商务印书馆，1997年版，第144页。

只有傅立叶一人作过一些说明的竞赛，这种竞赛将随着对立的利害关系的消灭而被限制在它所特有的合理的范围内。"①

那我们就按照恩格斯的指引，看看傅立叶设计的"协作制度"中不同劳动单位之间的竞赛是怎样一种情况。这种竞赛，往往系于产品和服务的多样性：

比如，"法郎吉栽种好多种蔬菜，每天并依照以前说过的规定从邻近的法郎吉获得其他蔬菜。因此，它在供应1600人时能够提供七种蔬菜。这七种蔬菜按照七八种方法来烹调，以满足各种口味，这样便构成在品质和烹调方面各不相同的50种蔬菜。假如法郎吉从节约的幻想出发，想把自己的需要缩减到三种而不是50种，劳动引力的全部结构便会被推翻：再不会有关于品质、关于不同烹调方法的充满心计的争论了；再不会有按照不同方式来栽培蔬菜并使蔬菜口味多样化的个别部门的联盟了；再不会有与邻近法郎吉展开卓有成效的竞赛了。竞赛没有了，蔬菜法郎吉也不再有推动力了。它的产品逐渐退化，它的工作被人忽视。"②

傅立叶这里的竞赛本质上具有游戏的性质，不是经济学意义上追逐利益的竞争。这种竞赛，在傅立叶的理想社会中特别起到了别的东西所起不到的作用。因为傅立叶的理想社会是靠调动人们的欲望作为动力的。富人的欲望最不容易调动，因为他们即使不进入你这个理想社会，在物欲方面就已经很满足了。但是他们缺什么呢？傅立叶看出来了，他们缺的是被表扬。因此——

"经常的赞美或每天的表扬，是和谐制度下吸引富人们的主要魅力之一。这种表扬来源于两个方面：他对各部分工作的干练（每个人对在他有吸引力的工作上都是很出色的），以及他对自己的谢利叶和自己的小组生产上所作的贡献。"③

在这方面，傅立叶是一厢情愿的，因为，富人们在资本主义制度

---

① 《马克思恩格斯全集》第一卷，人民出版社，1956年版，第615页。
② 《傅立叶选集》第二卷，商务印书馆，1959年版，第144页。
③ 同上，第134页。

下的成功——获取巨额财富，又何尝缺少社会承认——"表扬"呢？

不管怎么说，劳动竞赛的性质是精神奖励，是社会承认。这也是人的需求。为此，傅立叶不惜挖空心思臆造出许多等级和仪式以满足人的这种需求。比如：

"大自然赋予孟道尔经营农活菜地的爱好和能力——这种工作就是育种、专门采集、保藏种子。孟道尔很喜欢红卷心菜，他曾在法郎吉内看到一畦畦非常漂亮的卷心菜，并发现这种菜用于佐餐极为可口。他要求看看菜子，他谈了这种菜蔬应该如何栽培，并向种子专家小组提出很好的建议。这个小组跟孟道尔说了一通恭维话，这样，孟道尔的自由心由于他对这件小事做得出色而获得极大的满足"。

这还没有完，"在参加工作后的第二天，孟道尔在清晨检阅时看到，一队由八岁到十岁的儿童所组成的军乐队向他走来，敲着鼓宣布给他提升职称。然后，白菜谢利叶的女传令官便宣布：孟道尔由于知识渊博应解除学徒身份，并晋升为红卷心菜学士。这之后，负责授与升级证章的贞洁少女来同孟道尔拥抱，并献给他一束人工制作的卷心菜花；随后，他在儿童军乐队的欢迎曲中接受首长们的祝贺。"[1]

这些虽是空想，不免繁文缛节，但是，就对劳动者创造性的精神动力而言，并非没有可借鉴性。

有意思的是，我们可以在当代资本主义企业内部的激励策略中，看到类似傅立叶的做法。比如，在美国西南航空公司：

"对贡献予以承认是日常生活的一部分。每天、每个星期，在西南航空公司的某个地方都有庆祝活动在举行。他们已经把这种精神提高到了全新的层次。支持这些活动是经理们的一项重要责任，很多员工都参加进来了。而且，各种奖项都是以非常有意义和好玩的形式颁发的。""例如，'心中的英雄'就是其中的一种新形式，它承认那些因后台工作对客户服务产生了积极影响的个人组成的团体……经过一次广泛的提名活动评审过程，他们被挑选出来。给他

---

[1] 《傅立叶选集》第二卷，商务印书馆，1959年版，第95页

们的荣誉是把他们团队的名字喷涂在飞机上,让它保持一年之久。"[1]

但是,为了解决人的动力问题,满足人们的这类"步步高升"的精神欲望,傅立叶的安排到了过分的程度,他把自己的理想社会变成了一个有着繁复的等级制的社会。在《和谐制度下的教育》第六章概述"中级、高级和混和级童年时代的教育本能和性别的竞赛"一文中,他写道:

"和谐制度的社会拥有各级权力,从支配一个法郎吉的权力到支配全世界的权力。这种为情欲平衡所必须的上升序列构成了十三级统治权力。如果为十三级的每一级仅规定有一对君主,那么,这便会像在文明制度下那样激起虚荣心的猛烈爆发。为了满足这种情欲,必须就十三级中的每一级至少规定有十六对君主,甚至二十对君主。"[2]

这种以虚设、滥设"君主"作为动力源泉的设计,就未免有些耽于胡思乱想了。但是它的确暴露出以满足人的欲望作为动力源的乌托邦的某种困境。人们一般把乌托邦都看作是平等的社会。但实际上,许多乌托邦作品描写的都是等级制社会,像《乌托邦》、《太阳城》、《新大西岛》这些早期乌托邦作品自不待言,它们不过是对同时代或更早历史时期等级制度有复制而已。而到了19世纪,傅立叶的理想社会,则似乎是有意夸大和利用等级制,因为他要用等级制来解决理想社会的动力源泉问题。这里显示出动力问题与平等理想的矛盾。

罗素在《自由之路》中这样说:

"争强好胜决非完全是一种罪恶。当它们以服务社会艺术创作或艺术发现的竞赛形式表现出来的时候,它就成为一种非常有用的刺激,敦促人们更加努力地创造财富。只有当争强好胜的本能被用于获取财物时才是有害的。"[3]

列宁曾在《苏维埃政权底当代任务》一文中论述过公社间的劳动竞赛:

①托马斯·B·威尔逊:《薪酬框架——美国39家一流企业的薪酬驱动战略和秘密体系》,华夏出版社,2001年4月版,第34~35页。
②《傅立叶选集》第二卷,商务印书馆,1981年版,第76页。
③[英]伯特兰·罗素:《自由之路》上,商务印书馆,1959年版,第102页。

"我们差不多还没有进行这种巨大而困难的，但同时又是富有结果的工作，即组织各公社间的劳动竞赛……榜样的力量第一次有可能来表现自己的广大影响。模范公社应该成为，而且必将成为落后公社的训导人，教师和提携者……使各公社间经济成绩底比较，成为大家注意和研究的对象，使优良的公社立即得到奖赏。"[①]

　　值得注意的是，在中国近代的乌托邦作品——康有为的《大同书》中，虽然像一般乌托邦作品一样反对竞争，把"禁竞争"列于大同四禁之列，但却在论述竞争问题上表达了突出的思想矛盾：

　　"太平之世，农、工、商一切出于公政府，绝无竞争，性根皆平。夫物以竞争而进上，不争则将苟且而退化，如中国一统之世。夫退化则为世界莫大之害，人将复愚。人既愚矣，则制作皆败而大祸随之，大同不久而复归于乱。此不可不预防也。若导人以争，又虑种于性根，而争祸将出，二者交病。且太平之世，农、工、商、学、铁道、邮政、电线、汽船、飞船，亦必不改进，而腐败随之。诸事腐败，人将复愚，事将复塞，而大同亦不可久，则复归于乱矣。"[②]

133

　　康有为的这种"两头担忧"，真是忧到了乌托邦社会的根子上了。西方没有一部乌托邦作品看到这么深。这是康有为的时代中国特殊的历史境遇造成的。当时，"物竞天择"的理论从西方传入，大行于中国，积贫积弱的中国，它的知识分子面对西方列强的咄咄逼人之势，满目所见，皆为竞争者强，不竞者弱的事例。然而，他触及的问题自己得不到解决，那就是：如果承认竞争是社会进步的动力的话，那么，已经进化到了大同世界的社会消除了竞争如何存在、发展？如果不承认大同世界是竞争进化的结果的话，那么，如此丰富的物质成果和工艺改进又是如何得来？这是一个足以令乌托邦在逻辑上解体的问题。

　　如何解决这个问题呢？康有为提出了两个替代性方法：一是"竞美"，二是"奖智"。

---

　　①《列宁文选》两卷集，人民出版社，1954年版。
　　②《康有为大同论二种》，三联书店，1998年版，第334页。

前者是公政府对发明人荣誉性奖励："公政府之民部，于各度中有尤为日新进上者，则赠徽章于其度，公奖其公民，于岁中列表，等其高下而荣异之，或合各度行赛会，赛其高下。各度人民，私益公荣，一举两善，谁不愿稍涌毫厘之价以得巨赏？其于率作兴工，增美释回，固甚易易。各度各自为之，各自竞上，则室屋、园囿、农场工厂百物，安有其坐弊不进，退化不改者哉？"[①]

后者是公政府对发明者个体"智人"进行物质性的奖励。因此，他也像傅立叶那样造出了繁复的品级名位，以鼓励人"步步高升"。比如："能创新者公赠徽章，谓之'智人'，每一次创新则得一次智人徽章。积十次则为'多智人'，其创新之卓绝者则为'大智人'，积十次卓绝创新则为'上智人'，其尤卓绝者则为'哲人'，其卓绝而不可思议者则为'圣人'。""而赏金则分级数甚多，可至千百等"。[②]他甚至还详细设计了不同级别徽章的图样。

这一点倒是与傅立叶的思路相近。

你别觉得康有为的想法可笑。其实，即使是当代西方经济学家约瑟夫·熊彼特，在谈到由资本主义社会过渡到社会主义社会后如何解决人的创造动力问题时，也曾经提出：

"有重大成就的人可以用允许他们在裤上钉一分钱币那么大的徽章的特权——如果用隆重的节约方式授予——可以想象使他们满足得像一年收入一百万。这不是不合理的。因为，假定这一枚徽章足以深深影响环境，使周围的人对裤上别徽章者另眼相看，它给予他许多好处，为了这些好处，正是他目前珍视一年一百万的缘故。"[③]

巧了，不知道熊彼特是不是看过贝拉米的《回顾》，一百多年前的这本空想小说恰巧谈到了以佩带在制服上的不同级别的"极小的金属徽章"来激励工人的生产积极性。在那个理想社会，"生产大军中的等级是取得社会荣誉的唯一途径"。[④]

---

①《康有为大同论二种》，三联书店，1998年版，第335页。
②同上，第337页。
③熊彼特：《资本主义、社会主义与民主》，商务印书馆，1999年版，第313页。
④[美] 爱德华·贝拉米：《回顾——公元2000～1887年》，商务印书馆，1997年版，第92页。

康有为由此回避了社会个体之间的竞争，以及由此导致的社会解体，又解决了社会物质进步的动力问题。用竞赛代替竞争，这也是大多数意识到这个问题的乌托邦作品的选择。但是，他同样没有回答的是这样一个问题：如果说，竞赛只是大同世界形成之后保持社会进步动力的手段，那么，此前，推动世界在物质生产层面上达到大同社会的动力，是竞赛还是竞争？

从全能的统计到订单式生产

如果说，一些乌托邦作品"全能统计"的观念也许过于付诸空想，那么，《回顾》一书从一家一户的需求开始的生产、配送系统，却暗合了未来发展方向。

大多数乌托邦作品是计划经济的。这特别体现在那些"法典"形式的乌托邦著作中——它们以律条的形式把社会生活的许多具体领域都定死了。

如摩莱里《自然法典》的"分配法"第五条是这样规定的：

"在每十名、百名（以下类推）公民里，都有一定人数的各行业的工人，这个人数按照工作的难易程度和每个城市的居民所需物品的多寡，按比例地加以规定，不要使这些工人过于劳累。"[①]

在《回顾》一书的交谈中，"访者"韦斯特对2000年理想社会的居民提出了这样一个问题："需要有怎样一种行政才能，方才可以明智地作出决定，使这样一个大国的每一个人在职业方面各得其所呢？"[②]

---

① [法]摩莱里：《自然法典——或自然法律的一直被忽视或被否认的真实精神》，商务印书馆，2006年版，第108页。

② [美]爱德华·贝拉米：《回顾——公元2000～1887年》，商务印书馆，1997年版，第51页。

这话算是问到计划经济的要害上了。这是计划经济难以做到的，却又只有计划经济才大包大揽地背上的重负。对于市场经济，这个问题的对象就是不存在的。

让我们看看这个在市场中仅仅依靠价格机制就能完成的劳动力分配问题，在乌托邦中绕过价格该有多么费事吧：

"我们总是使志愿就业的人数恰好符合需要的数目。"利特医生说道。"行政机关的责任就是要保证实际情况确能如此。它要密切地注视各个行业志愿就业人数的比率。……行政机关只是根据志愿者人数的多寡所表明的工人自己随时调整的观点来作出决定，减轻这一部门工人的工作，而把它转移到另一部门。掌握的原则是，不能使任何一个人觉得自己的工作基本上比别人艰苦。"[①]

在《伊加利亚旅行记》中，当来到"伊加利亚共和国"访问者欧仁问到，在这个计划经济的理想社会里，剧院门票如何分配时，阿尔马埃斩钉截铁地答曰：政府什么都知道。欧仁也就没再问——他已经习惯对伊加利亚共和国的一切都点头赞叹了。这个问题就算过去了。但在我们今天看，这个问题恐怕难以被轻易放过。因为我们自己过了几十年的计划经济体制的生活，我们自己最明白：比如你所需要的恰好不是两斤鸡蛋而是三斤，政府何以知道？如果你想多储备一点，政府何以知道？

今天我们能够明白，这样做的信息成本和运作成本是很高的。而这些成本恰恰是大多数乌托邦作品经常忽略的。

《回顾》描述了主人公的房东家中的音乐室。在这里，音乐通过电话系统传送到每个人家中，一经需要就能获得。人们通过24小时的节目单进行选择。主人公对自己的房东说：这是快乐的极致，不应再为更大的快乐而努力了。然而，就是这种"快乐的极致"，也仍然是通过中央系统，通过计划经济提供的。都是在"计划"的范围内所想象的自由。

美国《理性》杂志主编弗吉尼亚·波期特雷尔女士在一篇题为

①[美] 爱德华·贝拉米：《回顾——公元2000～1887年》，商务印书馆，1997年版，第52页。

《动态、停滞与通俗文化》的演讲中，特别把《回顾》一书中"发明"的这种音乐传播与当代激光唱盘等通俗文化媒介作了比较：前者是控制的、统一的，后者是创造的、分散的。前者因控制、统一而必然停滞，后者因创造、分散而永无尽头。

计划经济的乌托邦设计必然包含着统计的乌托邦设计。在这一点上，乌托邦著作的描写与恩格斯、列宁、斯大林的论述几乎没有什么不同。

德萨米幻想到：

"每个公社至少每年一度要把关于收获量、工业生产的产量等等报表，送交中央公共财产管理局。

"管理局即刻编制各种报表的综合报告，以便有可能统计全部财产的多寡，并将其同每个部分的财富和需要加以比较。之后，管理局即为每个公社开列每一种产品具有资产和负债的账户，并且将每一种产品按照数量记入贷方，以它是超过还是低于平均的产量水平或公社的需要为转移。

"在此项手续结束之后，管理局便指出，什么东西应该加以调拨，并指定地点，所有这些东西应该从哪里起运以及运往哪里。"[1]

德萨米对中央统计的信心甚至达到这样的地步，他认为在理想的共和国内，不需要财政部、贸易部等等，"只有在管理国家方面有一位负责管理报表和清单的人就行了。"

邦纳罗蒂在《为平等而密谋》一书中对于共产主义的描述时这样写道：

"在一个拥有几百万人、并由那么多人来保障国家实力和长期生存的幅员广袤的共和国里，国家的每个地区的财富，都归全体人民所有，每个地区的人民，都对共和国其他所有地区出产的粮食和其他产品享有同样的消费和使用的权利；拥有剩余产品的地方应当把产品供给那些缺少必要的产品的地方。由于这样，当管理一个幅员广袤的社会时，也就产生了某种复杂性，这种复杂性会给那些在

①[法] 狄·德萨米：《公有法典》商务印书馆，1964年版，第43~44页。

137

管理工作上考虑欠周的人带来莫大的困难。实际上，一切只不过在于在井然有序、有条不紊的情况下实行简单的计算。"①

显然，邦纳罗蒂考虑到了大规模的计划经济在信息收集、处理上的复杂性。但他仍然将其付之于"简单的计算"。

恩格斯在1845年的《在爱北斐特的演说》中展望了共产主义社会：

"在合理组织起来的社会中……正如我们可以很容易地知道某个移民区消费多少棉花或多少棉纺织品一样，中央管理机构也可以同样容易地知道全国各地和各公社的消费量。只要这种统计工作组织就绪，这种工作一两年内就可以容易地完成，每年的平均消费量就只会同人口增长成比例地变化；因此就很容易适时地预先确定，每一种商品要有多少才能满足人民的需求。所需的这些商品也可以按批购的方式直接在产地订购。"②

斯大林说：

"为了处理公共事务，社会主义社会除需要集中各种资料的地方局之外，还需要一个中央统计局来搜集有关全社会各处需要的资料，然后再适当地把各种工作分配给劳动者。"③

列宁，则提出了一个"全民计算"的观点。他在1917年《怎样组织竞赛》一文中写道："大家亲自来计算和监督产品的生产和分配吧，——这是唯一走向社会主义胜利的保障，社会主义胜利的保障，战胜一切剥削和一切贫困的保障！"

"必须使每个'公社'——每个工厂，每个乡村，每个消费协社，每个供给委员会都能来实际组织对劳动和对产品分配的统计与监督。"④

而在中国，康有为的《大同书》中描写的世界"公政府"则实行着全球统计。比如关于"会计"和"岁计"，在走向"大同"世

---

①[法] 菲·邦纳罗蒂：《为平等而密谋》上卷，商务印书馆，1997年版，第167页。
②《马克思恩格斯全集》第2卷，人民出版社，1957年版，第607页。
③斯大林：《无政府主义还是社会主义？》，1906年12月，载《斯大林全集》第1卷，人民出版社，1953年版。
④列宁：《怎样组织比赛》，1918年1月，载《列宁文选》两卷集第2卷，人民出版社，1954年版。

界的三个历史阶段（"据乱世"、"升平世"、"太平世"）分别为："各国会计不干公会事"、"会计许公会轮查"、"会计由公政府核算"；"岁计由各国自主"、"各国岁计皆告公政府"、"全地岁计皆归公政府"。①

在讲到农业生产与分配时，"若天下农田之收入，则各度农曹截留其本度应用之物品而告之农部，农部移之公政府之商部，统计全地各地物品之消息盈虚而分配之。"讲到工业生产与分配时，更复杂："商部核全地人民所需之器若干，凡精者、楛者、日用者、游乐赏玩者、新异者、寻常者、察各物多寡之差，以累年之报告比较而定其额。乃察各度界之工，其精擅专门风俗尤长者，譬若酒杯景德镇之瓷，苏杭之丝织，广州之螺钿刻牙，博山之炉，成都之锦……巴黎之衣冠、杖履、首饰，理华之资，里昂之丝；英人则羊毛织品，德人则萨逊理佽之瓷，克虏伯之器制铁，荷兰之织呢制瓷，那威之制舶，比人之制铁及织纱，皆统于工部者也。商部乃以举国所需之物品、会器之大数，分之于各度精工擅长之地，而定各地品物、什器制造之额，移之工部。工部核定，下之各度界工曹。工曹督各工厂如额制之。"②

这是一种超大型的"全球计划经济"。

如果说，一些乌托邦作品"全能统计"的观念也许过于付诸空想，那么，《回顾》一书中从一家一户的需求开始的生产、配送系统，却暗合了未来发展方向。

《回顾》一书中描写了故事的叙述人跟着利特小姐上街买东西的情节。我们看到，在这个理想社会，买东西实际上就是"下订单"。利特小姐在看好样品之后按电钮叫来一位店员，"他用铅笔在白纸簿上写下她所需的物品，一式两份，一份交给她，把另一份放在一个小盒子里，接着又把小盒子投入一个自动输送管道。"而所有的定货单由自动输送管送到中心货栈，由货栈统一派送到订货

①《康有为大同论二种》，三联书店，1998年版，第152页。
②同上，第307～308页。

者家中。——有时人还没回到家，货已经到了。

《回顾》中由"订单"开始的社会生产与现代物流理念有一线之连。只是前者依赖于全社会的统一计划，而后者依赖企业对市场需求信号的反应。

物流的概念最早产生于20世纪50年代的美国，其后几十年中得到迅猛发展，其涵义从单纯的"货物配送"发展到集物流、信息流和资金流为一体的全方位管理。现代物流管理的一个趋势就是零库存物和从订单开始。中国著名企业海尔就是在物流管理上出色的一家。《北京晚报》的一篇报道说："海尔创造奇迹的秘密是什么呢？张瑞敏回答是订单。是的，如果没有订单，现代企业就不可能运作。如果要实现完全以订单去销售采购制造，那么支持它的最重要的一个流程就是物流。如果没有订单的制造，就等于天天虽然忙，但是在制造库存。"[1]

当然，无论是海尔还是国际上的其他企业，从订单开始的生产模式都只是从企业经营的选择，而与《回顾》中的乌托邦设想有明显距离。但是，从订单开始的社会生产，的确可以从更宽广的意义上理解：从节约社会资源、环保生态的层面上理解。这与乌托邦的思想就可以相通了。

定制经济的趋势也在未来学家托夫勒视野之中。在他的《第三次浪潮》一书中就辑录了美国高级制造专家、兰德公司情报服务处主任罗伯特·H·安德森这样的说法：

"在不久的将来，定做某些产品，并不会比今天大规模生产困难。……我们已经超越了生产许多组装件装配在一起的阶段……我们正在走向完全定制产品的阶段，就像定做衣服一样。"[2]

当代美国麻省理工学院教授威廉·米切尔在其畅销世界的《伊托邦：数字时代的城市生活》一书中，也以"先购买再制造"为题，展示了在互联网远程通信技术的背景下"订单生产"的可能性和现实性：

①《北京晚报》2001年4月20日49版，《现代物流共享千亿蛋糕》。
②[美] 阿尔温·托夫勒：《第三次浪潮》，三联书店，1984年版，第262页。

"例如，1996年，美国戴尔计算机公司开通了一个直接购买计算机的网站www.dell.com。顾客可以在世界任何地方上网浏览，在网上确定好计算机的配置，然后向制造厂发去订单，制造厂便开始组装这台电脑并能在几小时内发货。"

另一个例子是牛仔裤：

"1994年，利维斯——斯特劳斯公司从根本上对其生产和销售系统进行了重构，将计算机测量系统（Computerized Measurement-taking System）引入商店，把顾客订单电子传到工厂，经过激光剪裁，并给每个部分编上条形码，再送到正规的流水线上缝制，最后将成品直接寄给顾客。"[①]

显然，在19世纪空想家的思维中要依赖庞大的中央统计系统的订单生产，到了20世纪的网络时代，以需要分散的、以企业为单位的信息技术就可以实现了。

《回顾》中描述的，实际上是一种以消费者为起点、适应多样化的消费需求的生产管理——大规模定制。

有学者预测：

"所谓大规模定制，它是随着20世纪末数字化革命的信息技术的冲击，以及90年代以后出现的全球性生产能力过剩的趋势和'产品形成的决定权转移给消费者'的趋势显现出的一种管理趋势。信息技术促进了产品形成的决定权转移给消费者的趋势，或者说生产者把商品和服务的生产链条的末端交到消费者手中，使新产品增多，从而消费者消费得更多。在这种条件下，大规模生产模式将可能在很多领域内被大规模定制所取代。"[②]

在"福特主义"如日中天的"大规模生产"的时代，《回顾》的作者就能预见到"大规模定制"的管理方式，不能不令人称奇。

苏联解体后，俄国社会主义者在反思的同时仍然在继续着关于

---

①[美]威廉·米切尔：《伊托邦：数字时代的城市生活》，上海世纪出版集团，2005年版，第111、112页

②毛道维　赵昌文：《祛魅还是返魅:关于人力资源管理的不同基点——兼论大规模生产和大规模定制在中国的历史性命运》。

社会主义和共产主义的思考。在俄罗斯《对话》杂志1998年第3期发表的古巴诺夫《共产主义，切实可行的现实方式——老问题的新答案》一文中，就提到："共产主义的生产是根据订货单进行的。而且是预先知道的订货单。即人们不是从已经生产出来的东西中进行选择，而是在生产开始之前进行选择。因此，在共产主义制度下选择物质资料和服务的自由，要比资本主义制度下大得多，反馈短，而且不失真。生产与消费之间没有中介人。质量的提高没有止境。"[①]

我们从中可以看到，一百多年前的美国社会主义者写作的空想小说《回顾》中描述的共产主义的生产、消费情景，仍然活在当代俄国社会主义者对共产主义的畅想中。其中一些成分仍然有着空想的色彩；但另一些东西，已经在当代经济发展中显出端倪了。

乌托邦中的计划经济及其反对者

> 如果国家成为工业企业主，并且负责供应私人消费需要，那么肯定他就要在这一巨大的重担下失败。再进一步说假如国家能这样做，那么，这样一种制度的结果所能造成的就会是暴政，就会是在公益的假面具下对个人所实行的强暴，就会是丧失一切自由。

几乎在所有乌托邦著作中的计划经济，都是由国家垄断、国家组织的经济。即使在19世纪晚期的《回顾》中展望的公元2000年的理想社会，国家的政治功能已经消亡，但整个国家仍是一个巨大的生产机构，"总统最重要的职务就是指挥生产大军"[②]。

---

①[俄] 古巴诺夫：《共产主义，切实可行的现实方案——老问题的新答案》(下)，《现代外国哲学社会科学文摘》，1999年第3期。

②[美] 爱德华·贝拉米：《回顾——公元2000~1887年》，商务印书馆，1997年版，第137页。

而在《劳动组织》一书中，19世纪法国空想社会主义者路易·勃朗强调："政府应该被认为是生产的最高调节者，并且为了完成它的任务，被授予一种巨大的权力。"[1]

对国家垄断经济的诉求，在路易·勃朗那里是为了彻底避免竞争带来的消极性——不平等与资源浪费。但对国家垄断经济本身的消极性——可能的暴政，他并不是没有意识到。他写道：

"如果国家成为工业企业主，并且负责供应私人消费需要，那么肯定他就要在这一巨大的重担下失败。再进一步说假如国家能这样做，那么，这样一种制度的结果所能造成的就会是暴政，就会是在公益的假面具下对个人所实行的强暴，就会是丧失一切自由。"[2]

显然，这是两头害怕：既害怕竞争带来的对人民群众的损害，也害怕国家垄断带来的统制。但是，这种看法出于一位19世纪的空想社会主义者，与当代自由主义者哈耶克的观点就已经很相近了。

他还写道："我们要避免圣西门主义所碰到的暗礁。这个学说的奠基人早就很好地看到，只有国家机关才有足够的力量把社会从危险途径中挽救出来，但是，由于他们过于强调政府首创精神的优越性，因而超越了那个目的。他们不是把指导和调整工业生产的责任委托给国家，而是把管理工业的琐碎事务都放在国家肩上；因而使国家的行动极不方便，而暴政反而成为可能。"[3]

他进一步把自己的设计与圣西门的设计作出区别：

"在圣西门的学说中，国家对工业的干预是有永久性的；而在我们的计划中，国家只不过在最初时期进行一定程度的干涉。"

"在圣西门的学说中，社会的功能完全消失在政权的职能之下。在我们的计划中，社会从政权那里得到推动力量，而在取得这种推动力量之后，它就仅仅受政权的监督了。"

"圣西门主义说：'国家是财产的主人！'这就意味着取消了

---

①[法] 路易·勃朗：《劳动组织》，商务印书馆，1997年版，第79页。
②同上，第110页。
③同上，第119页。

个人。但我们说，'社会是财产的主人。'区别很大，在这个区别上，我们是不能不竭力坚持的。"①

由国家垄断的计划经济，向社会所有的计划经济，是路易·勃朗的一种设计，也是乌托邦的计划经济思想在思想论争中的一种发展。这种突出社会职能的计划经济如何运作，路易·勃朗语焉不详，但由国家到社会的思路，却为我们留出了具有吸引力的思想空间。

路易·勃朗显然清醒地意识到国家与社会的界限，他说："给政权造成一种强大的富有首创能力的力量，然而要避免政权的活动侵入社会的一切活动。"

我们中国的社会主义实践则显然没有意识到应该有这样一个界限，只顾强化国家功能，而没有给社会留出应有的空间。

然而，到了俄国思想家克鲁泡特金的《面包与自由》，他的"无政府共产主义"就是明确地反对计划经济的了——尽管他的"无政府共产主义"也是乌托邦。在第五章《食物》中，他以巴黎公社为例写道：

"我们现在来考察巴黎或其他大都市怎样能够靠着法国内地出产的食物来维持，又怎样能够使农人高兴地把这些食物从各地方送来。"

"在那些信赖'强权'的人看来，这个问题是很简单的。他们起先会建立强固的中央集权的政府，设置一切强制压迫的机械——警察、军队、断头机等。这政府会把法国所有的生产物登记下来。然后把法国划成各个供给区，命令把指定量的某种食物于某月某日送到某个地方，在某个车站交付，在那里又在一定的日期，由一个特别官吏领收，放在特别的仓库里。"

"现在我们可以有把握地说，这样的解决不仅不会受人欢迎，而且到底完全不能实行，这才是真正的'乌托邦'！"②

①《劳动组织》，第122、139页。
②[俄] 克鲁泡特金：《面包与自由》，商务印书馆，1997年版，第98页。

克鲁泡特金说的没错：他所描述的正是大多数早期乌托邦著作中的计划经济；而且这种计划经济式的强制收粮办法，后来的确在苏联、中国都实行了——而且在苏联引起了暴动，在中国引起了大饥荒、饿死了人。

当然，克氏的着眼点是提倡无政府主义，而非市场经济。但是，他的论述证明他是看到了市场经济和作用，接受了市场经济的逻辑。他写道：

"那些国家主义者常说：'即便是仅仅为着调节交通运输的事，也不可不有一个中央政府。'我们要问问他们道：那么，欧洲的铁道并没有政府，何以又会处理得很好呢？那几百万的旅客和堆积如山的货物，又怎么能够通行全欧洲呢？"[①]

这样的提问和这样的着眼点，与当代西方经济学家哈耶克在《自由秩序原理》和萨缪尔森在《经济学》中阐述市场经济原理的方法一样。在这个意义上，克鲁泡特金虽然是一个反对资本主义社会现实原则的无政府主义者，但是，他在一定程度上接受了资本主义社会的运行原则——市场。

然而，以自由合意为社会生活准则的克鲁泡特金，在经济学上则是"以个人的需要为我们经济学的出发点的"，他反对为生产和销售而生产的"资本主义原则"和"集产主义原则"，反对生产"过剩"，因此按他的逻辑，"必须废止像现在那样的随意的生产，而使我们的努力成为有组织的。"

但是，这样的生产，不是计划的又是什么的呢？因为所谓"自由合意"，意味着生产和社会生活的分散化，而不是"有组织"化呀。这是空想家自身陷入的矛盾，也是乌托邦的思想逻辑自身没有意识到的矛盾。

美国政治学家萨托利在《民主新论》一书中论及计划经济：

"事实上，马克思从未设想过建立在国家所有制基础上的指令性经济制度，更不用说具体实施的设想了。马克思常常鼓吹把一

---

① 《面包与自由》，第151页。

切生产资料集中在国家手中，但是他也倡导（特别是——虽然不仅是——在1871年关于巴黎公社的论述中）生产者的分散自治。归根结底，他的后一种观点是和他所设想的最高境界相吻合的，这是一种无国家的、合作社式的'透明'社会，全体人民都对自己的生活不间断地实行集体管理。"[①]

这种"矛盾"也耐人寻味。

其实，把解决现实的经济难题寄托于对计划经济的期望，不仅存在于过去的乌托邦和现实的社会主义国家。有一个被称作"曼斯霍尔特的梦想"的计划经济构想，就是主张西欧国家共同体实行"严格的计划经济"。曼斯霍尔特在20世纪70年代担任过欧洲经济合作委员会主席。为了这个计划工作，曼斯霍尔特主张，"国民生产总值"这个概念要抛弃掉，代之以一种神秘的"国民效用总值"。他自己对这个"国民效用总值"是否能用数值表达没有把握。而瑞典经济学家米尔达尔认为："这不仅是一个能否用数量表示的问题，这个效用概念在逻辑上也是说不通的。"

米尔达尔说："我是个老计划人员，我思想的牢固根基是启蒙哲学，特别是法国和英国早期的社会主义者——也就是马克思后来称为'空想家'的那些人——的思想。但是，经验和研究使我懂得，在我们这种类型的国家社会里，有效的计划和计划的实施是很狭窄的、有限度的。"

"曼斯霍尔特是在建筑一幢空中楼阁。……这些国家的人民和政府并不因为参加其共同体而变得有所不同，因为他们加入的是曼斯霍尔特所奔向的那个官僚机构。"[②]

几乎所有的乌托邦作品都是反对市场经济的。但是，因为克鲁泡特金的乌托邦是无政府共产主义的乌托邦，强调不依赖政府。那么，如果没有政府，社会如何组织、管理呢？这就必然对人的自由

①[美]乔·萨托利:《民主新论》,东方出版社,1997年版,第406~407页。
②[瑞] 米尔达尔:《反潮流:经济学批判论文集》,商务印书馆,1992年版,205页。

合意给予很高的地位：

"我们知道在欧洲有十七万五千公里的铁道，在这个铁道网中要从北到南，从东到西。从马德里到圣彼得堡，从加来到君士坦丁堡，倘使你搭特别快车旅行，并不要中途换车，就可以到目的地了。……要得到这个结果，有两个方法。一个方法是要有像拿破仑或俾斯麦那样的英雄出来把欧洲征服了，从巴黎、柏林或罗马，画出铁道地图，规定开车的时间。……但是幸而人们还用了别的方法。铁道一线一线地被建造起来，各线互相联络在一起，而这各线所属的几百个不同的公司，关于车到车开，以及从一线通过他线时，货物不必卸下，从各国来的车辆便得通行全线等等事情，渐渐成立了种种协定。"

"而且最有趣的，便是在这个组织里面并没有什么欧洲铁道的中央政府！没有！没有铁道大王，没有独裁者。甚至连大陆铁道议会或管理委员会都没有！万事皆由自由合意而成。"①

147

这里，克鲁泡特金正是用市场经济——他所反对的资本主义制度的运行规则来论证他自己的乌托邦如何可能。

当然，克鲁泡特金并非仅用经营性的自由合意的例子来论证一个纯粹自由合意的社会如何可能，他也从非营利性的社会团体的生长来论证一个纯粹自由合意的社会如何可能，比如荷兰的船夫联合会，以及普法战争期间的各国红十字会组织、英国的救生艇会，后者完全由志愿者团结起来组织委员会来担任，完全以合意与互助来完成。

从他的例子来看，即使在19世纪，地方自治团体确实已很发达：

"我们再举出瑞士的风土考察志愿队，法国的飞行队，三十万英国义勇军，英国国家炮兵联合会，正在组织中的英国海岸防御会；又如商船队、脚踏车队以及私人汽车、汽艇的新组织，都得靠着自由合意的力量。"②

①[俄] 克鲁泡特金：《面包与自由》，商务印书馆，1997年版，第150~151页。
②同上，第161页。

这些社会的组织，不能把它们看成是资本主义的，也似乎不是必然地与市场经济相联系。它们正是人类文明。但是，让我们想一想，它们可能出现在一个中央集权的专制国家或计划经济国家之中吗？这里遇到的问题是：市场经济是不是社会自治力量滋生的土壤？没有一个市场经济的基础，自治力量的生长是否可能？营利动机的自由合意，与非营利性的自由合意，在文化传统上具有什么样的关系？

回答这些问题当然需要历史的考察。不过，说起志愿者组织，普通人只要了解一下而今西方发达国家的志愿者组织的发达程度，与我们这个由计划经济转向市场经济的国家志愿者组织的发达程度的差异，也会有所领悟，而且那些国家的志愿者组织的自治程度，与我们国家的志愿者组织实际上的"官办"之间的距离，更不可以道里计。

理想的国家还是理想的人？

单向封闭——隐秘中的开放

乌托邦：强制的还是自由的？

乌托邦：单一的还是多样化的？

由社会的理想到个人生活的理想

晚期乌托邦与无政府主义、自由主义

从理想的社会到理想的人

单向封闭——隐秘中的开放

> "半封闭"恰是乌托邦的一个基因。因为，作为一种理想化的生活，
> 它们永远面临着现实生活的侵袭，无论是在哪个时代。

外国人到"太阳城"访问，得先洗脚；要进"基督城"，先要接受三道审查——思想、品行和文化知识，确认你是一个不会玷污这个国家的人才准进入；"塞瓦兰人"的国家干脆禁止与外人来往，以保护纯洁风尚。

而访问者如果愿意做"太阳城"的公民，就必须经受各种考验：一个月下乡，一个月在城里，然后决定你是不是够格。

在英国近代唯物主义哲学家弗朗西斯·培根(1561~1626)的《新大西岛》中，这个叫作"本色列"的岛国历史上的一位国王"为永远保持住人民现在已经获得的幸福生活，所以，他在这个国家的根本法律之中公布了一些限制外邦人入境的禁令，以免受外来的奇闻轶事和殊方异俗的影响"。

在18世纪初的英国空想小说《布鲁斯的那不勒斯之旅》中，故事的叙述人亲眼见证了一场在"地心"里的理想社会——"中央帝国"（Central empire）60年没有进行过的公开审判：一个年轻人仅仅出于好奇来到"地球区"[①]，接触了地球表面人类的后代，结果学

①在这部空想小说所描写的地心中，也居住着地球表面上人类的后代。他们的祖先被地震抛到地心，后代由于继承了地球表面上人类的恶劣品质，所以被专门限制在一个特定的地区。该地区被称为earthly quarter（地球区）。

会了用脏话骂人，对父亲不孝，并使自己的妹妹受辱。他被判了很重的刑：驱逐出这个社会。因为，国王认为：这种外来的道德污染会毁灭这个国家。

早期乌托邦作品中的这种"孤岛乌托邦"大多是封闭式的，壁垒森严，对外人和外来事物严加防范。但是，他们不是处于闭关锁国的落后状态，因为与封闭状态相对的是，他们自己却对外面的世界了如指掌，广泛吸收各国先进的科技文化。在谁也不知道他们的情况下，他们悄然进步，只接受好的，不沾染坏的，选择完全自主。即使那个在"地心"里的理想社会——"中心世界"（Central World），也对地球表层上居住的人类了如指掌。其中还有人长期在地球表面生活过。

要认识这一层设计的意义，我们可以作一个比较：中国古代陶渊明的《桃花源记》虽然也常常被说成是乌托邦，虽然外边的人也都不知道它的存在，但是这些桃花源中人自己也是"不知有汉、无论魏晋"的，完全封闭，自得其乐。这里只是一个避乱之地，虽有美好的风俗，却完全不涉及社会发展和进步的命题。这就是我为什么没有把《桃花源记》与西方乌托邦著作放在同一个层次、同一个系列里论述的原因：它没有那么周详的关于社会制度的设计。

也就是说，乌托邦不仅应该是一个好的社会，而且还必须是一个进步的社会，因此也必然要吸纳先进的知识。这就要求它们不能完全封闭。所以，早期乌托邦小说普遍选择了一种特殊的设计——"单向的封闭"：既能把外面好的东西吸纳进来，又能保持内部的善良风俗。

在意大利文艺复兴时期的空想社会主义者康帕内拉的《太阳城》中，"航海家"看到城墙上有科学、数学公式和欧洲历史文化名人，很是惊奇，"他们是从哪里了解我们的历史的呢？"

原来，"他们经常派出自己的观察员和使者到某些国家去了解它们的风俗习惯、政治制度、历史，以及他们所有的一切好的和坏的东西，然后向自己的国家汇报。"[1]

①[意]康帕内拉：《太阳城》，商务印书馆，1980年版，第9页。

在培根的《新大西岛》中，漂流到这个岛上的外邦人对"外邦人宾馆"的馆长说："只有很少人知道我们现在停留的这块乐土，而这里的人却对世界上多数国家很熟悉。这是确实的，因为这里的人懂得欧洲的语言、文字，并且了解我们的国家和我们的事情。可是我们在欧洲，虽然在最近这个时代里曾经有过远地的航行和陆地的发现，却从来没有听到过关于这个岛屿的一点消息和影子。……关于这个海岛，我们从没有听说过有谁看见他们的船到过欧洲的任何海岸，或到过东印度或西印度的群岛。"

然而，就是这样一个世界上人所不知的岛国，"国王在禁止他的人民航行到任何不属于他管辖下的地方去的同时，还发布了这样的命令：每十二年要从本国派出两条船，作几次航行，每条船上要有'所罗门之宫'里三位弟兄组成的一个使节团，他们的任务就是研究要访问的那些国家里的一切事物和情况，特别是全世界的科学、艺术、创造和发明等等，而且还要带回来书籍、器具和各种模型。"

"所罗门之宫"即科学宫，是这个理想国家的核心。后来"所罗门之宫"的一位元老也谈到这个"使节团"，他解释说："我们有十二个人以其他国家的名义（因为我们自己的国家是不让人知道的）航行到外国去，收罗各地的书籍和论文，以及各种实验的模型。我们把这些人叫作'光的商人'。"馆长还谈到，"一般的海员们怎样在陆地上躲藏起来不让别人发现，在留在岸上的期间怎样冒充外国人"。

——这真是"小国气度"，看起来可笑得很。虽然，它们仍然不是完全封闭的国家，而是单向封闭，同时单向开放的国家——学习别人的长处，同时珍惜自己的美德。

与此相较，到了19世纪中期《伊加利亚旅行记》中的"伊加利亚共和国"，虽然也是一个岛国，却与其他国家之间有正常的航班，热情欢迎参观者，宣传自己，而且还通过决议"输出革命"，解放世界上的受苦人——泱泱气度，豪迈自信。

到了19世纪晚期的《回顾》（1888年）和《乌有乡消息》（1890年），空想中的理想社会已经不再局限于一个岛屿、一个国家，而是整个世界范围了。这肯定是19世纪蔓延于欧洲的社会主义运动所带来的信心。

当代美国畅销书作家欧文·华莱士的《女妖岛》，也是一个乌托邦，一个由着迷于改造社会的英国哲学家在南大洋的珊瑚岛上与波利尼西亚土著人合作，共同实验的社会。"这个从表面看来似乎进不来的、几乎无人光临的岛屿，从外表看来无人居住，自1796年以来，一直不受外界——腐败的现代文明——的影响。1796年，就建起了现在的村子，开始了现在的文化。"它有以往几个世纪的乌托邦相对封闭的形态。具有性和婚姻风俗的文化独异性。但是，在一个现代化的世界里，他们并不是真正封闭的"原始状态"，他们是主动选择这样生活的。这个岛民的社会并不完全自足，他们要靠一个守口如瓶的飞行员偷偷出口他们的产品。他们在现代化的社会里有自己的秘密成员。"事实上，拉马森机长是我们的驻外大使和生命线。"他们是一群理想生活的自觉实践者，却被人类学家当作是珍稀的文化类型。"'他们的生活方式，'（飞行员）考特尼说，'同世上的任何生活方式都不一样。同您和我所过的相比，这种生活方式近于完美。'"但是，他们严格保密，严格拒绝生人进入，甚至包括人类学者。

实际上，这个乌托邦社会的英方创造者丹尼尔·赖特先生是18世纪英国空想社会主义者葛德文的追随者。"在戈德温的鼓舞下，他一直在写一本书，叫《伊甸园复苏》。书的思想是：由于上帝的慈悲，亚当和夏娃得到了第二次机会，重回伊甸园，一切从头开始。他们不再迷恋于过去所继承和传播的那种婚姻生活状况，决心实践、教育、发展一种恋爱、同居、求爱及结婚的新制度。"女妖岛只是他实践自己的社会理想的基地罢了。

因此，说《女妖岛》是一部现代乌托邦小说，应该是没有什么问题的。这样一部现代乌托邦小说描写的社会，仍然保持着《太阳城》、《新大西岛》那样单向"半透"的状况，是耐人寻味的。因为，它显然无力抗拒现代化乃至"全球化"的力量——

"'您考没考虑您的工作将会导致什么样的结果？'考特尼问道。'您那些在堪培拉的合伙人要派出勘测员，批准您所选的场址，然后，您的朋友就会要求那个把波利尼西亚作为殖民地或托管地的外界政府给予批准。他们还要求助于法国、英国、新西兰、美国和其他那些在太平洋占有岛屿或基地的国家。调查的结果会是什么呢？惊惶失措。如果没有什么大国知道这个小小的岛的存在的话，他们又怎么会要求承认呢？法国的行政官员和小官僚会到这里来，紧接着就是您的生意场的朋友们，还有他们的飞机。他们将运来推土机，预制建筑构件，还有喝得醉醺醺的工人。机场建成时，商业飞机就要飞进来，每天都留下一批吱吱喳喳，呆头呆脑的游客。这个岛将变成公共集散站。您想想看，女妖部落将会发生什么情况？'"

也许，"半封闭"恰是乌托邦的一个基因。因为，作为一种理想化的生活，它们永远面临着现实生活的侵袭，无论是在哪个时代。

乌托邦：强制的还是自由的？

自由，毕竟是人的社会理想，它必然是乌托邦作品涉及的重要内容，也就必然是乌托邦发展的重要尺度。没有自由，乌托邦就没有魅力。

随着对中国大跃进式共产主义的反思和各国对共产主义运动在世界范围内失利的反思，有些自由主义者往往以乌托邦来看待它们，并且把乌托邦与灾难挂上钩。那么，乌托邦是不是一定带来灾难性后果呢？或者说，乌托邦加上什么才会带来灾难呢？

学者秦晖曾在多篇文章中回答过这个问题：乌托邦只有加上强制才是灾难；单纯的乌托邦是无害的（"倘无强制，乌托邦本非罪薮"）。

在《中国现代自由主义的理论商榷》一文中，他写道：

"如今阻碍改革的不是理想主义的浪漫激情，而是极为现实的利害关系。起码对于缺乏宗教传统的中国人来说，'放弃乌托邦'并不是什么难事（许多人恐怕从未相信过什么乌托邦），但摆脱强制却难乎其难。"[1]

他在《失去强制的乌托邦》一文中写道："人们往往忽略的是：理想的高调或低调、现实或乌托邦只是一个维度，另一个重要的维度是：强制还是不强制。"[2]

显然，在他看来，乌托邦与强制并不必然地联在一起。

---

①秦晖：《问题与主义》，长春出版社，1999年版，第121页。
②同上，第82页。

那么我们看一看，真是这样吗？

我在这里面对的当然都只是"文本的乌托邦"，而不是"实际的乌托邦"。但是，在"文本的乌托邦"中，哪些必然包含（或离不开）强制的逻辑呢？我们从中是不是可以看出乌托邦在本质上不能离开强制呢？

早期的乌托邦是明显充满强制色彩的。《乌托邦》中就写到了奴隶："任何人擅自越过本城辖区，被捕经查明未持有总督的文件后，遭遇是很不光彩的；他作为逃亡者被押回，严重处罚。任何人轻率地犯这个罪行被贬作奴隶。"①

读早期一些乌托邦作品，往往看到太多的社会控制，而感受不到人自身的自由。古希腊柏拉图的《理想国》本来就是按照斯巴达军事国家的榜样设计的，在意识形态方面，他甚至（借书中苏格拉底之口）要编出"高贵的假话"、"荒唐的故事"，告诉人们统治者和普通人是老天用不同的金属制造出来的。而在17世纪英国掘地派运动的著名领袖和杰出思想家温斯坦莱的《自由法》中，有一个"监督人"的社会角色，他们甚至审查和掌握每户人家的家庭生活——从结婚到家里的肉是不是做多了。

在18世纪英国空想小说《塞萨尔的第一个殖民地、法律和政府形式》中，一群准备到南美洲殖民的荷兰人，为在自己未来的理想国家所作的政治设计中，也有一个由各个教区人民选举产生的监督员（inspector）的角色，他们负责"监督所有人的行为举止，公布违规者信息，并将其带上法庭。没有人能逃脱处罚。他们也有权调解人民之间的不大的民事纠纷。"②

这种"监督"状态下的不自由感一直保持在19世纪中期的《伊加利亚旅行记》中，尽管在这部充满阳光的和自由的空想小说中，这种不自由感并不那么明显。当来自法国的青年欧仁对来自英国的

①[英] 托马斯·莫尔：《乌托邦》，商务印书馆，1997年版，第65页。

②An account of the First Settlement, Laws, Form of Government, and Police of the Cessares, A people of South America，《英国启蒙运动中的乌托邦思想》(Utopias of the British Enlightenment)，剑桥政治思想史原著系列（影印本），中国政法大学出版社，2003年版，第101页。

加利斯达尔爵士说"这里是夜不闭户，既没有醉鬼，也没有盗贼，从而也没有警察"时，伊加利亚公民瓦尔摩的回答却是：

"您可没有说对呀！哪个国家也不如我们警察多，原因是我们所有公职人员，甚至全体公民，都有责任监督人们遵守法律，有责任揭发控告他们所知道的违法行为。"

如此，伊加利亚共和国岂不是一个"全民皆警"的警察国家吗？这正如德国社会主义者海因利希·卢克斯所批评的那样："在这个国家内，不是一个警察管理一百个居民，而是每一个居民都变成了警察；""伊加利亚人的自由不过是处于警察监视下的国家内的一种自由。"①

早期乌托邦的不自由，还表现为个人生活空间的狭小和国家政治空间的过大。《太阳城》就借航海家之口介绍说："关于生育，他们把它看作是为国家谋利益的宗教方面的事情，而不是个人的事情，而且必须服从政府调配。"

在温斯坦莱的《自由法》中，还有奴隶，有着因为各种各样的原因违反社会要求而失去自由的人们。他写道："有可能生活在自由之中而又不愿意享受这种自由的人，应该尝尝被奴役的滋味。"②这部《自由法》中充满了惩罚的表述。

应该注意到从古希腊柏拉图的《理想国》到16世纪英国莫尔的《乌托邦》、17世纪英国温斯坦莱的《自由法》，都有奴隶。但是，《理想国》中的奴隶是现实（古希腊）社会生活的投影，而《乌托邦》、《自由法》中的奴隶却是作者的现实社会生活中已经没有的（英国从未有过蓄奴制，也是值得注意的）。这只能理解为这是他设计的制度所需。一个自诩理想的美好社会，竟然需要依赖"奴隶制"吗？

法国18世纪空想共产主义者邦纳罗蒂所著《为平等密谋》，描

---

①[德] 海因利希·卢克斯:《艾蒂安·卡贝和伊加利亚共产主义》，商务印书馆，1992年版，第67页。
②《温斯坦莱文选》，商务印书馆，1965年版，第第198~199页。

绘了一个军事色彩很强的理想社会，在这个意义上，它更像是古希腊的斯巴达。比如："每一个公民都是士兵。""一旦儿童成长起来，就让他们习惯于军事训练。""青年人从教育院出来以后，就要转到建立在靠近边境的营地去。"

还有一点值得注意，在这个理想社会，一个小孩长大了不是自然取得公民权的，要取得公民权需经过公民会议讨论批准并与其订立契约，接受这个社会理想的人享有一切公民权利，"凡是表示不同意的人，都要永远被驱逐出共和国。"①

这是一个比柏拉图《理想国》还要严格的尺度了。

这个社会的禁欲色彩也类似于斯巴达。它实行"男女有别"，教育分成两个部门，一个是男孩子的，一个是女孩子的。"为了保持人的精力，重要的是使爱情能够减缓，而男女混合则会加速这种发展。"

问题在于，这个"理想国家"的计划，这个为将来所有人"立法"的社会理想，不是像柏拉图的《理想国》那样，出自哲人书房里的玄想，而是经正在密谋起义的"起义委员会"的"讨论"而定下来的"未来治国方针"。这不是一种"理想的专制"又是什么呢？

俄罗斯宗教哲学家别尔嘉耶夫在《精神王国与恺撒王国》一书中以这样一段似乎前后矛盾的话触及了乌托邦与自由的关系："在实质上，乌托邦永远与自由为敌。托马斯·莫尔、康帕内拉、卡贝等人的乌托邦没有给自由留下一寸地盘。可以令人难以置信地说：自由和自由的生活是最无法实现的乌托邦。"②

如果说这一段话的前半部分是对早斯乌托邦文本的概括的话，那么，后半部分，就可以看作是晚期乌托邦的努力。因为：自由，毕竟是人的社会理想，也就必然是乌托邦作品涉及的重要内容，也是乌托邦作品发展的重要尺度。没有自由，乌托邦就没有魅力。

一些乌托邦作品，书名中就有自由二字（如温斯坦莱《自由

---

①《为平等而密谋》上卷，第184、185、182页。
②[俄]H. A. 别尔嘉耶夫：《精神王国与恺撒王国》，浙江人民出版社，2000年版，113～114页。

法》、魏特林《和谐与自由的保障》、罗素《自由之路》）。在康有为的《大同书》中，在谈及男女关系时，说"一切自由，乃顺人性而合天理"。

但是，自由是什么样的自由呢，个体的还是集体的？经济的还是政治的？不同的乌托邦有不同的侧重。

乌托邦：单一的还是多样化的？

乌托邦作品的发展，从一定角度看就是一种不断的"让步"——对人性的让步，对人的自由的让步。

有自由必有差异，而《大同书》的着眼点恰恰着意在"同"，全书共有"去国界合大地"、"去级界平民族"、"去种界同人类"、"去形界保独立"、"去有家为天民"、"去产界公生业"等，康有为所要革去的这些"界"，当然是隔绝人类成员，使人类产生各种矛盾、压迫乃至战争的原因，但其中有的"界"，其实是人类差异性、多样性的客观存在。康有为从求"同"的逻辑出发，必要去除一切"界"，也就完全取消各种差异，那么强制性也就在其中了。

比如在《大同书》的丁部"去种界同人类"中就写道："夫欲合人类于平等大同，必自人类之形状体格相同始。苟形状体格既不同，则礼节、事业、亲爱自不能同。夫欲合形状体格绝不同而变之使同，舍男女交合之法，无能变之者矣。以白女之都丽与黑人之怪丑，而欲交合以变种，此人情所万不愿也。今美中间有之，然未几而同化于白人矣。然欲化黑人与白人同殆无由矣……"[1]

这就是康有为杂交的主张和驱全世界各地妇女集中在"温冷带"生育的根据，而这两个主张都具有强制性。

此外，从中我们也可以看到，这一位在社会思想的方面已经可以描述"大同"境界的先驱者，在种族、文化方面，却仍然保持着优越感和偏见。尤其是对黑人的偏见，比如："故大同之世，白人、黄人才能、形状相去不远，可以平等。其黑人之形状也，铁面银牙、斜颔若猪，直视若牛，满胸长毛，望之生畏。此而欲窈窕白女与之相亲，同等同食，盖亦难矣。"[2]这也是先驱者的局限。

人类平等大同的初始条件竟然是人都得长成一样，不仅基本思路就是错的，而且显得特别荒唐。大多数乌托邦著作都没有提出这么极端的思想。但是，"求同"的思路可以发展到什么地步，康有为的《大同书》的确可以作为一个标本。

顺便说说，康有为的求同，甚至达到"书同文"——世界只有一种语言文字的地步。巧了，在讲究差异性的傅立叶那里，也有这样的理想，翻译就是他打算在世界上取消的职业之一。然而。在当代多元主义者看来，人类有着不同的语言文字，就像人类有着不同的思想那样，绝对是有意义的。

美国物理学家Ｆ．Ｊ．戴森在《宇宙波澜——科技与人类前途的自省》一书中写道："我们可能天真地认为，一个智慧的物种在使用语言的演进过程中，应当朝一言化发展……今天仍有许多人这么认为，如果大家都讲一种语言，生活也好，人际关系也好，都会变得比较容易。没错，全天下若都用一种共通的语言，将便于官僚及政治人物来统治；但是，在我们自己的信史或史前时代，以及当今仍存在的原始部落的发展历史，在在显示了强有力的证据，证明——语言的可塑性及多样性，在人类进化中扮演了极为吃重的角色——这个假说的可信性。我们现在有多种语言，不只是一件带来

①《康有为大同论二种》，三联书店，1998年版，第172页。
②同上。

不便的历史意外事件，乃是大自然让我们迅速进化的方法。""社会机制的弹性正是脱胎自我们多重的语言遗产。"①

温斯坦莱的《自由法》对自由有所辨析，说真正的自由不是贸易自由，不是传教自由，不是同所有女人交往的自由，而是使用土地的自由，因为，"真正的自由存在于得到食物和生活资料的地方"②。显然，这种主要从物质生产资料着眼的自由观为后来的社会主义者所继承。而且，这里"使用土地的自由"的含义，指的是无偿使用土地的自由，而不是通过买卖获得土地的自由，因为买卖在《自由法》中是严格禁止的。同样明显的是，温斯坦莱的自由观，是同西方自由主义者传统完全不同的，因为他禁止贸易，就否定了一般意义上的经济自由。

自由不自由也体现在物质生活方面：单一的还是多样化的？比较一下《乌托邦》、《基督城》与《伊加利亚旅行记》、《乌有乡消息》中人们穿的衣服就明白了。

在《乌托邦》中，"至于服装，全岛几百年来同一式样，只是男女有别，已婚未婚有别"③。在《基督城》，"各人只有两套衣服，一套是工作用的，一套是节日穿的"，"衣料是用亚麻或者毛织的，分别适用于夏天和冬天，颜色一律只有白的或者灰的；任何人都没有花哨的和考究的穿戴"。"几乎所有的房屋都是按照同一个模式建造的"④。

对此，美国当代学者卡洛琳·麦茜特评价说："太阳城所有公民裹那种宽大的白袍，并不能看成是强求一律或苦修苦炼的禁欲生活的象征，而是象征着对反映在精美豪华服装中的财富和地位分级的抗议。"⑤

18世纪摩莱里的《自然法典》仍然坚持了这种简朴原则，但已

①[美] F.J.戴森：《宇宙波澜——科技与人类前途的自省》，三联书店，1998年版，第321、323页。
②《温斯坦莱文选》，商务印书馆，1965年版，第108页。
③[英] 托马斯·莫尔：《乌托邦》，商务印书馆，1997年版，第56页。
④[德] 约翰·凡·安德里亚：《基督城》，商务印书馆，1997年版，第40、38页。
⑤[美]卡洛琳·麦茜特：《自然之死——妇女、生态和科学革命》，吉林人民出版社，1999年版，第194页。

有所让步，规定"每个公民从三十岁起可以按照各自的爱好选择穿着，但不得过于奢华。"但"每一行业里的十岁到三十岁的年轻人，都穿着布料相同，并且适合于各人职业的划一的洁净的衣服。"①

而19世纪卡贝的《伊加利亚旅行记》、莫里斯的《乌有乡消息》中，无论在建筑上还是在人的衣着服饰上，不再坚持早期乌托邦的简朴原则，为美打开了大门，并且在美这一点上容忍差别。"同一条街道上，建筑物的式样便相同，但是每条街道又各有不同的风格"，"没有建筑式样完全相同的街道"②。

在伊加利亚，"这里不仅女服的衣料、色彩和式样是你看见过的最精致和最悦目的，会使你顾此失彼、目不暇接，而且在所有场合下，那些华丽的羽饰，那些耀眼的饰物，简直使你眼花缭乱，瞠目结舌。"③《伊加利亚旅行记》专门把"服装"列为一章，是继承了早期乌托邦小说的传统，17世纪英国有一部空想小说《满足岛》就专设一章谈服装。

然而，即使在这样的多样性之上，仍然有国家的统一控制，在伊加利亚，"经过仔细审查，凡是在式样、图案和颜色方面稀奇古怪或者毫无美感的都一律取消。"④

在《乌有乡消息》中，故事的叙述人汉默史密斯向理想社会的老人哈德蒙提问：国家间的竞争关系消失了，"这样的世界不是显得太单调了吗？"哈蒙德有点生气地说：

"你横渡海峡去看看。你会得到很多多样性的例证：风景、建筑物、食品、娱乐，一切都是多样化的。男女在思想习惯上和外貌上都不相同，服装的多样化比在商业化时代更加显著。"⑤

乌托邦作品的发展，从一定角度看就是一种不断的"让

162

---

①[法]摩莱里：《自然法典——或自然法律的一直被忽视或被否认的真实精神》，商务印书馆，2006年版，第116页。

②[法]埃蒂耶纳·卡贝：《伊加利亚旅行记》，商务印书馆，1982年，第20、34页。

③同上，第81页。

④同上，第80页。

⑤[英] 威廉·莫里斯：《乌有乡消息》，商务印书馆，1997年版，第108页。

步"——对人性的让步，对人的自由的让步。这在19世纪末的《回顾》中表现得很明显。在这部书里，已经存在多种选择了——对人们生活偏好的选择和对职业的有限选择；已经出现差别了——工人的等级制；出现了不完全的遗产继承制度和不完全的货币——"取货证"，一个人在这一方面的消费多一些，就得在那一方面消费少一些。因此，人们的住房条件不再像《乌托邦》、《太阳城》、《基督城》里那样一模一样了。在《回顾》中，还有限度地允许积蓄：把取货证中没有消费掉的配给额度转到下一年。

我国康有为的《大同书》，虽然描述了一个从出生到坟墓都由公家包办的福利社会，但是，"大同之制，私人之事皆听自由"，比如在丧礼的"服制"——即服多少天丧——的问题上"（人们）各有其情，（国家）不为定期"①。这显示出对传统中国社会礼法的超越。

康有为对乌托邦的思考，即他的"大同"世界，实际上是在对中国传统宗法社会反思的背景下更多地接受了代表西方近代主流思想，其中自然包含着个人自由的思想。因此，包含在这个大同世界中的"同"与"异"，其实反映了乌托邦思想与西方个人自由思想的内在矛盾。

①《康有为大同论二种》，三联书店，1998年版，第290页。

由社会的理想到个人生活的理想

> 人的理想不可能直接得到；从对现实社会批判中产生的乌托邦，不可能越过对社会的诉求。但是，对乌托邦的关注，则不能止于社会而不达到人。

理想的社会与理想的人，往往是乌托邦作品的共同主题。早期乌托邦较多侧重于理想的社会，触及理想的人，主要是着眼于人外在的体质、容貌，以及内在的道德和理性。比如，在17世纪《塞瓦兰人的历史》一书中描写的塞瓦兰人，就是生性快活，不贪钱财、生活节制，爱好体育运动，因此，他们不仅身体健康，没有任何疾病，"这里见到100岁、120岁的老人是常见的事"，而且面容美丽英俊。为了健壮的下一代公民，"已婚妇女不但不因多养育子女而得到很高的荣誉，而且她们还把不与丈夫频繁发生性关系视为美德。"[1]

这里顺带提一下：似乎有不少乌托邦作品都谈到理想社会中人的长寿。比如，在19世纪初的英国空想小说《布鲁斯的那不勒斯之旅》中那个生活在地心中的理想社会，"男人活到150岁才达到中年，许多人活到300岁，或者更长。"而19世纪法国空想社会主义者傅立叶则认为，在协作制度下，人的"满龄"将是144岁。

乌托邦作品随着时代而进步，其中之一是更自由，更个人

---

①[法] 德尼·维拉斯：《塞瓦兰人的历史》，商务印书馆，1997年版，第164、165页。
②Bruce' Voyage to Naples，《英国启蒙运动中的乌托邦思想》(Utopias of the British Enlightenment)，剑桥政治思想史原著系列 (影印本)，中国政法大学出版社，2003年版，第257页。
③《傅立叶选集》第一卷，商务印书馆，1982年版，第47页。

化——由社会组织的理想到人的自己的理想。这一点在19世纪法国空想社会主义者卡贝的《伊加利亚旅行记》、英国空想社会主义者莫里斯的《乌有乡消息》表现得尤为突出。有着欢快的、幸福的、有性格的人，是这两部作品的特点。而早期乌托邦作品，如16、17世纪的《太阳城》、《乌托邦》则更多的是社会组织合理化的介绍，人的自由与幸福则不被更多地注意，甚至人的自由是被"合理"地限制的——包括迁徙自由。而且，它们确实也不避讳森严的社会控制。今天读来，感觉上跟奥威尔的"反乌托邦"小说《一九八四》的味道也差不多。

由否定现实的社会制度和社会罪恶开始的制度设计，不能不较多地诉诸强制力，不能不更多地诉诸"禁止"——我原以为这是任何乌托邦作品也没法改变的逻辑。

但到了19世纪末的《乌有乡消息》，则人民自治和"无政府"本身成了社会理想。在《乌有乡消息》中不仅看不到对政府的描写，甚至看不到社会的基层组织。如果说，在19世纪中期的《伊加利亚旅行记》中，尽管来访者"落户"到理想社会的具体人家，但书中还仍然不免像早期乌托邦小说《乌托邦》、《太阳城》、《基督城》那样整体介绍国家和社会的大场面的话，那么《乌有乡消息》则是通过具体的人、个别的人开始的，他们对这个社会制度的叙述是从最具个人化的爱情开始的，这个叙事角度值得注意。

事实上，《乌有乡消息》所描写的理想社会，制度是很少的，它没有民法、刑法和政府，在此书中，题为"关于政治"的第十三章竟不足一页——"因为我们没有政治问题"[①]。

《伊加利亚旅行记》中有大型公共生活的描写，包括国庆节三天的纪念活动、全国人民代表大会的议事场面；而《乌有乡消息》所表现的，则完全是个人化的生活。比如，迪克与克拉娜的爱情、爱伦祖孙的乡居生活，以及故事叙述人在向泰晤士河上游行进时听说的一男子因冲动而失手杀死情敌的悲剧，都是关于个人的，这些

165

---

①[英] 威廉·莫里斯：《乌有乡消息》，商务印书馆，1997年版，第106页。

个人生活内容所反映的制度，都是这个理想社会处理个人问题的制度，比如在迪克与克拉娜的关系中涉及婚姻法——民法问题，这个社会是没有民法的。在情杀事件中涉及的是刑法问题，这个社会是没有刑法的，杀人者受良心的谴责。

在这样一个没有政府、少有制度的"国家"里，个人当然是更为自由的了。

传统的乌托邦都有较强的国家主义色彩。大多数乌托邦著作，大多数具有空想性质的社会改革思想，都是诉诸国家的，可称为"国家乌托邦"。而在莫里斯的《乌有乡消息》中则显现出了"社会乌托邦"的景象，因为这里是没有国家的。从《乌有乡消息》和比它要早几十年的《伊加利亚旅行记》这两本书对制度的介绍方式的区别中就可以看到：《伊加利亚旅行记》对共和国制度的介绍是通过历史学家狄纳罗对众多来访者"讲课"的方式叙述给读者的，具有国家发言人的官方色彩和意识形态色彩；而《乌有乡消息》中则是通过访者作为"船夫"迪克私人的客人与迪克的祖父哈蒙德老人私人交谈中叙述的。

自由的一个标准是居住自由和迁徙自由。

在17世纪法国空想主义者维拉斯的《塞瓦兰人的历史》中，人民是以1000人为一个生产、生活单位，居住在一个叫作"奥斯马齐"的大房子里，典型地体现了早期乌托邦共同居住的特点，既然什么都是共有的，那么，共同居住也就在逻辑中了。在早期乌托邦的作者看来，家庭，似乎总是私有制——至少是私有欲望——的温床。但是，到了晚期乌托邦作品中，在理论上就已经否定"共同居住"了。克鲁泡特金在《面包与自由》中写道：

"共同居住并不是大多数人所喜欢的……共同居住事实上不过是一所大旅馆，可以使某一些人快乐的，甚至可以使所有的人在他们的生涯的某一时期中，引以为快乐，然而，大多数的民众却喜欢家庭生活。"

"有时，'共同居住'是必要的，但是它如果成为普遍的规则，就可厌了。在花费了一些时间在社交方面以后，想过清静的生活，这是人类天性中的常态欲望。"

对于有人把共同居住看作一个经济的办法，克鲁泡特金批判说："这完全是杂货商的经济办法。"①

的确，乌托邦传统中的许多社会设计都有着"经济上合理"的动机，比如公共食堂就是。但是，在克鲁泡特金看来，与自由的价值相比，经济合理性的价值当然排不上队。

《乌托邦》中的人民严格分区定居，并轮流到农村住满两年，他们的旅行要得到"摄护格朗特"的批准，"一批出行者组成出发，持有总督的文件，证明他们获得准许外出，上面规定了回来的日期"，"任何人擅自越过本城辖区，被捕经查明未持有总督的文件后，遭遇是很不光彩的；他作为逃亡者被押回，严重处罚。任何人轻率地重犯这个罪行被贬作奴隶。"②

而几个世纪之后的《乌有乡消息》中的人们，则似乎总是在自由地迁徙。《乌有乡消息》中的人物不仅居住是单独的，而且活动也都是单独的、游荡式的，看不出他们系于一个固定的地区，也看不出他们系于某个集体。比如青年女子爱伦一家就是到处搬家的。在这部小说不多的人物里，安排了这样一个家庭，作者有深意在焉。而到处提供给人们免费临时居住的公共住所，也非具有约束性的"大房子"，而是随意来去的"宾馆"。

从《乌托邦》的"摄护格朗特"到《塞瓦兰人的历史》中的"奥斯马齐"，都既是生产组织，也是人的生活组织，它们都无形中限制着人的择业自由和迁徙自由。而到了《乌有乡消息》，则没有这种组织了。自从柏拉图的《理想国》把斯巴达国家作为理想国家的范本，许多乌托邦作品都有"斯巴达"的影子，一直到《塞瓦兰人的历史》仍是这样；而到《乌有乡消息》，则终结了。

在出版于1888年的《回顾》一书中，公元2000年的理想社会尽

---

① [俄] 克鲁泡特金：《面包与自由》，商务印书馆，1997年版，第143页。
② [英] 托马斯·莫尔：《乌托邦》，商务印书馆，1997年版，第65页。

管实行的是国家垄断，在劳动方面实行的是类似普遍兵役制的"生产大军"，但还是明确承认择业自由。劳动者可以按照自己的愿望在不同工种之间选择：如果选择舒适一些的工作，工作时间就要长一些；如果选择较短的工作时间，那么同时就要选择艰苦一些的工作。以减少劳动时间来代替劳动报酬的"价格信号"，虽然有很强的人为性，但它毕竟是在承认"职业选择的完全自由"的基础上建立的制度，具有一定的市场性，而不是强行分配。但是，因为劳动者只有一个雇主——国家，这种"自由择业"的"市场性"又是有限的。按照哈耶克的说法，"如果所有生产资料都落在一个人手里，不管它在名义上是属于整个'社会'的，还是属于独裁者的，谁行使这个管理权，谁就有全权控制我们。"[①]这样的劳动自由与市场社会的自由择业毕竟是不同的。

魏特林《和谐与自由的保证》一书，也有关于劳动自由的设想："每个人都有自由，按照劳动时间的交替，在一个或许多个劳动部门里进行劳动，如果他已取得各该部门的必要的准备知识。""一切劳动，凡有可能，都有可能以每二小时换班一次。"[②]

他在介绍记载自由劳动的"交易簿"时写道："如果一个人一天在两个或是三个不同的企业里完成了六小时的劳动时间，就由每一企业的工长在这一栏上加上同一签注。"[③]

看来，这样的自由劳动近似于"小时工"。魏特林是在自由的观念下设计"交易小时"的概念的："交易小时"（规定劳动时间之外的自由劳动时间）体现着社会和谐与个人自由的平衡。这就是《和谐与自由的保证》这部书的书名所体现的平衡。

当然，这种劳动的自由实际上是有限的，考虑到人们可能为了在自己喜欢的劳动部门里挣"交易小时"而在该行业超时间劳动，从而出现某一行业集中的劳动力过剩而别的行业劳动力不足的局

---

①[英]弗雷德里希·奥古斯特·哈耶克：《通往奴役之路》，中国社会科学出版社，1997年版，第101页。
②[德]威廉·魏特林：《和谐与自由的保证》，商务印书馆，1997年版，第186、187页。
③同上书，第195页。

面，魏特林设计了一种叫作"事业封锁"的办法来限制择业自由。这种"事业封锁"的办法可以由国家引导劳动力流向，比如："如果一个行业，例如收获季节的农业，一时需要很多的劳动者，在这个期间其他一切行业都加以封锁，也就是说在任何其他行业里都不能做交易小时。"[①]——显然，这仍然是计划经济的调节手段，而且是一种强制性的手段。魏特林设计的理想社会所许诺的自由择业，并没有逃出计划经济的手掌心。但毕竟，比起早期乌托邦作品来，魏特林的这部有一半是乌托邦的著作显然更重视人的自由。

法国思想家贡斯当1819年在《古代人的自由与现代人的自由之比较》这篇著名演讲中，着重区别古代人参与公共权力的"集体性自由"与现代人相对于国家的个体性自由。在乌托邦作品表达的政治理想中，不乏"共和国"式的参与式民主政治，但恐怕只有《乌有乡消息》才具有贡斯当所言的"现代人的自由"了。因为，在这本书中，既没有政府，也没有严密的生产组织。

有类似思想倾向的另一位空想社会主义者是18世纪英国的葛德文。在他的《政治正义论》一书中有一篇具有空想性质的文章《政治组织的未来》，文中写道："要制止政权机关的扩大，并消除压迫臣民和违反他们意志的可能性。"他在另一篇《论政府的消灭》中展望了国家消亡的未来："人类每一个深知底细而善良的人，都一定会十分高兴地预感到没有政权和幸福时候的到来。"[②]

也许正因为此，在德国社会主义者麦克斯·比尔所著《社会主义通史》（1922年）一书中，葛德文被称为"无政府共产主义的创设者"。

诉求加强国家政权力量和诉求减少国家政权力量，这两种相反的政治理想是乌托邦著作中过去没有引起注意的一个耐人寻味的区别。

由于以往苏联学者和中国学者，为主流意识形态所限，更多地

---

①《和谐与自由的保障》，第214~215页。
②[英]威廉·葛德文：《论财产》，商务印书馆，1959年版，118页、125页。

注意乌托邦著作中社会性的思想资源（即使注意其民主政治，也多从政治参与的角度着眼），却往往忽略了从人的个体自由的角度考察乌托邦著作。因此，他们对《乌有乡消息》这方面的意义都几乎没有充分注意。

由社会的理想，到人的生活理想，是正常的逻辑，也是乌托邦发展的一个线索。人的理想不可能直接得到；从对现实社会批判中产生的乌托邦，不可能越过对社会的诉求。但是，对乌托邦的关注，则不能止于社会而不达到人。

晚期乌托邦与无政府主义、自由主义

平等的乌托邦对应着人的社会理想、国家理想；而自由乌托邦则是落到了人的个人理想、生活理想。

晚期乌托邦中的无政府主义色彩，与19世纪中叶无政府主义思想在欧洲共产主义运动中传播有关[1]，并使乌托邦式的空想社会主义最终与后来的社会主义国家实践划出了清晰的界限。实际上，在乌托邦思想史的轨迹上，既有空想社会主义、马克思主义，也有无政府主义。

比如，俄国无政府主义者克鲁泡特金的思想就有很强烈的乌托邦色彩。而且，在乌托邦的晚期延长线上，无政府主义具有更多的空想色彩。因为，至少在国家问题上，马克思主义的实践者们比无政府主义考虑得更现实，更严酷；而无政府主义者比马克思主义者

---

[1]参见[法]乔治. 莫朗热：《七月王朝时期的共产主义思想》，商务印书馆，1985年版。

在这个问题上更浪漫。实际上，无政府主义者，尽管他们在夺取政权的问题上主张"扔炸弹"，但无论在苏联和中国，都被排挤出了实践领域，因而也被挤出了历史。"无政府"本身就是一种理想——一种关于国家政权的乌托邦。马克思主义虽然也有 "国家消亡"的理想，但把它置于非常遥远的未来，而无政府主义则要求立即实现。

伯特兰·罗素专门谈到过："无政府共产主义者所想象的未来社会的经济组织同社会主义者所寻求的没有太大的区别。他们区别于社会主义者的是关于政府的问题。"①

社会主义的苏联和中国，在实践中都或多或少有一些乌托邦色彩，但在国家政权问题上，则没有"乌托邦"——不是取消政权或削弱政权，而是加强政权——实行无产阶级专政。

实际上，19世纪法国著名空想社会主义者傅立叶的法郎吉协作制度，就已经是自由人的合作组织了，它以现代股份公司的形式组织起来，共同生产和生活，每个进来的人并不被剥夺原来的财产，并不被要求服从强制性权力，只服从自己的"情欲引力"。在这里，傅立叶"空想"的是一种神秘的"情欲引力"，而不是国家的强制性权力。

被列为19世纪三大空想社会主义者的圣西门在《给一个美国人的信》中有这样一段话：

"各国政府不能再管理人民了，它们的职权将只限于不使有益的工作紊乱。它们将只拥有很少的权力和金钱，因为少量的权力和金钱就足以达到这个目的。"②

平等与自由是两个不能互相代替的美好价值。大多数传统乌托邦都是平等的乌托邦，而非自由的乌托邦。其实，人们不仅对平等永远充满幻想，也自然会对自由永远充满幻想。自由的乌托邦在乌托邦作品史的晚期开始出现，如文学形态的《乌有乡消息》、理论

171

---

①[英]伯特兰·罗素：《自由之路》上，文化艺术出版社，1998年版，第43页。
②《圣西门选集》第一卷，商务印书馆，1979年版，第157页。

形态的诺齐克"元乌托邦"。平等的乌托邦对应着人的社会理想、国家理想；而自由乌托邦则是落到了人的个人理想、生活理想。

乌托邦作品向自由主义的发展倾向是值得注意的。乌托邦与自由主义的关系是怎样的？自由主义如何排拒和接纳乌托邦？我们来看看自由主义思想家诺齐克是怎样论述乌托邦的——学者秦立彦这样评述诺齐克在《无政府、国家与乌托邦》一书中表达的乌托邦思想：

"……不会有一个单一的社会满足所有人的最终梦想。虽然最后的乌托邦是不可能存在的，但是我们起码可以在尘世的现实中找到一个它的暗淡投影。这就是诺齐克所说的乌托邦结构。这是一个元乌托邦，是一个各种乌托邦梦想的最大公约数。是任何乌托邦梦想家都愿生活在其中的地方。这就是元乌托邦。这是种什么社会呢？在这个社会里，不只有一种共同体存在，也不只有一种生活方式，人们加入自己所最喜欢的共同体。虽然有的共同体会更吸引人，有的则不那么吸引人，人们可以按照其所认为的最好的方式生活，只要他不把自己的乌托邦观念强加给别人。这是一个有乌托邦精神的社会，人们像在自助餐厅中那样，选择最贴近他的理想的那道菜；可是从前的乌托邦梦想家却只喜欢给所有人提供一道菜。……元乌托邦其实就是最低限度的国家。"①

在我看来，诺齐克的"元乌托邦"，就其"最低限度的国家"而言，其实已经表现在晚期乌托邦作品《乌有乡消息》等具有无政府主义色彩的作品中了。

---

①秦立彦：《面对国家的个人——自由主义的社会政治哲学》，泰山出版社，1998年版。

从理想的社会到理想的人

喔，柏拉图，在这样一个理想国里，哪里能找到你的完美的人呢？你的理想是合理的，我也希望如此，可惜不存在完美的人。

我们一般说乌托邦，不言而喻是指一个理想社会——强调其"社会"的一方面。我们可能没有想过理想社会中的人是不是很"理想"的问题。按照一般的理解，社会变得理想了，人难道不会理想吗？古代乌托邦思想家也正是这样一个逻辑。

然而，其实是有两种乌托邦的：社会的乌托邦与人的乌托邦。比如我们说康有为的《大同书》是乌托邦，其"大同"只是社会理想的部分，他也主要强调的是这一部分，都从外在宏观着眼。

何怀宏《认真对待乌托邦理论》一文有这样一段话："比方说理想，它可以区分为社会理想与个人理想。社会理想是一种好的社会制度安排，个人理想是指一种好的个人生活计划。而我们所关心的乌托邦理论中的理想无疑是指社会理想而非个人理想。"[①]

这个划分和界定是不错的，但是它没有提到"社会理想中的个人的理想"，即"理想的人"。这也是一般乌托邦作品给人们的整体印象。但其实，乌托邦理想中的一个重要的社会理想，就是"人的理想"。

法国19世纪空想社会主义者勒鲁看出了这个问题，他这样指责柏拉图的《理想国》：

①何怀宏：《底线伦理》，辽宁人民出版社，1998年版，第276～277页。

"喔，柏拉图，在这一个理想国里，哪里能找到你的完美的人呢？你的理想国是合理的，我也希望如此，可惜不存在完美的人。""柏拉图出于他对社会理想的需要而扼杀了人。更有甚者，他根本就没有找到这种理想。"[1]

让我再引一句勒鲁对柏拉图的批判：

"既然在这样的理想国里没有完美的人，那理想国本身又怎能谈得上完美呢？"[2]

这是乌托邦作品史上具有重要意义的反思。他实际上以横扫之势否定了前半段乌托邦史。

对柏拉图《理想国》专制主义的批判，本世纪最引人注目的是波普尔的《开放的社会及其敌人》。波普尔是反乌托邦、反空想主义的，故而有这样的认识。而勒鲁本身就是空想社会主义者，他从批判不平等（当然也是不自由）出发揭示出《理想国》中的人"不理想"，也是难得的。因为，提出完美的人，除了是平等的人之外，还是自由的人。

请看勒鲁的这样一段话：

"他（柏拉图）幻想着使人通过社会人为地生活。事实上，人在生活，而且应该通过社会来生活；但是他应该通过社会自然地生活。对此，我的理想是，人总应该作为人而完满地生活，并且是根据他的本性，甚至通过社会来生活，那么如果社会把人排除在外，不通过人，不归属于人，演变成除人之外的其他什么玩艺儿，人同样无法完满地生活。"[3]

这一段话，应该说是提出了人的自由问题，特别是深刻地通过人与社会的区别、人与社会的真正关系来谈人的自由问题。

实际上早期乌托邦，都是"制度理想"和"社会理想"，而忽略了"人的理想"。比如17世纪英国政治思想家哈林顿的《大洋

174

①[法] 皮埃尔·勒鲁：《论平等》，商务印书馆，1996年版，第99、98页。
②同上，第100页。
③同上，第101页。

国》，也是虚构的一个国家，具有一般乌托邦作品的外在形式特征，但全书完全是冗长的制度描述，没有人物描写。

在《太阳城》、《乌托邦》那些早期乌托邦著作中，我们的视野很不清楚，似乎只能看见物（包括制度），而看不见人。即使见到人，也只是抽象的、灰色的影子，没有生活和事件，更谈不上情感。

而到了"伊加利亚共和国"（《伊加利亚施行记》）和21世纪的英格兰（《乌有乡消息》）、波士顿（《回顾》），色彩丰富起来，视野开阔通明。我们自己的眼睛直接看到了那些与理想社会制度相协调的健康、自由的人——不是被等级和社会分工割裂的人，而是全面发展的人。工匠迪克，只是一名排字工，可他在研究数学，还在写一部关于古代的著作。而另一位气度优雅、穿着"金光灿烂"写小说的青年博芬，则是一名清洁工。而在《伊加利亚旅行记》中，"你要是知道我们乡下人也在他们的屋顶露台上，也就是他们的观象台上进行各种天文观测，那你一定更要大吃一惊了！"

这使我们想起马克思在《德意志意识形态》中描述的人的生活理想——"上午打猎，下午捕鱼，傍晚从事畜牧，晚饭后从事批判"的理想生活。

完美的人，就是全面发展的人。这是乌托邦作品史上人的觉醒、人的理想的觉醒。

全面发展的人，并不是从马克思才开始提出的命题，而是在以前的空想社会主义者的乌托邦构想中已经形成了。葛德文就曾经论述说："人是可以成为完美无缺的……凡是人类所能看到的一切完美的境界或者说卓越地步，除了明显的和毫无疑问地受到身体结构的限制的情况外，人类就有能力来达到。"[1]

顺便说说，葛德文这种对人的完美进化的乐观态度，在当时也曾受到英国人口学家马尔萨斯的反驳："一种具有高度智慧而无需吃饭、无需睡觉的生物，无疑要比人类完美得多，但人类倘若模仿

---

[1] [英] 威廉·葛德文：《政治正义论》第一卷，商务印书馆，1997年版，第63页。

这种生物，不仅无论如何模仿不来，而且还会由于尽力模仿不能仿效的事物，而损害他力图改善的那点理智。"①

欧文就曾这样描述过未来从事农业生产的劳动者：

"他们经过教育养成了最优良的习惯和性格，熟悉科学技术中最有用的办法，他们的头脑充满了最有价值的知识和最为广泛的常识——能够对农业、各行各业、商业和工业方面统筹兼顾、定出措施，并领导执行。"②

后来的德国社会民主党人、第二国际的卡尔·考茨基宣称，社会主义社会中的普通公民都将成为超人；俄国革命家托洛茨基则认为：在那个时代里，"人类将变得无比强壮、聪明和自由，身体变得更加匀称，行动更富于节奏，声音更富有乐感，生活充满了激情和活力。"③

人的乌托邦，不只是抽象意义上的。在以描写见长的《乌有乡消息》一书中，作者莫里斯特别着意地描写了理想社会中人的精神面貌，甚至人的体质、人的外在形象与旧社会的鲜明差别：

"我站在那里，如同梦中一般。我擦了擦眼睛，好像还没有完全清醒似的，半信半疑地以为这些服饰鲜艳的漂亮男女，随时会变成两三个双腿细长、弯腰驼背的男人和面容憔悴、两眼凹陷的丑陋女人。有一个时期，他们日复一日，季复一季，年复一年地踏着沉重的、绝望的步伐，在这块土地上做苦工。然而，变化并没有发生。从河边到平原，从平原到高地，所有的美丽的灰色乡村，在我的心目中还保留着一幅很清晰的图画，想到这些乡村现在都由这些幸福而可爱的人居住着，由这些抛弃了财宝而获得了充实的生活的人们居住着，我的心中充满了喜悦。"

以下的一段更具有文学性：

"我再一次不由自主地朝着浅滩边的那座老房子走去，要是当

①[英]马尔萨斯：《人口原理》，商务印书馆，1996年版，第109页。
②《致拉纳克郡报告》，《欧文选集》上卷，商务印书馆，1965年版，第310页。
③见丹尼尔·贝尔：《意识形态的终结——五十年代政治观念衰微之考察》，江苏人民出版社，2001年版，第305~306页。

我在那通往村子的十字路口转弯时，我碰到一个人，他的样子跟我刚才在教堂里看见的那些快乐的、漂亮的人成了奇特的对比。这个男人看起来很衰老，可是根据我现在已经快忘记的经验来判断，他事实上不过五十岁。他的脸上有皱纹，与其说脏，还不如说晦暗，眼睛迟钝无光，腰弯背屈，小腿干瘦如柴，走起路来一瘸一拐无精打采。他的衣服褴褛，落满了尘垢，这对我来说真是太熟悉了。"[①]

这个细节在书中很有象征意义，小说正是以这个男人的形象，作为主人公从理想社会"梦游"了一场之后又回到旧社会的标志。

身为英国费边社会主义者的科幻小说家乔治·威尔斯也曾有过对人的完美化的想象，"他的小说《在彗星的日子里》(In the Days of the Comet) 就可以说明这一点。在这篇小说里，他想象有的人种因彗星的尾巴从身上扫过，因此在智慧上和道德上都大大提高。他似乎在一生的很多时间里梦想一个因受教育、科学和法律陶冶而臻于完美的种族。"[②]

也有人从心理学上建构人的乌托邦：由心理健康的人组成的国家。

心理学家马斯洛曾经论及"一个心理学上的乌托邦"，他写道：

"最近，在理论上建立一个心理学乌托邦一直是我的乐趣。在这个乌托邦中，人人都是心理健康的，我称之为精神优美。……几乎可以肯定，这将是一个高度无政府主义的群体，一种自由放任但是充满爱的感情的文化。……总之，这些精神优美的居民将会在任何可能的时候表现出宽容，尊重和满足他人的愿望。"[③]

实际上，马斯洛提出"自我实现的人"，就是讨论完美人格，就是探讨人的完美化的可能性，就是一种"人的乌托邦"。这虽然是心理学一途的探讨，"但又必然把我们带入世界观的问题中，带入人生哲学、生活方式、伦理准则、社会价值等等问题中"，因此

---

①[英] 威廉·莫里斯：《乌有乡消息》，商务印书馆，1997年版，第262页。
②[美] 爱·麦·伯因斯坦：《当代世界政治理论》，商务印书馆，1990年版，第163页。
③马斯洛：《自我实现的人》，三联书店，1987年版，第226~227页。

它不能不指向社会："创造的最佳气氛将是一个理想国，或优美心灵的组织，那将是一种社会，是特地为促进所有人的自我完成和心理健康而设计的。"①

这不就是一个乌托邦吗？

实际上，不仅乌托邦小说，许多有着社会进步观念，对未来社会有着美好希望的思想家、文学家，都预先在他们的作品中为新社会准备了"新人"的形象。

法国大革命期间，就有过一场"旷日持久的教育改革重塑新人的辩论"。被国民公会采纳的雅各宾一派的佩蒂埃的教育改革方案充满道德理想："所有的孩子都从父亲身边领走，交由国家教育；教育免费；男孩从五岁到十一岁，女孩从五岁到十二岁，穿同样的衣服，受同样的教育；饮食菜谱有严格规定，禁绝酒和肉类；他们必须割掉与家庭的联系，形成新的人种，爱劳动，有规范，守纪律；他们形成一道不可逾越的屏障，与我们已经腐烂的那一部分人类隔离开来。"②

俄国启蒙思想家们在憧憬一个崭新的社会时，也在为它准备"崭新的人"，比如小说家屠格涅夫《前夜》里的英沙罗夫、车尔尼雪夫斯基《怎么办》中的拉赫美托夫。

然而，俄国宗教思想家别尔嘉耶夫对"人的乌托邦"——"新人"的观念进行了批判。他在《精神王国与凯撒王国》第十章《论永恒的人和新人》中写道：

"新人、新亚当、新生思想，是基督教思想，它在古代世界并不存在。""政治革命，甚至是最激进的政治革命，对人的改变都很小。"

"19世纪和20世纪，在俄罗斯多次显示出对出现新人的要求，几乎每十年一次。……但实质上看，新人并没有出现。"

他认为，尼采的"超人"思想也是一种"新人"观念，"尼采

---

①马斯洛：《自我实现的人》，三联书店，1987年版，译自马斯洛：《人性发展能达到的境界》。
②朱学勤：《道德理想国的覆灭——从卢梭到罗伯斯庇尔》。

的超人思想是对顶峰的渴望，是对人和人性的背叛。"①

此外，西方马克思主义学者马尔库塞也对"新人"寄予了期望。据学者程巍的研究，"在他（马尔库塞）看来，……真正的革命应该是解放个体的内部。自由人才能创造一个自由的社会。"这样的"新人"具有不同的本能结构。马尔库塞曾经把西方60年代的造反学生"视为实现社会主义的社会主义新人"②。

"新人"的思想，并不奇怪也并不特殊，无论它在多大程度上有效，它都是人的正常思维和正常期待。在国际教育发展委员会1972年呈送联合国教科文组织的著名报告《学会生存——教育世界的今天和明天》中，就明确提到了"培养完人"的目标，并明确回答了对"为一个新世界培养新人"③的目标的指责。它毫不回避地指出："任何旨在改变人类命运的基本条件的事业势必包含有一些空想成分。"④

179

①[俄] H. A. 别尔嘉耶夫：《精神王国与恺撒王国》，浙江人民出版社，2000年版，第104、107页。

②程巍：《否定性思维——马尔库塞思想研究》，北京大学出版社，2001年版，第293、294页。

③联合国教科文组织、国际教育发展委员会编著：《学会生存——教育世界的今天和明天》，教育科学出版社，1996年版，第192页。

④同上，第203页。

性，国家的还是个人的？

从柏拉图的"公妻制"到张竞生的"情人制"

傅立叶对道德的批判及其极端化的性观念

从柏拉图的"公妻制"
到张竞生的"情人制"

> "公妻制"是不是性开放，是不是人的性自由？对于乌托邦的考察，
> 这是一个很有意义的问题。

乌托邦作品史上特殊的两性关系，得从一个令人有点尴尬的地方说起，那就是所谓"公妻制"。源头很早，是古希腊柏拉图的《理想国》。而到19世纪中期，据蒲鲁东说，在各种空想共产主义流派中，"一种名叫《人道杂志》的共产主义刊物明确主张公妻制。"[1]

而听起来并不像"公妻制"那么惊世骇俗的"取消家庭"的主张，其实也是迄今为止最激烈的、走得最远的乌托邦空想。它在乌托邦空想中比"公妻制"要普遍得多。

"公妻制"是不是性开放，是不是人的性自由？对于乌托邦的考察，这是一个很有意义的问题。

在《理想国》中，柏拉图借苏格拉底之口说："这些女人应该归这些男人共有，任何人都不得与任何人组成一夫一妻的小家庭。"[2]这是因为小家庭会破坏城邦精神。

---

①[法]蒲鲁东：《贫困的哲学》下卷，商务印书馆，1998年版，第678页。
②[古希腊] 柏拉图：《理想国》，商务印书馆，1995年版，第190页。

因此，这个话题不仅涉及婚俗和性道德，更涉及个人、家庭与国家的关系。

16世纪意大利人康帕内拉的《太阳城》就明确采取了这种制度。

《太阳城》中的两个角色朝圣香客招待所管理员和热亚那的航海家（后者即"太阳城"的亲历者）有这样一段对话：

"管理员：我看这一切固然是非常明智非常美好的，而且是虔诚的，但我觉得公妻制度似乎是一个困难的问题。诚然，罗马的圣克里门特说过，根据使徒的教谕，公妻是应该的；他很赞成苏格拉底和柏拉图所宣传的这种公妻主张。然而，'注释'认为这种公妻制度应该理解为妇女为大家服务，而不是大家公有的妻子……

"航海家：我对于这个问题了解得不多，但我发现，太阳城的人民的公妻制度虽然涉及服务问题，也涉及性交问题，但绝不像一般动物那样，同任何女性都发生性关系；而是像我所说的那样，是为了根据一定的制度生产后代。可是我认为他们的这种做法也许是错误的。"[①]

从这一段对话看，"公妻制"是国家对个人的"性安排"和生育制度的安排，而不是人自己的性自由。在长达几个世纪的乌托邦作品中，由叙述者明确表达"不赞成"其所述理想国家的某一项制度的情况，也属于少见的，足见这种制度并不为作者坦然地视为人的生活理想和美好的东西。

公妻制在此后的乌托邦作品中基本不复存在。19世纪的法国空想社会主义者、《伊加利亚旅行记》的作者卡贝也是明确反对公妻制，主张保留家庭的。该书借书中历史学家狄纳罗给外宾作宣传报告的机会表达了对柏拉图《理想国》中"妇女共有制度"的看法：

"尽管这种主张从我们今天的教育水平、风俗习惯和社会成见看来有点格格不入，但是，在那个人类对妇女、廉耻、贞洁和礼

183

---

① 《太阳城》，商务印书馆，1980年版，第25页。

节的看法与我们今天大不相同的时代，这种主张并没有什么可笑之处。……如果他们是活在今天，肯定就不会提倡子女共有，不会抽签决定短期婚姻，更不会主张实行奴隶制了。"①

　　然而，正是由于这种对家庭的保留的"保留"，被当时乌托邦主义的反对者蒲鲁东抓住了"小辫子"，成为他在理论上颠覆空想社会主义的一个理由："如果您维护婚姻的不可侵犯性，那么，光是这一点您就是在大共有制里制造新的共有制，制造国中之国；就是让家庭登上王位，把家务、私有权、世袭制等一系列与共有制不相容和相矛盾的事物变成家庭的不可分离的属性。"②

　　在蒲鲁东看来，家庭是与私有制紧密联系在一起的，"或者是不要共有制或者是不要家庭，也就是不要爱情。事情只能是这样。"③在《共产主义原理》中，恩格斯正面回应了"公妻制"问题："公妻制完全是资产阶级所特有的现象，现在的卖淫就是这种公妻制的充分表现，因此，共产主义组织并不实行公妻制，正好相反，它要消灭公妻制。"

　　我们暂且放下公妻制和家庭去留的话题，看一看两性关系和婚姻在乌托邦作品中的地位和这种地位的变化。

　　性关系的谨严、保守，尤其是国家、社会对个人的性关系的干预，一直是早期乌托邦的一个特征。

　　17世纪初的德国空想小说《基督城》一书中分别用四个部分介绍了这个理想国家的婚姻、妇女、分娩、居孀，但绝无一字提及离婚。可见在这个基督教国家里，离婚不仅不允许，而且根本闻所未闻。

　　17世纪的法国空想小说《塞瓦兰人的历史》描写了对通奸罪女犯的处罚："其中两名按法律服刑七年，然后再要服刑多长时间则按他们丈夫的意愿来定。"④

①[法] 埃蒂耶纳·卡贝：《伊加利亚旅行记》第二、三卷，商务印书馆，1978年版，第243页。
②见《贫困的哲学》第二卷，商务印书馆，1998年版，第677~684页。
③同上，第681页。
④[法] 德尼·维拉斯：《塞瓦兰人的历史》，商务印书馆，1997年版，第58页。

接着他描写了一名犯不贞罪的美丽的女犯要被当众剥光衣服接受鞭打的情形，令人不忍。但"这毕竟是法律对一种犯罪行为的裁决，这种罪行在当地人中被认为是重罪之一。"

如此保护夫权，当然反映了两性关系的禁锢和不平等。

然而，到了16、17世纪，一些具有乌托邦思想和宗教背景的政治宗派开始向两性关系的禁锢观念发起冲击。据美国学者卡洛琳·麦茜特研究，"这些宗派甚至进一步通过破坏父权制家庭的基础来推进他们的激进思想。作为爱的家庭（The Family of Love）一员的家庭主义者，是1580年以后成立的泛神论宗派，它强调厚道与平和的思想。对他们而言，婚姻从一种神圣的东西变成了一种合同。离婚成为不过是会合之前的瓦解。掘地派鼓吹仅仅基于爱情而不考虑地位和财产的婚姻。喧嚣派向一夫一妻制挑战并相信能够共妻。在喧嚣派和教友会的会议上，在教堂里脱光衣服作为复活的象征是很普通的，男女间的性自由被提倡。"[1]

而这种宗教背景下的性自由倾向对于后来的乌托邦思想和作品是否产生了一定影响，本书没有研究，不敢妄断。

不过，出版于1709年的一部英国书信体的乌托邦小说《满足岛：或一个被发现的新天堂》，却表现出独异的两性关系。首先表现为妇女的地位和自由。这个社会"给予妇女在任何情况下的优先地位——除了家庭管理。她们有优先的选择权，吃喝在先，上床在先，也有选择爱情的特殊自由，不受丑闻或流言的影响。因此男人从不会像在其他国家那样，与他们的妻子对簿公堂，而是由女人自己作出选择。这样一种选择权，即使是女孩的父母也无权干涉，只要她到了15岁。"[2]

在这个"满足岛"上，离婚也比较自由。男女双方在任何时间，"只要有双方都知道的理由，就可以协议完全分开；只要他们

---

[1] [美] 卡洛琳·麦茜特：《自然之死——妇女、生态和科学革命》，吉林人民出版社，1999年版，第137页。

[2] The Island of Content, or, A New Paradise Discovered,《英国启蒙运动中的乌托邦思想》(Utopias of the British Enlightenment)，剑桥政治思想史原著系列（影印本），中国政法大学出版社，2003年版，第12页。

个人还没有与其他人结婚，他们还可以重新结合。"①

值得注意的是，《满足岛》明确提到了"自愿离婚"（willing separation）和婚姻"契约"（marriage-contract）的概念。它是将其作为一种"极好的风俗"（excellent custom）来介绍的。正像那个时代许多空想小说一样，作者在这些"奇异风俗"中寄托的，正是他们的社会理想和进步的婚姻观念。

据英国剑桥大学的"剑桥政治思想原著系列"《英国启蒙运动中的乌托邦思想》一书引言，在18世纪，当女性地位和她们在婚姻中的权利这个话题还没有在社会上广泛讨论的时候，它已经频繁出现在英法两国的乌托邦作品中了。在一部1792年出版的空想作品《公民政府，或社会重建》中，表达了这样的观点："也许，再没有别的比男性对女性的压制更能显示出人类的幼稚了。"②

在18世纪末英国政治作家威廉·霍德森创作的一部政论体空想作品《理性的共和国》中，作者建议，对于那些已经不再有爱情的婚姻而言，为了增进个人幸福，应当"仅仅把婚姻看作是一种民事合同"③。

考虑到基督教国家长期以来把婚姻看作是在上帝面前结下的神圣誓约，这样一种把婚姻"民事化"、"世俗化"的观念，无疑体现了包括离婚自由的婚姻自由的观念。

对婚姻的态度到了18世纪以后的空想主义者那里，确实有比较大的转变。这种转变有两个方向：第一个方向是包括离婚自由的婚姻自由；第二个方向更为激烈：彻底取消婚姻制度。而即使在看似同样取消婚姻制度的主张背后，也有不同的价值诉求：国家强盛，还是个人自由？

19世纪的空想社会主义者欧文首先提出了离婚自由的主张。这是乌托邦两性制度史走向自由的一个里程碑。

---

①《英国启蒙运动中的乌托邦思想》(Utopias of the British Enlightenment)，剑桥政治思想史原著系列（影印本），中国政法大学出版社，2003年版，第13页。
②《英国启蒙运动中的乌托邦思想》，xv页。
③The Common Wealth of Reason，同上，第234页。

欧文在《以不变的自然法为基础的普遍适用的理性宪法》中为自己的理想社会立法，其中第七条为："男女两性都应当受到同样的教育，享受有同等的权利、优待或人身自由；婚姻决定于自然的互相爱慕；这种爱慕应被正确地理解，不受人为障碍束缚；如果在某些情况下婚姻没有使双方得到幸福，那么妨害解除婚姻关系并使不满意婚姻状况的人遭到不幸的那些法律，就应该加以废除。"①

　　他为此还订了离婚条例："如果结婚十二个月以后，双方发觉彼此情意不投，认为他们的结合仍少有希望或完全没有希望带来幸福，那就可以正式声明打算离婚，并在离婚登记簿上注册。不过他们还要同居六个月。过了六个月以后，如果他们仍认为彼此的性格不合，双方都愿意离婚，那就应当在他们以前的离婚登记簿上签名，以完成离婚手续。假如一方反对离婚，则应当要求他们继续同居六个月，以试验他们的感情和性格能否相投，使婚姻幸福。但是在六个月期满以后，如有一方仍坚持离婚，那就应当按照上述手续办理离婚。"②

　　我读到这条的时候，正是2001年2月，全中国正在为婚姻法修改草案议论纷纭，这个草案将在3月的全国人代会上进行审议（是否）通过。其中在无过错离婚及对离婚无过错方的补偿问题上，作为离婚条件的分居时间，是三年好还是两年好，还是更短，也有不同的声音。不管怎么说，这次婚姻法修改意味着离婚的困难比以往得到更大程度的消除，但我看仍然比不上一百多年前欧文的条例。

　　18世纪与19世纪之交的具有空想倾向的英国政治哲学家葛德文则提出了取消婚姻的主张。他认为：

　　"婚姻，像现在所理解的，乃是一种垄断，而且是最恶劣的垄断。只要人为的制度禁止两个人遵从自己思想的指导，偏见就会存在并且十分有力量。只要不是想要通过专制的人为的手段保持享有一个女人，我就是犯了最丑恶的利己主义的罪行。"因此，他断定，"废除现行的婚姻制度看来不会有害。"

①《欧文选集》，第二卷，商务印书馆，1981年版，第138页。
②同上，第142页。

他还提出："在一个合理的社会状态之下，两性交往是否会是杂乱的，还是每一个男人都会自己选择一个伴侣，而且只要双方都愿意保持这种关系他就保持下去，究竟如何这乃是一个具有一定意义的问题。大概后一可能居多。"

他甚至认为："见异思迁，像一切其他暂时未尽到责任的表现一样，并不一定就同非常优越的品格不可调和。"①

葛德文是从人的个体自由出发，反对婚姻制度的。"为了使人类的认识能力得到顺利培养，人们的精神活动必须是互相独立的。我们应该避免这种旨在把我们的见解溶而为一的作法。"

19世纪空想社会主义者傅立叶也是主张取消家庭的。他的价值取向到底是国家、社会的还是个人的，很值得玩味。

他说："显然，上帝希望依照几何学正确性规律使一切东西都是自由和协调的，而我们则采取了家庭制度。在这种制度下，只有专横、虚伪、非正义、不和、压迫；每个家庭里集体利益和个人利益总是矛盾的。"②

傅立叶把社会的最小组织由高级到低级分为：荣誉小组或行会、友谊小组、爱情小组、家庭小组或亲属小组四种，认为，"家庭小组依靠物质的或强制性的联系，而不是基于情欲的、可以任意解散的自由结合。"他还提出了用其他社会组织来取代家庭的观点。

这种以自由之名来取代家庭的观点很值得玩味，其中有着深刻的悖论。以封建宗法色彩形成的家庭、家族、亲属圈，的确对个人自由是一种外在的约束。为了挣脱这种束缚而融入集体——其他的社会组织，不仅是理论上，而且也是人类实际历史生活中自然发生的选择。但是，集体生活，难道不同样是对个体自由的一种束缚吗？

英国政治学家格雷厄姆·沃拉斯在《政治中的人性》一书中说："傅立叶、罗伯特·欧文等人无数次共产主义试验之所以失

①[英]威廉：《政治正义论》第二、三卷，商务印书馆，1997年版，第645、646页。
②《傅立叶选集》第二卷，商务印书馆，1981年版，第119页。

败，主要是因为缺少隐私。共处使人互相感到厌烦。在亚里士多德从经济观点批判柏拉图的共产主义的《政治学》那些杂乱的篇幅里，突出一个同样的论点：'过集体生活诚非易事'；共产主义殖民者总是'就一些最琐碎的事争执不休'。"①

另外，傅立叶要取消家庭的思想中，还有一种十分功利的思路，那就是要抑制人口增长。蒲鲁东在《贫困的哲学》一书中曾经这样尖刻批判傅立叶的这种思路：

"傅立叶说：事实业已证明，妓女成为母亲的情况万中不得其一，相反地，家庭生活，夫妇关心，配偶贞洁却大大有利于生殖。这就是说，只要我们不是成双成对地结合，不是排他地过夫妇生活以致有利于增加生育，而是大家都变成娼妓，人口便得以平衡，自由的爱情，不生育的爱情，反正都是一回事……既然如此，什么家政，什么一夫一妻制，什么家庭，还有什么必要呢？把劳动变成私通，把爱情变成体育锻炼，这是多么荒唐的幻想啊！可是，法伦斯泰尔正是这样的幻想！……"

189

卡贝的《伊加利亚旅行记》虽然是主张公开自由地选择配偶的，但是他的国家主义观念还是使他忍不住在涉及个人情感关系的领域导入了国家利益和国家控制。德国社会主义党人卢克斯这样批评他说："卡贝简直把男女之间的婚姻看作是繁殖兔子一样。有一个常设的专门委员会专门研究下列问题的解决办法：'怎样使人达到完善？'他们终于得出结论，那就是：种族之间的杂交能提高人种的素质。因此'政府不倦地关心并组织尽可能多的混合婚姻：让淡黄头发和黑头发的男女结合起来……'""卡贝所推行的男女强制结合的办法使他陷于很不体面的处境。"②

卢克斯是在19世纪末期批评19世纪40年代的一种乌托邦婚姻观。但是，他和被他批评的卡贝，都不知道20世纪40年代纳粹德国的法西斯主义，也是这样一种强健种族的婚姻观。

---

①[英]格雷厄姆·沃拉斯：《政治中的人性》，商务印书馆，1995年版，第30~31页。
②[德]海因利希·卢克斯：《艾蒂安·卡贝和伊加利亚共产主义》，商务印书馆，1992年版，第66页。

中国的康有为《大同书》继承了西方早期乌托邦取消家庭的传统，主张"男女听立交好之约，量定限期，不得为夫妇"，"不得为终身之约"；"婚姻期限，久者不许过一年，短者必满一月，欢好者许期续约"[①]——实际上也是取消传统婚姻制度，而改为短期的性伴侣关系。也是从人的独立自由的角度着眼的，没有傅立叶的社会功利。《大同书》的雏形文本《实理公法全书》的"夫妇门"更是说："凡男女如系两相爱悦者，则听其自便，惟不许有立约之事。倘有分毫不相爱悦，即无庸相聚"[②]——更是彻底的自由。

中国学者张竞生1925年所作《美的社会组织法》则明言取消婚姻制度，而采取"情人制"。他主要是从两性的独立自由，特别是女性独立自由、女性地位提高甚至"新女性中心主义"的角度阐述这种观点。"例如法律大纲上规定男女以情爱结合即是夫妻，则凡以情爱结合者，不论他是久的，暂的，公开的，秘密的，一夫一妻的，多夫多妻的，凡在他们相互承认的结合期内，则就承认其为夫妻。"[③]这等于把婚姻法的意思自治原则发挥到极致。与此相应，国家和社会对个人婚姻的"权力"，缩减到"承认"。

这一点其实是符合法理的，婚姻法是民法，而民法规范的民事关系就是"意思自治"的。在2001年全国人大为婚姻法修订征集人民意见时，有些学者就提出，婚姻法不应该规定太多的实体性内容（比如中南财经政法大学的乔新生教授）；婚姻双方要求于政府的，只是承认，而非批准（比如中国人民大学潘绥铭教授）。但张竞生还是未免太超前了。

值得注意的是，无论康有为还是张竞生，他们提出"凡男女如系两相爱悦者，则听其自便，惟不许有立约之事。倘有分毫不相爱悦，即无庸相聚"和"情人制"，都是出于个人自由本位的思维，而不是柏拉图的国家本位；然而，当他们提出外婚制、"杂婚之法"以

①《康有为大同论二种》，三联书店，1998年版，第230页。
②同上，第10页。
③《张竞生文集》上卷，广州出版社，1998年版，第241页。

强健种族时，却沿袭了柏拉图、傅立叶和卡贝的国家思维、种族思维、社会思维。后者加强了国家和社会对个人婚姻的介入和控制，与前者是矛盾的。这也反映出他们作为近现代中国乌托邦创作者，所承受的西方乌托邦思想传统本身也是矛盾的。

康有为"杂婚之法"见于《大同书》丁部"去种界同人类"：

"地既迁矣，则与黄人白人杂居，于是创奖励杂婚之格。凡有男子能与棕黑人女子交，女子能与棕黑人男子交者，予以仁人徽章，异其体貌，则杂婚者众而人种易变矣。徽章名曰：'改良人种'。"[①]

在这里，奖励的主体当然是国家。

柏拉图就曾提出，"最好的男人必须与最好的女人尽多地结合在一起，反之，最坏的与最坏的要尽少结合在一起，最好的下一代必须培养成长，最坏的下一代则不予养育，如果品种要保持最高质量的话；除了治理者外，别人不应该知道这些事情的进行过程。否则，护卫者中难免互相争吵闹不团结。"[②]

显然，这也是政府主持下的"良种论"，还有"暗箱操作"的色彩。"我想某些巧妙的抽签办法一定要设计出来，以使合格者在每次求偶的时候，只好怪自己运气不好而不能怪治理者"[③]——说到底还是政府配婚制。

以良种论来看待两性关系和实行政府配婚制，没有什么两性禁锢与开放的问题，有的只是国家对个人权利的剥夺。

应该注意到，20世纪两部世界著名的"反乌托邦"小说中恰恰是没有家庭的，一部是奥威尔的《一九八四》，一部是赫胥黎的《美丽新世界》——尽管前者是禁欲的社会，而后者则是性泛滥的社会。这两部反乌托邦小说都是描写社会控制，描写人的自由被剥夺的状态，家庭的取消在这里很耐人寻味，因为家庭是个人自由的

①《康有为大同论二种》，三联书店，1998年版，第175页。
②[古希腊] 柏拉图：《理想国》，商务印书馆，1995年版，第193页。
③同上，第194、195页。

堡垒。

晚期乌托邦小说《乌有乡消息》、《回顾》、《伊加利亚旅行记》都没有描写家庭的消亡，而是写了独立于集体生活的更自由、更幸福的家庭生活，就是对取消家庭这一种乌托邦思想的反拨。然而，《回顾》一书虽然在情节中描写了小家庭独立的生活，但在叙述中却否定了家庭经济的存在："孩子长大以后，他的劳动所得将增加公共财富，而不是增加他们将要死去的父母的财富，因此，便用公共财富来使他得到良好的教养。你必须了解，不论男女老幼，每一个人的费用账目一概都由国家直接负责，从来也不通过任何中间人，除非父母在某种程度上作为孩子的监护人。"——实际上，家庭已经不再是一个经济单位。个体直接依赖于国家。家庭作为最小社会组织的功能已经减损一半，仅余下血缘、情感的维系。

《乌有乡消息》的第九章是《关于爱情》，与其说是阐述这个理想社会的婚姻制度，不如说是交代了这个理想社会人们对于两性关系的生活态度，因为关于制度的明确表述很少，以至让人疑心没有"制度"这么一回事。小说写了一对重新和好的青年男女迪克和克拉娜。

"'全部的事实是这样的，'老哈蒙德说；'这是一个很短的故事：他们第一次同居两年；两人当时都很年轻；后来她以为自己爱上了另一个男人，于是她离开了可怜的迪克；我说可怜的迪克，是因为他没有找到别的女人。可是这种情况持续得并不很长久，只不过一年左右的时间。后来她跑来找我；她问我，迪克情形怎么样，他快活不快活等等……'"于是，老人把他们两人重新引到一起。

来访者问："你无疑地愿意使他们上离婚法庭；可是我猜想离婚法庭总要时常处理这类事情吧。"

这就涉及到制度了。

老哈蒙德答："你的猜想是毫无根据的，我知道以往曾经有过离婚法庭之类的丧心病狂的玩艺儿；可是你想想看，上这种法庭去处理案件全是有关财产纠纷的事情。我想，亲爱的客人，虽然你来自另一个星球，可是你只要看一看我们世界的外表，也就会知道，关于私有财产的纠纷不可能在我们时代里继续下去。"

下面，又是涉及人的生活态度的阐述：对两性分离的宽容。

老哈蒙德说："……如果那些心存永不分离的人终究必须分离的话，那么他们就分离吧。当男女结合现实基础不存在的时候，提出任何结合的借口都是没有必要的。对于那些自知不可能有永久不变的感情的人，我们也不会勉强他们去表白一种他们所不能真正体验到的感情。这样，以金钱去购买淫欲的丑事既不可能存在下去，那么也不再有需要了。……我们并没有设立什么法庭去强制执行关于男女爱情或感情的契约……我们并没有制订出一套舆论的准则去取代这种法庭；这种舆论的准则如果存在的话，也许会和法庭一样地专制不合理。"

从这些对话看，是不是近乎没有"婚姻制度"？

最开放的两性关系，出现在欧文·华莱士的一部引起争议的现代乌托邦小说《女妖岛》中。这个由英国社会改革思想家与波利尼西亚土著人共同创造的社会，有着独特的性爱制度：

"在女妖岛上有一大屋，叫社助棚。它的作用有二，一是供单身汉、寡妇及未婚女子求爱及性爱用；另一个作用（只不过是有所暗示而已）是我推断出来的，就更独特，甚至令人大吃一惊，那同一些方式有关——我还是从笔记里一字不漏地引用考特尼的原话——'每时每刻为那些需要它的未婚男女提供满足。'不管这话到底表示什么，显然，不会像人们想象的那样无度，那样放荡。考特尼说，社助棚的这种'服务'是合理的，是符合逻辑的，他还说，有严格的规定。对这一问题，他不想多谈，只是说在三女妖，没有肉体上压抑、不快乐的男女。"

就像它的英国创建者丹尼尔·赖特先生在自己的小说中所畅想的"重回伊甸园"一样，这是一个性爱的乌托邦。对于作者来说，它的存在，是对文明婚姻制度的怀疑："您难道不以为，在美国、在欧州，通奸、离婚的事实在太多了。在三女妖，几乎没有此等事情。在我们国内，已婚的人总是太可怜了，得不到休息，令人烦躁。这里可不是这样。外面的所谓文明世界可以从这些被认为是原始人的这里学到很多东西。"

同样在乌托邦作品中，与取消家庭的极端方案相反的另一种方案，就是超大规模家族的组建。魏特林的《现实的人类与理想的人类》一书的第三章为《人类大家庭联盟宪章》，其中"家庭组织系统"条下这样写道：

"家庭组织系统由处于家长监督下的家庭组成。由大约1000个家庭组成一个家庭联合，并选举一个联合领导机构。每10个家庭联合建立一个家庭区，并像前者一样共同选举，或者由联合领导人选举一个区领导机构。每个区领导机构选举一名代表参加大家庭联盟的代表大会；代表大会选举作为大家庭联盟的最高立法机构的议会。"[1]

这样，国家政权实际上是由家庭作为基础和纽带形成的。这与现代社会以个人为主体，社会"原子化"形成的权利格局有很大差异。如此，是加强了个人的权利和自由呢，还是减损了个人的权利和自由？

应该说，这样的家庭联盟与以血缘关系为纽带的原始大家族没有本质区别，但是，相对于现代社会渺小的、原子化的个人在大型社会政治经济机构面前的无权感和实际上的无权状态而言，这样由家庭联盟形成的国家政治，的确给个人的政治权利的实现提供了一个中介。

然而，这样的超大规模的家庭，以这样的政治目的联合起来的家庭，本身已经完全溶入国家肌体，失去了"我想有个家"的那种温暖的个人感觉。恐怕不再是情感意义上的家了。

欧文的理想社会设计则是明确把取消小家庭和建立超大规模家庭结合在一起："彼此独立的利益和拥有私有财产的单个的家庭组

---

①[德]威廉·魏特林：《现实的人类和理想的人类：一个贫苦罪人的福音》，商务印书馆，1979年版，第23页。

织，就是现在无理性的社会制度的主要组成部分。应当把他们同整个制度一起消灭。取代它们的，应当是有科学根据的协作社，由男女老幼按照一定的数量比例组成，人数从四五百人到二千人；这种公社将形成统一的大家庭，每个成员各尽所能，彼此团结互助，而公社与公社之间也用同样方式彼此往来。大概，最好根据各地不同条件，先由三四百或五百人组成这种协作社，同时应该建立和采取一套在完全实现后能够组成一个包括二千或三千人的联合家庭。这种联合家庭是全新的人类社会组织的细胞。"[1]

对家庭的改造其实并不比对国家的改造更容易。一百多年来社会主义在许多国家实现了，国家闹得天翻地覆，但家庭基本上还是过去的家庭，几乎纹丝没动。这是欧文、傅立叶等人所没有想到的。

最后，作为一个对比，我注意到，在20世纪三部最著名的反乌托邦小说《我们》、《一九八四》和《美丽新世界》所展示的未来社会，都是取消了家庭的，每个单独的个人都有自己独立的居室，却没有婚姻维系的家庭制度，因此也就没有人与人之间稳定的、亲密的、相互信任的关系——比如在《我们》中，男女欲行房事，只要到卫生局去登记一个异性的"号码"，领一张粉红色的票子，然后在卫生局通知的预订时间内上门就可以了。在这里，性虽然还保留着，但是，爱情却被消灭了。因为那种"独占"的情感和"独占"的性关系，恰恰是与稳定的家庭相伴。由于没有家庭，个人在精神心理上更为孤独、弱小，更为原子化。我们不难理解作者这一设计的深意：取消家庭，恰恰成为国家控制的手段。

取消家庭是早期乌托邦著作的一个理想，但是，反乌托邦恰恰把取消家庭这个理想的残酷的一面展示给你看。

---

[1] 《欧文选集》下卷，商务印书馆，1965年版，第20页。

傅立叶对道德的批判及其极端化的性观念

> 傅立叶完全放弃了对道德的诉求。在他的著作中，欲望不仅不是克服的对象，而且恰是理想社会得以建立的"杠杆"。他甚至把性吸引的原理运用于军队中，利用"贞洁少女"从军，是为了让她们的追求者一道出征。

一般而言，乌托邦都是道德主义的。乌托邦的建立和存续，是基于人的道德约束或道德提升。由于早期乌托邦的禁欲主义色彩，道德主义的气息更浓厚一些。一些空想社会主义者的著作和乌托邦小说中，不是人被假定为道德完美，欲望淡薄，就是社会物质财富被假定为极大丰富，使人没有占有的欲望。

在18世纪英国作家托马斯·诺思莫尔虚构的理想国家"马卡利亚"中，"人们的品德诚实正直。既没有一个人要求他人支付多于自己货物的价值，也不会有人在他的一打洋芋只值一便士的情况下，接受两便士。""我们幸福，我们满足，我们自由，我们还需要别的吗？"在这个人人勤劳的理想国家里，人们甚至从未听说过纸牌这种打发时间的游戏。当欧洲人向他们介绍这是一种什么东西之后，他们"把它看作是流氓为傻子发明的东西"① 。

为什么是这样？这不仅是因为道德完美的社会本身就是人的理想；而且因为道德本身也是这些理想社会运作的动力。特别是在条

---

① Memoir of Planetes, Or a Sketch of the Laws and Manners of Makar，《英国启蒙运动中的乌托邦思想》(Utopias of the British Enlightenment)，剑桥政治思想史原著系列（影印本），中国政法大学出版社，2003年版，第186、191、195页。

件艰苦、物质还没有极大丰富的时代和社会里，道德是成本最低的动力。

到了18世纪以后，空想社会主义的乌托邦作家们是否注重道德，却截然分为两种不同的态度。

为了突出人类的理性，葛德文竟然把人类两性间的情欲总有一天会被消除这样一种推测作为理想社会的条件。这一点，受到了同时代英国著名人口学家马尔萨斯的批评："在世界存在的五六千年间，从未发生任何趋向于消灭两性之间情欲的事情"，"在消除两性间的情欲方面，迄今却尚未取得任何进展。两性间的情欲今天仍同两千年或四千年前一样强烈。"而且他认为，"性爱的激情同理性或美德并不矛盾。"[1]

魏特林的《和谐与自由的保证》在题目为《一个社会改革的理想》的第二部分的第一章，即明确承认欲望是社会制度的第一要素，并在书中为满足人的多种欲望作出制度安排。

在19世纪三大空想社会主义者之中，有一个人，对人本身和人的道德不寄予乌托邦幻想，这就是傅立叶。

傅立叶的空想社会是物质主义的，为此，他甚至放弃了大多数乌托邦作者所坚持的平等理想。"他的教诲很清楚：'寻找可能的财富，金、银、贵金属、珠宝，以及被哲学家们所轻蔑的奢侈品'。同样，他担心粗鄙化的平等主义将导致毫无特色的单调。展示自己的欲望，甚至等级制度，为所有人所认同，只要大多数人不需为此花费太多。"[2]

傅立叶完全放弃了对道德的诉求。在他的著作中，欲望不仅不是克服的对象，而且恰是理想社会得以建立的"杠杆"。这意味着他至少放弃了一个"道德乌托邦"——传统乌托邦的基点。他以人的"十二种基本情欲"作为动力，毫无谴责意味地列举着不同的情欲，指出他们分别适用于不同的劳动，差不多描述了一个"情欲

---

[1][英]马尔萨斯：《人口原理》，商务印书馆，1996年版，第83页、7页。
[2]Vincent Geoghegan, Utopianism and Marxism, Methuen &co. Ltd, 1987, p19.

乌托邦"。比如："劳动谢利叶将由最受道德谴责的三种动力（他指"计谋情欲即深谋远虑的激情"、"组合情欲即盲目的激情"、"轻浮情欲，或多样化的癖性"）来支配……"①

他是以这样一种功利的视角看待道德的作用的，并举例说：

"任何一个家庭，如果为父母、子女和仆役安排半打不同的膳食，便会破产。正因为这样，所以当父亲的便求助于道德。而道德证明，大家的嗜好应该一样。"而在协作制下，"各个品种的多样性会使烹调工作更经济，使种植作物的产量更高，所以没有必要把道德扯进去抹煞这种爱好。"②

从资源的稀缺性的角度看待道德的历史性，从物质的极大丰富的幻想提出道德的消亡，这也是乌托邦作家中独特和深刻的一种观点。

我们今天把他看作"空想社会主义"，而他自己却采取了一种更"现实主义"的道路。他的道德基点，低于我们中国改革开放以前30年社会主义实践的道德基点。难怪恩格斯在1845年列举德国和西欧各国共产主义运动时说："到现在还有意义的一切方案中，唯一非共产主义的是傅立叶的方案，因为他更多地注意了人类活动的社会组织，更较少地注意人类所生产的产品的分配。"③

傅立叶所设计的"农业协会"，他的理想社会的细胞，恰恰是"用财富和乐趣作诱饵"。从一定意义上说，他甚至有"纵欲"的倾向。他认为"情欲在所有社会里都一样存在"。他认为"哲学家们"提倡的"应该压制情欲"是"双重荒谬"："荒谬之一，在于人们不能压制情欲；荒谬之二，在于如果人人压制情欲，文明社会势必迅速衰退，并回到游牧状态中去。而在游牧状态中，情欲正如目前我们所看到的一样猖獗泛滥，因为我不相信牧民们的道德会超过牧民辩护者的道德。"④

说到傅立叶学说"纵欲"的倾向，他认为表现为不同偏好的每

①《傅立叶选集》第一卷，商务印书馆，1982年版，第140页。
②同上，第167页。
③恩格斯：《在爱北斐特的演说》，《马克思恩格斯全集》第2卷，人民出版社，1957年版，第625页。
④《傅立叶选集》第一卷，商务印书馆，1982年版，第9页

个人的欲望都应该得到满足，"文明社会"——他这样称呼资本主义社会——之所以用道德来限制这些欲望，是因为生产和资源不能满足这些欲望而已。而协作制就能够满足这些不同的欲望。

他举了一个极端的例子：

"甲、乙、丙三个共餐者对面包的口味很不相同，意见完全分歧。例如，在咸淡问题上，甲希望吃很咸的面包，乙喜欢吃半咸的面包，丙则喜欢吃盐少的面包。然而，依照文明制度的习惯，为他们端来的只有一种面包。其实，必须至少使面包有九个品种：就咸度来说有三种，就发酵来说有三种，就烘制来说有三种。"加上人们对产地不同的面粉的偏好，"为了给予三人小组和谐的午餐，为了对他们进行情欲和引力相适应的招待，一共需要二十七种面包。就酒、汤以及席上摆出的大多数菜肴来说，也必须有这样一系列不同的东西。"①

这是不是也太过分啦？对此，他还作出这样一段辩护：

"'好吧，如果在您的经济的新世界中，为了供应三个人的午餐，就需要这样过分讲究，那就永远不可能使他们满足，更不用说使居住全球的八亿居民得到满足了。'

"说这种话的人自己错了。情欲谢利叶的理论就是要提供一种办法使所有这些异想天开的要求，以及协作制度所创造出来的十万种其他古怪的要求——得到满足。"

如果说以往的乌托邦是对道德充分纯洁的空想，而这样的乌托邦岂非欲望充分满足的空想？

在一大批乌托邦作品中，在一群空想家中，这样一个对人的欲望不作乌托邦空想的，甚至持论悲观的观点，很值得注意。以往的研究和关注，可能把这一点忽略了。实际上，当我们自己以往长期的社会主义实践寄望于培养"无私的人"的时候，又怎么可能注意到空想社会主义者中对人的道德发展如此"低水平期待"的观点呢？

应该注意到，尽管傅立叶在协作制的理由上仍然重复了以往乌

---

① 傅立叶选集》第一卷，第147~148页。

托邦作品的"节约论"，但是他毕竟认识到人的消费欲望本身是生产发展的动力："如果不像在生产者中间那样，在消费者中间也养成精致的嗜好，那么，便会失去这种辉煌的成果。如果和谐制度的人要与之打交道的群众谨守道德规范，嗜好单调，吃东西只是为了抑制情欲，可以抛弃感觉上的任何精致的乐趣而屈服于压制一切的道德，那么，和谐制度的人怎样能对产品的每一品种的种植工作大加改进呢？"

在今天看，这已经接近市场经济的观点了。

在傅立叶的著作中，有着太多的欲望的描写，他鼓励一切在今天人们看来是正当或过分的欲望。"在和谐制度下的每个人，不论妇女或男子，从孩提时代起，都将被培养成雄心勃勃，企图称霸世界的人。"他设计了一种让人们像抽彩一样意想不到地获得高位的机会，"例如：一个十一二岁的小姑娘被任命为拥有三四个像法国那么大的国土的某个帝国的儿童队元帅"，"她和她的父亲便从而断定，十二年之后，她就可能成为全球的宠儿。"他甚至为了调动人们的这种欲望凭空设置了许多官阶。

他甚至把对美食的欲望当作是"试验性法郎吉成功的必要条件"。比如他说，"在巴黎可以看到，最好的饮食，毫无疑义，包括国王的饮食在内，也只有三种干酪"，而在和谐制度下作奶酪供应时，一桌"就需要近五十片不同品种新切的干奶酪"。

他的这句话让我想起1958年河南遂平县人民公社的共产主义大食堂，"光红薯都能做十多样的饭"[①]。中国的红薯与法国奶酪相比差远了。但是以做法的多样性来显示生活水平，都属无奈。

仅仅承认人的欲望并非意味着是不道德的或反道德的，但是傅立叶走得更远。他甚至说："道德的秘密就是：道德只不过是一种伪善，它是适应环境的。而一旦能够撕掉假面具而不受到惩罚，它就会把假面具撕掉。"[②]

---

①康健：《辉煌的幻灭：人民公社警示录》，中国社会出版社，1998年版，第93页。
②《傅立叶选集》第一卷，商务印书馆，1982年版，第172页。

因此，傅立叶的理想社会，并不以道德的进步或道德的更为纯洁为条件。

从另一个角度看，傅立叶的反道德立场，从积极的角度上，就是首先承认人的物质欲望本身的天然合理性。然而，傅立叶的矛盾在于，他虽然承认人的欲望，甚至高扬人的欲望，但人的欲望在他的理论中并不是目的本身，而是促进生产劳动和其他国家目的的功利手段。甚至人的两性情欲也一样。比如，他甚至把性吸引的原理运用于军队中，利用"贞洁少女"从军，是为了让她们的追求者一道出征。"而贞洁集团的每一次出征，都按双倍计算，甚至把贞洁少年的女追求者也计算在内。"①——这是一个由恋爱而形成的部队。两性情欲在一般军队里都会被看作是部队战斗力的瓦解力量，而在傅立叶这里竟然被当作促进部队战斗力的因素，你说他还不够"空想"吗？

他还说："我们要记住，这些读起来像是浪漫主义的风习，在使各种各样的恋爱促进生产劳动的成就时，都是以把现有财富增加四倍、把相对财富成二十倍、四十倍增加为目标，财富将随着情欲的自由发扬而增加。"②

正是出于对人们这种"爱色"的欲望的利用，傅立叶甚至提出，"和谐制度的人（只是在一百年之后）将有许多妇女由于对社会有益的协作美德而委身于许多男子。祭酒女郎、舞女、女魔术家和其他负有为军队和商旅服务使命的妇女团体，将由于需要爱色——从她们方面看，这是一种自我牺牲的事情，而国家却由此获得巨大的益处。"③

这等于提倡国家公娼。针对这一点，蒲鲁东称傅立叶为"贩淫者"④。为了所谓国家利益，不惜妇女牺牲色相，傅立叶的理想社会真是国家主义的社会。那么，国家在这种公娼制度中得到的是什么

①《傅立叶选集》第二卷，商务印书馆，1981年版，第82页。
②同上。
③同上，第211页。
④蒲鲁东：《贫困的哲学》第二卷，商务印书馆2000年版，第681页。

样的利益呢？就是降低人口增长的利益。因为在傅立叶看来，高等妓女是极少怀孕的。因此，他把自由恋爱和情人众多，都看成是对生殖力的一种障碍——他竟然是在这样的层次上看待自由恋爱的好处！

他甚至给爱情赋予了消除阶级界限、促进阶级融合的重任——"在青年时代产生的爱情必然把各种地位的人融合在一起，把帝王之尊降到他所追求的牧羊女一样的水平面上。"[①]这未免过于浪漫化了。尽管他自己并没有幻想出一个完全消除阶级差别的社会，甚至在他的"法郎吉"村社里，也还有富人与穷人之别。

傅立叶的法郎吉协作制度是建立在人的"十二种基本情欲"之上的，因此在男女之欲上也比较宽容。比如，在劳动中"安排各小组的联婚，即由于这农作物组合而产生的男子小组与妇女小组的会见，必须特别热心。小组联婚的思想很有趣，一语双关。但是这种会见出于热爱劳动，十分规矩，而且大有裨益。"[②]

可惜傅立叶只言欲望而不涉情感。他在男女关系的实际问题上，立场比欧文保守得多。他在一篇批评欧文派的论文中说："恋爱关系制度所能容忍的变动，只有在政府、僧侣、父辈和丈夫需要这种变动之后才能发生。"[③]完全否定了婚姻问题上男女平等权利。可以想见，这种保守态度与傅立叶自己有神论的宗教态度直接相关，而欧文是无神论的。

说到底，傅立叶自己是矛盾的。从他的基本理论"十二种基本情欲"来看，他是主张对物欲宽容，持一种功利的观点而非道德观点的。比如他就对文明制度下女性贞洁的价值进行了嘲讽。但是对上帝的信仰却使他不能把支配人的权利交给人自己。他的宗教观和他的功利主义在这一点上奇妙地契合：那就是，人，只是对象，而不是主体。人是被利用的，而不是自由的。他明确表示在和谐制度

---

①《傅立叶选集》第二卷，商务印书馆，1981年版，第133页。
②《傅立叶选集》第一卷，商务印书馆，1982年版，第221页。
③同上，第262页。

的初期是不应该有恋爱自由的，这是由于："首先存在着一种障碍，即必须在全球坚决加以根除的梅毒；其次是习惯的政治障碍；但是更大的阻力，则是只要让恋爱稍微享受一些自由的地方立刻就会产生秘密的集体纵欲。恋爱上的放纵与恋爱谢立叶之间的关系，就像毛毛虫与蝴蝶的关系一样，它会摧残情欲谢立叶的一切劳动属性和一切值得尊敬的特点。"这使我想到，两性情欲在他那里本来就是作为"引力"，为了促进劳动生产的，完全的自由恋爱和情欲的放纵，会使"引力"消失，这个目的也就达不到了。

　　傅立叶看待两性情感的眼光是有很功利的色彩的。他说："爱情。它能对劳动提供强大而有效的推动力，在形成爱情谢利叶及恋爱自由和平衡的组织时可以看到，不到两年时间产量即增长百分之五十。我曾说过，这种产量最初将比我们现在的产量增加三倍，而在恋爱自由获得平衡的情况下，会增加五倍。但是，大家都知道，自由地享受这种情欲将是半个世纪以后的事；在此之前，这种享受将仍然处于犯罪的地位。"[①]

　　这时候我们应该想到，傅立叶自己就是他的理想社会的立法者，正是他自己使恋爱自由处于"犯罪的地位"的。他既展现了恋爱促进生产成倍发展的美好前景，又判自由恋爱有罪，这是为什么呢？我想也是因为，得偿所愿的恋爱自由，就会走到终点而失去上升的动力。傅立叶反对家庭，却利用集体生活中的爱情，这样的爱情也会是由于没有"终点"而永远保持"引力"。想一想那些集体生活、集体劳动中的男女，由于有了爱情的引力而更加出色地学习和工作，也是很美的一件事；但是想到这样的美，就是"立法者"为了"国民经济发展"而进行的设计，便会立刻兴味索然。

　　这种把人的基本欲望当作手段来利用，以促进国家和社会目标的思路，今天读来让人很不舒服，它既使我联想到了西方乌托邦的始祖柏拉图的《理想国》中的精英统治论，也使我联想到了20世纪英国作者赫胥黎的"反乌托邦"小说《美丽新世界》——那个并不

---

① 《傅立叶选集》第二卷，商务印书馆，1981年版，第114页。

理想的、被讽刺的"新世界"。在这部书描写的"反乌托邦"社会里，男女之间的性关系是极为自由的，可以说没有婚姻制度，人处于滥交状态。但是，人自己在这个社会中只是被欲望利用的对象，而不是主体。性自由是被作为人们服从国家权威的一种报偿。

因此，无论是性的约束还是性的开放，都不能作为人的自由的一种表征。

傅立叶在一本没有发表的著作《新恋爱世界》中表达了更为激进的性观念。"他认为所有的性表达都有平等的合法性，这并不是从自由宽容的观点出发，而是出于这样一种确信：广泛的和多样化的性活动极大地有益于人类社会。由此，他讨论多样化的性活动的优点（他用"性爱狂"这个词来称呼它们），包括男女同性恋、一夫多妻、一妻多夫、主动或被动的性虐、窥阴癖……""他宣称：'我的使命就是要成为这种性爱狂的冠军。我要教导他们以这些他们并不了解并且将极力隐藏的秘密荒唐行为为荣。'"①

他对社会的道德批判就这样使他走到了性观念的极端。

值得留意的是，傅立叶在社会运行中和成人世界中放弃的道德立场和道德期待，却在对儿童的培养教育中得到了补偿。

"尽管儿童队的工作最艰苦，缺乏直接引力，在所有谢利叶中报酬却最少。……作为一个博爱的友好团体，他们的宗旨就是尽可能无偿地进行自我牺牲的服务。"

"为使这种献身精神增加光彩，人们让儿童有可能从九岁起牺牲八分之一的财产来为上帝或统一服务——这两个词涵义相同，因为统一和和谐都是上帝的目的。因此，拥有八万法郎财产的儿童通常只有在成年时才能处理这些财产；但是，如果他是儿童队的成员，从九岁起就有权从中提出一万法郎存入儿童队的金库……"

这钱干什么用呢？

"在分配收入的会议上，所有的儿童队都让人把自己的现款带来，如果某个谢利叶抱怨亏空支票一两百路易的款项，那么儿童队

---

①Vincent Geoghegan, Utopianism and Marxism, Methuen &co. Ltd, 1987, p19.

领导人便拿出盛有两百路易的一个筐子，放在这个谢利叶负责人面前，这个谢利叶就必须接受。如果拒绝接受，那便是侮辱舆论，因为舆论早有规定，神军为了支持统一，为了纠正人们由于判断而犯的错误，有权牺牲自己的财富。"[1]

在儿童队里实行的这种牺牲财产的朴素原则是不符合资本主义社会的现实原则的，也不符合傅立叶和谐制度的成人原则。为什么会这样呢？显然，在美德和欲望之间，傅立叶有些矛盾。他明白只靠美德无法解决社会动力问题，而只靠欲望则无法实现社会的和谐。于是，他把美德和欲望分开处理，让美德的种子在儿童中种下——"儿童队是一切公民美德的发源地"，而让欲望原则在成人世界中运行，以此取得平衡。如此苦心，也算难得。

---

[1]《傅立叶选集》第二卷，商务印书馆，1981年版，第51页。

政治的想象

从"哲学家王"到国家的消亡

早期乌托邦作品产生于资产阶级政治民主确立以前，在它们的政治想象中，无论统治者是君主还是由选举产生的政治寡头，他们的个人素质和他们构成的政体，都比这些乌托邦作者自身所处时代的政体要更为开明和民主。到晚期乌托邦作品，则体现出了马克思所预言的国家消亡的特征。

所有乌托邦作品都有关于政治的想象。

古希腊哲人柏拉图《理想国》中的政治想象是："哲学家成为我们这些国家的国王，或者我们目前称之为国王和统治者的那些人物，能严肃认真地追求智慧，使政治权力与聪明才智合而为一。"[1]

在后来的乌托邦著作中，这种"哲学家王"似的知识寡头，还有《太阳城》中太阳国的首长——一个教士哲学家。

而《基督城》的政治想象是"三人执政"。"他们集体磋商国家安全问题。每一位首领都有一套议事班子，但是到了固定日期，他们就在一起开会，以便在决定最重要的问题时取得一致的意见。"[2]

其中一位执政也具有"哲学家王"的素质，"大家都认为他的知识非常全面，他的谦逊品质却使他自认为对于万事无所知。"[3]

早期乌托邦作品产生于资产阶级政治民主确立以前，在它们的政治想象中，无论统治者是君主还是由选举产生的政治寡头，他们的个人素质和他们构成的政体，都比这些乌托邦作者自身所处时代

①[古希腊]柏拉图：《理想国》，商务印书馆，1995年版，第214～215页。
②[德]约翰·凡·安德里亚：《基督城》，商务印书馆，1997年版，第43页。
③同上，第56页。

的政体要更为开明和民主。

在一部1764年出版于英国的空想小说中，在一艘从荷兰驶往南美洲建立殖民地的航船起航之前，一个新的理想国家——"萨塞尔"——的政治制度已以通过说服和表决的形式形成了。这有点像是那个"五月花号公约"[①]的真实的历史故事。然而，小说中这个由准备在异乡"按照最好的原则实现自由和普遍福利"的一群荷兰人所选择的国家政体，并不是民主政体，而是君主政体。他们一致选举出一位世袭的总督，只是为了彻底解决由于最高权力的争夺而产生的纷扰。当然，这个世袭总督与传统意义上的君主有所不同，他不能制定新的法律，而只能执行众人在出发之前已经制定的法律。而且，如果他有背叛法律、侵犯人民权利和自由的行为，可由人民审判废黜，尽管继承者只能从他的后代中选择[②]。

显然，这是一个君主立宪的国家政体。

直到1802年英国出版的一部空想小说《布鲁斯的那不勒斯之旅》，其虚构的在地心中的理想国家，也还是君主制的。只不过，它与地球表面人类社会的君主制有很大不同："我们的国王把他们自己看作是和臣民一样的人，并不是像神一样把人民看作是低于自己的种群，而是认为自己的职责就是为人民服务。"[③]

晚期乌托邦产生于资产阶级政治民主确立以后。原来的政治理想已成为现实。它们的政治设计因此也具有一种质疑资产阶级政治民主的倾向。

在19世纪中期产生的空想小说《伊加利亚旅行记》中，新的社会是通过暴力革命到来的，革命领袖伊加尔自然成为"人民选举出来的独裁者"。但是，全书对这位独裁者的描写较少，因为"我

209

---

① "五月花号"是1620年从英国出发到北美建立殖民地的一艘帆船。船上的男乘客共同签署一份公约，立誓创建一个民众自治团体，依法而治。这份公约被看作是美国历史上第一份政治文献。其文很简单，并无对政治、法律制度的具体设计。见《美国读本：感动过一个国家的文字》上册，三联书店，1995年版。

②An account of the First Settlement, Laws, Form of Government, and Police of the Cessares, A people of South America, 《英国启蒙运动中的乌托邦思想》(Utopias of the British Enlightenment)，剑桥政治思想史原著系列(影印本)，中国政法大学出版社，2003年版，第94~95页。

③Bruce' Voyage to Naples，同上，第273页。

们的政治结构是一种民主共和政体，甚至可以说是一种近乎纯粹的民主制度。"人民代表大会是这个国家的权力中心，它"由2000名代表组成，实行一院制，同堂讨论议案，它是一个经常或者比较经常集会的常设机构，代表每年改选半数。""执行委员由一名主席和15名委员组成，其成员每年改选半数，它主要隶属于人民代表大会。""为了便于他们执行这些权力，全国领土划分为100个省，在省下又分成总共1000个面积和人口几乎相等的公社。""所有的法律在人民代表大会讨论之前或讨论之后，都交由1000个公社的公民大会讨论。"①

这个虚构的共和国的人民代表大会制度，看着与中国的人民代表大会制度比较相像，让我们会产生一种亲切感。但须留意的是：与中国的情况不同，它是"议行合一"的，即在人民代表大会这个权力机关之外，并没有一个行政机关——政府。这一点，是它具有空想色彩的方面。据学者研究，这种立法与执行不分的政权组织体制由18世纪法国思想家卢梭首先提出来，并在1871年由巴黎公社实践过，得到了马克思、列宁的肯定，被认为是与资产阶级国家三权分立的体制相对立的民主体制。在中国法学界也曾被认为是"体现社会主义制度优越性的体制或原则"。但实际上，它从未在中国或其他社会主义国家采用过。"一百多年来的实践经验已经证明，由人民代表机关兼管立法机关和行政机关是行不通的，局部的试验也是不成功的。"②

此外，虽然伊加利亚全国人民代表大会由2000名代表组成，在规模上与中国全国人民代表大会代表人数差不多，但考虑到这个岛国有限的领土和人口，这个人民代表大会不能不说是"超大"规模的。其目的无非为了保障人民更多地参与。

德国社会主义者魏特林在1842年出版《和谐与自由的保证》，在该书1849年第三版时，有了这样一条耐人寻味的"重要增补"：

---

①[法] 埃蒂耶纳·卡贝：《伊加利亚旅行记》，商务印书馆，1982年，第55、56页。
②童之伟 伍瑾 朱梅全：《法学界对"议行合一"的反思与再评价》，《江海学刊》2003年第5期。

"最纯粹的民主只有在最完全的共产主义里才有可能。但是，被我们今天称之为民主制度的那种选举方式，却永远不会实现共产主义或促进各种社会问题的解决。"①

　　正是在这些文字中，魏特林明确肯定了过渡时期的"专政"的必要。

　　在他看来，"大多数法国共产主义者倾向专政制度，因为他们很知道，那种为共和党人，或者不如说，为政客们所说的民主政治，是不适合于一个由旧的组织走向一个新的、更完善的组织的过渡时期的。虽然这样，卡贝仍然借用了共和党人的民主政治的原则，但是他很聪明地懂得，怎样在过渡时期内把一种几乎为人看不出来的专政附加在这种原则上。……一切社会党人——除了傅立叶主义者，对于他们来说任何政府形式都是一样的——在这一点上彼此意见一致，即认为人们叫作民主政治的那种政治形式对于年轻的还正是要去付诸实施的共有共享的原则来说，是一个很不中用的，甚至是有害的救急太平锚。"②

　　魏特林在好几个地方表达了他对议会民主的不信任和厌烦（这一点与马克思把议会民主说成"清谈馆"相同）：

　　"自从1830年以来——谢天谢地！——这个多头的、宪政的、共和制的怪物的冗长无聊、令人可厌的、争论不休的议会辩论终于遭到多数人的厌恶了。"

　　在魏特林看来，这是当时欧洲社会主义运动的主要倾向。马克思、恩格斯也是这样。

　　马克思、恩格斯对资产阶级国家议会民主有着很深的感性体验。他们在19世纪50年代为《纽约论坛报》等报纸写的大量新闻评论和通讯，内容多是批评英国议会。马克思不仅阅读大量议会文件，他自己也经常"上会"采访。比如写于1855年1月27日的《议会状况》，就基本上是"昨天下午"的议会见闻，具有很强的可视

211

①[德]威廉·魏特林：《和谐与自由的保证》，商务印书馆，1997年，第314页。
②同上，第315页。

性。第一句话就是："昨天下院会议的风貌和基调使人清楚地认识到，现在的英国议会堕落到什么地步了。"①文中展现了英国议会的噪杂和无效率。

恩格斯在1843年写的《大陆上社会改革运动的进展》一文中对民主制的批判更尖锐："依我看，民主制和其它任何政体一样，归根结底是自相矛盾的，虚假的，无非是一种伪善（我们德国人称之为神学）。政治自由是假自由，最坏的奴隶制。"②

英国议会制度有一套很严格的程序规则，对此，恩格斯多有讽刺，体现出恩格斯厌恶程序，重视实体的倾向："任何一个法律草案在得到国王批准以前都要经过八次讨论。当然，这整套程序仍然是基于对人的恐惧。人们已经相信进步是人类的本性，但是还缺公开宣告这种进步的勇气，人们已经颁布了法律，这些法律应该具有绝对效力，因之它们就给进步划定了界限，而人们利用给自己留下的修改宪法的权利，把刚推出大门的进步又从后门放了进来；在决定承认之前，必须八思其事。但是这种恐惧本身就是毫无意思的，它只能证明满怀恐惧的人并不是真正的人，不是自由的人！"③

这种重实体、厌程序的倾向，在对人抱着理想化观点的思想家那里是可以理解的，但这也是乌托邦的种子。

有意思的是，即使是当代西方的未来学家托夫勒，也对议会民主持尖锐批评的态度："我们一向称之为民主政治的代议制政府，实际上是对工业技术不平等的确认。代议制政府是挂羊头卖狗肉的冒牌货。""代议制政府是工厂在政治上的对等物。""只要他们在玩代议制把戏，人民最好也只有在周期性的机会中，对政府和它的活动，通过投票表示追认，赞成和反对。与此相反，而技术专家的权威们，却可以不间断地对政府的活动决策施加影响。"④

托夫勒所批判的，正是代议制"并没有达到由人民来统治的理

---

①《马克思恩格斯全集》第11卷，人民出版社，1965年版，第9页。
②《马克思恩格斯全集》第3卷，第475页。
③《马克思恩格斯全集》第1卷，1956年版，第689页。
④[美] 阿尔温·托夫勒：《第三次浪潮》，三联书店，1984年版，第136页。

想"。他实际上是寄望于"第三次浪潮"的提供实现这一理想的可能。单从这一点看，他的未来学也有乌托邦的倾向。

为了纠正议会民主的无效率，魏特林自己设计了社会政治组织。这种设计，具有知识精英寡头统治的色彩。社会管理的最高层是一个三人团或三人委员会，"三人团是从最伟大的哲学家同时又具有最优秀的医学、物理学和机械学知识的人之中选举出来的"①。

这个三人团不仅有权规定人们的劳动时间，而且审查一切文学作品，这令人想起柏拉图的"哲学家王"和古罗马的三人执政。他称之为"知识对于管理社会的领导权"或是"知识的统治"。这是一种奇怪的、进步与退化相混杂的设计。

圣西门在《一个日内瓦人给当代人的信》中也表达了这种倾向，他写道："如果你们采纳我的计划并加以实施，那么你们就能经常使二十一个最有文化的人掌握两个最伟大的统治手段：尊重和金钱。"②

213

作为全新的政权形式和"国家"形式，巴黎公社是被无产阶级革命实践过一次的乌托邦，马克思在《法兰西内战》一书中对此评价很高，巴黎公社虽然在社会主义运动史上留下了光辉一页，但它的政权创新却没有为苏联、中国的社会主义国家实践所接受和继承。因为，巴黎公社是自治性的、直接民主制的，它的逻辑是弱化中央集权，而苏联、中国的社会主义国家政权则是强化了中央集权。

恩格斯在《论权威》这篇著名的论文中论及自治原则与权威原则的相互关系，也自然涉及巴黎公社。在他看来，巴黎公社的革命性质恰恰是权威原则的体现，只是权威原则用得不够，自治原则用得嫌多。原话是这样说的：

"革命无疑是天下最权威的东西，革命就是一部分人用枪杆、刺刀、大炮，即用非正常权威的手段强迫另一部分人接受自己的

①[德]威廉·魏特林：《和谐与自由的保证》，商务印书馆，1997年版，第191页。
②《圣西门选集》第一卷，商务印书馆，1979年版，第19页。

意志。获胜利的政党如果不愿失去自己努力争得的成果，就必须凭借它的武器对反动派造成的恐惧，来维持自己的统治。要是巴黎公社不依靠对付资产阶级的武装人民这个权威，它能支持一天以上吗？反过来说，难道我们没有理由责备公社把这个权威用得太少了吗？"①

显然，以巴黎公社作为经验教训的苏、中等社会主义国家，在继承了公社的革命性（权威性）的同时，都摒弃了公社的自治性。从这一点看，他们建立了一个现实的集权体制，而摒弃了一个自治的乌托邦。

罗素把国家仅仅看作社会组织之一，并非唯一主权、绝对主权。这是他的自由主义，一个并非无政府主义又非国家主义的思想。

罗素在《政治的理想》一文中说：

"政治和经济上的大组织是当代世界最显著的特征之一，并且经常运用其权力压制思想和行为上的创新。事实上，只要不出现无政府状态或激烈冲突，他们就应当在可能的情况下提供最大范围的自由。占有和对武力的使用，法律可对他们进行公共管理。除此之外，一个人生活的各部分，他们都不必过问。而且他们应当下放权力，让一些个人和小组织也最大限度地掌握一部分管理权。如果不这样做，这些大组织的首脑们就会由于习惯于使用大权，而变得专横，并且会采取种种方法摧残个人创新能力。"②

所谓"大组织"，罗素指的正是国家。

早期乌托邦就已经表现出国家部分职能的缺失，到晚期乌托邦作品，则体现出了马克思所预言的国家消亡的特征。比如在《乌有乡消息》中，不仅没有法庭和监狱，而且——拿书中人物哈蒙德老人的话说，"我现在告诉你一件叫你大吃一惊的事，作为另一星球的居民，你叫作政府的那种东西，在我们这里已经不存在了"。而

---

①《马克思恩格斯全集》第18卷，人民出版社，1964年版，第344页。
②[英]伯特兰·罗素：《自由之路》下，文化艺术出版社，1998年版，第431页。

且，议会也不存在了，他们把议会大厦变成了粪便市场，"我们现在的议会不是一座房屋所能容纳下的，因为我们的议会就是全体人民"①。

在《乌有乡消息》中，几乎没有提到"国家"二字。只是这个理想社会的主要辩护人哈蒙德老人面对来访者威廉的质疑时这样轻蔑地提到曾经存在的国家——"那把某些往往是迥然不同的、互相倾轧的民族或者部落联盟强迫结合成一些人为的、不自然的集团，而称它们为国家"②。

与此相应的，这个理想社会在地方公共事务的管理中，则执行着公众参与度很高的表达、辩论和议决的民主程序。"比如建造一个新市政厅，拆除一些不合适的房屋，或者建筑一座石桥来代替旧有的丑陋的铁桥"，在区议会的常会上，"一个邻居建议进行这个改革，当然，如果大家都同意，讨论就告一段落，以后需要谈的只是一些细节问题。另一方面如果这个建议得不到'支持'——过去称之为附议——那么这件事就暂时搁置起来。"到下一次的区议会，这个议案在表决时赞成者与反对者如果仍然差不多，这件事就会被再度搁置起来。"如果双方的票数相差很多，区议会就问少数人是否愿意服从多数，在这种情况下，他们常常，不，往往总是表示接受大家的意见。"③

显然，这是一个只有议政机关而没有行政机关的社会——即"议行合一"的政权组织。它的效率恐怕也要低得多。但是，如果一个社会已经被想象得发展得十分完美，它也就不那么需要效率了。

在《回顾》中，"现在政府的作用差不多只限于指挥国家的各种生产。"④而在欧文、傅立叶的"全世界公社联盟"的展望中，都没有把现实的国家作为中介。

而《伊加利亚旅行记》中，则既无中央政府也无市政府，没有

①[英]威廉·莫里斯：《乌有乡消息》，商务印书馆，1997年版，第95页。
②同上，第95页。第109页。
③同上，第112页。
④[美]爱德华·贝拉米：《回顾——公元2000～1887年》，商务印书馆，1997，第151页。

215

行政长官，由基层社会组织（生产组织）——公社，直接对应着省代表大会、全国代表大会及其执行委员会。这样一种设计，与巴黎公社的国家理想差不多。这部小说发表于1840年，不能它说受了1871年巴黎公社"国家实践"的影响，而只能说巴黎公社的"国家实践"和这部小说，都受到了当时流行于法国的"公社国家"思想的影响。

马克思在《法兰西内战》初稿中这样肯定"公社"的意义：

"公社才是帝国本身的真正对立物，也就是国家政权、集中化行政权力的对立物。"

"公社——这是社会把国家政权重新收回，把它从统治社会、压制社会的力量变成社会本身的生命力；这是人民群众把国家政权重新收回，他们组成自己的力量去代替压迫他们的有组织的力量；这是人民群众获得社会解放的政治形式。"

馬克思甚至展望："无论公社在巴黎的命运怎样，它必然将遍立于全世界。"①

这样的展望也是不乏乌托邦精神的。因为，至少到目前为止，统治和管理着这个世界的，仍是各个国家，而不是"公社"。

①《马克思恩格斯选集》，第二卷，人民出版社，1972年版，第411、412、413页。

暴力革命与过渡时期

传统的乌托邦小说总是静态地描写一个理想化的人类。然而，如何从一个不合理的旧社会转变成理想的乌托邦国家，毕竟是一个不能回避的话题。而19世纪的乌托邦作品，则几乎都写到了理想社会形成的原因——革命，以及革命之后的过渡时期。

一个空想的理想社会是如何产生的，早期乌托邦作品，以海客谈瀛州的叙述方式只述"奇闻"，所以没有展示其产生的历史过程和进化的轨迹，也就是说，这些乌托邦著作还没有明确的历史意识。

正如法国学者加泰尼奥所说，"传统的乌托邦小说总是静态地描写一个理想化的人类：这种人类社会早已达到了（怎么达到的？不知道）一种比现今人类生活的世界高级得多的状态，但是，始终都没有明确地指出、也没有包含着人们能够、有可能或将来有可能赶上这种新人类的先锋们的意思。"[1]

也正如美国经济学家熊彼特针对《乌托邦》指出的："也许我们不必把它看作莫尔向往的实际社会计划目标的表现。……真正的困难在于书里不想指出，社会怎样逐渐趋向那个理想境地（除非可能通过信仰上的改变），或者什么是产生理想境地所依靠的真正要素。"[2]

在《乌托邦》一书中，乌托邦岛的纪事史长达1760年，但虚构

①[法] 让·加泰尼奥：《科幻小说》，商务印书馆，1998年版，第37页。
②[美] 约瑟夫·熊彼特：《资本主义、社会主义与民主》，商务印书馆，1999年版，第443页。

的叙述人希斯拉德却没有叙述出其制度的进化史。在《基督城》一书中，虽有专节描写这个城市国家的档案馆，并说"对于这个国家过去的历史，谁也不会茫然无知"，但书中对这个国家的历史实在是语焉不详。只在首章述及"基督城"的由来时，说到它是由一批流亡的基督教徒漂洋过海择地定居而建立的。

通过海外殖民而创立的乌托邦国家，具有一种更"现实"的色彩。17世纪法国作家德尼·维拉斯的《塞瓦兰人的历史》就是由波斯人海外殖民创立的。这与更早的《太阳城》、《乌托邦》那种纯粹"海客逸闻"的区别应该是有意味的。它是由殖民者的文明优势——立法优势与土著民族原始的自然共产主义结合的产物。《塞瓦兰人的历史》也是第一部比较完整地表现了制度创建过程的乌托邦著作。

然而，除了移民海外，以"一张白纸，好画最新最美的画图"的途径之外，如何从一个不合理的旧社会转变成理想的乌托邦国家，毕竟是一个不能回避的话题。

18世纪英国小说家托马斯·诺思莫尔虚构了一个在好望角附近发现的印第安人国家"马卡利亚"。从它的一位参议员伊欧索斯对英国船长的讲述来看，这个理想国家是经历过一场艰苦卓绝的暴力革命，推翻了残暴的专制统治才得以实现的。革命成功之后，这个国家面临政治制度的选择："马卡利亚政府将实行有限的君主制，还是代议制的共和国？"耐人寻味的是，这部空想小说在这个重要的历史时刻安排了两种不同政制的鼓吹者之间详细的论证与辩驳。结果，大多数人支持了采取共和制的意见。这部出版于1795年的英国空想小说，似乎回应着1789年法国大革命的启示。在这部小说中，那个虚构国家的参议员伊欧索斯就鼓励英国航海家回去发动革命。这部空想小说指向现实社会的批判动机不言自明。

而19世纪的乌托邦作品，则几乎都写到了理想社会形成的原因——革命，以及革命之后的过渡时期。这可能是因为，19世纪中期西方主要资本主义国家的社会矛盾的激烈程度几乎都向人们呈现出暴力革命的可能。即使《回顾》一书中，那个睡了113年大觉的叙述者也奇怪，何以没有发生革命就达到了共产社会。

《伊加利亚旅行记》是通过法国大革命式的暴力革命完成的转变，革命的时间设置于1872年6月13日，"经过两天残酷的战斗和可怕的杀戮才推翻了专制政权。"①"那时的伊加利亚，不知有多少百万人死于对内和对外战争，一百多万人遭到流放，三十多万人被军警和刽子手所杀害，十一座城市被焚毁或被破坏殆尽。"②

革命中产生的革命领袖伊加尔被人民选举为独裁者。实际上，伊加利亚正是以他的名字命名的。"有人建议，推举他为终身独裁长官。但是否决这个意见的正是他自己，因为，他认为人民应该习惯于自己管理自己的事务。他甚至连共和国主席的称号也谢绝了，只接受执行委员会主席的职务。"③而且，伊加尔在革命成功16年后就比较早地逝世，此后再也没有提到其继任者。作者的这个安排是耐人寻味的。因为他显然意识到，通过暴力革命产生新社会，必然同时产生威权领袖。但是，威权领袖的长期存在，以及其地位的继承问题，难以解决建设时期的民主问题。革命领袖的权威地位与国家制度的民主化之间的矛盾，是通过暴力革命产生的现实的社会主义国家都会遇到的问题，卡贝通过虚构的情节轻易地解决了这个问题。

在《乌有乡消息》的第17章《变革的经过》中，借哈蒙德老人的回忆，讲述了英国社会如何从19世纪工会运动、罢工、尖锐的阶级矛盾、社会危机，发展到一触即发的暴力革命和内战。从描述看，小说中的政府镇压工人运动的特拉法尔加广场大屠杀，显然是指1819年英国工人运动中曼彻斯特圣彼得广场大屠杀事件——亦谓"彼得卢之战"。内战的结果，"大多数士兵都站到人民一边来了"。"最后，成千上万的人对'叛乱分子'让步了，屈服了。当'叛乱分子'人数越来越多的时候，人们终于认清，过去认为毫无希望的事业现在终于获得了胜利。"④

219

①[法] 埃蒂耶纳·卡贝：《伊加利亚旅行记》第一卷，商务印书馆，1982年版，第58页。
②同上书第二、三卷，第39页。
③同上，第72页。
④[英] 威廉·莫里斯：《乌有乡消息》，商务印书馆，1997年版，第159、160页。

在19世纪初叶到中叶，以英国作为背景，展开暴力革命的设想一点也不奇怪。马克思在1847年还认为："同别的国家比较起来，英国是一个无产阶级和资产之间的对立最为尖锐的国家。"①尽管在真实的历史中，这样的革命并没有爆发。

虽然终于未免暴力革命，但《乌有乡消息》中的暴力革命仍然具有英国的色彩，与法国的有所不同。比如，政府不敢使用资本家组织的临时"警察部队"镇压工人罢工，而"只是通过议会的决议取得了镇压叛乱的全部权力，把越来越多的军队调到伦敦来"；当参加游行的工人"在抢劫商店的时候，警察帮助维持秩序，就像在发生大火灾的时候那样"；工人运动领袖被逮捕之后，"如果不是由于政府不敢负担不经审讯即判处死刑的责任，他们马上就会被那个将军处死的"，因此，"这批犯人还是被送到了有陪审裁判制的法庭去审讯了。在那儿，政府又遭到了一次新的打击，因为尽管法官对犯人提出了控诉，明白地要求陪审团证明犯人有罪，可是犯人终于被法庭宣告无罪。"

这些，都体现了英国的法制和秩序传统，是从英国的历史文化中引伸出来的，不为虚构。特别是由市民组成的陪审团在法庭上违反法官意图，判决被告无罪的有效性，在英国的司法史上是有一些著名案例可证的（参见丹宁勋爵《法律的界碑》）。

另外，"下院代表人民群众的议员很了解这种变动的意义，他们企图在下院采取分组表决的办法来进行斗争"，这在英国19世纪中期宪章运动史上，也是有实例可证的。

正是因为这些历史文化特点，《乌有乡消息》所描写的革命，不像是法国大革命，也不像是俄国革命和中国革命，它更温和一些，也更容易一些。政府总是在"合法"的基础上寻求妥协，而妥协也正是英国政治史的特点。"正是由于政府承认了工人组织的合法地位，因此在一般的意义上所谓的内战才有可能发生。这使得这

---

① 《马克思恩格斯全集》第2卷，第548页。

场斗争不至于一方可以肆无忌惮地进行屠杀，另一方唯有忍耐和举行罢工。"

而19世纪中期欧洲多部空想小说和政论关于"过渡时期"的描述，则是与恩格斯的《共产主义原理》中关于不可能"一下子废除私有制"的理论相契合的。这使它们在一定程度上超越了玄想的色彩而具有了一种严肃认真的现实态度。因为这意味着作者意识到暴力革命不可能在某一天晚上就把全新的制度普遍推行。

在"伊加利亚"革命成功之后所宣布的过渡时期社会制度的原则共二十三条：

"一、绝对平等、财产公有和义务劳动的制度只有经过50年才会完全实现；二、在此50年内，所有权加以保留，劳动仍是自由的和随意的；三、现有的财产是不可侵犯的，不管它们是如何不平等。但是，从现在起对新取得的财产实行逐步消灭不平等和逐步发展社会平等的制度……"[1]

这是因为，革命领袖"伊加尔认为，不应该立即消灭私有财产、货币和财富不平等制度马上代之以财产共有制，因为，富人和私有主们（不论大小私有主）思想上肯定都浸透着他们的旧习惯和旧成见，如果没收他们的财产，即使是另给他们分配别的财富，他们也会像被剥夺了生命一样难以忍受，这样做会使他们感到痛苦，因而违背了新社会原来的目的。同时，还会把他们推入绝望的境地，迫使他们起来反抗、阻挠和破坏社会改革。"[2]

不过，伊加利亚的过渡实际上并没有50年，而是随着人民觉悟（尤其是富人的思想观念）的提高而比原计划大大提前了："出现了成千上万要求缩短过渡时期的请愿书，为首签署这些请愿书的甚至还有富人；同时，准备工作也确实进行得很迅速，所以，原定的50年过渡时期先是缩短为40年，后来又减为30年；最后，到了1812年，也就是革新的第30年和伊加尔逝世后14年，共产制度终于完全

221

---

①[法] 埃蒂耶纳·卡贝：《伊加利亚旅行记》第二、三卷，商务印书馆，1978年版，第73页。
②同上，第51～52页。

地、最终地建立起来了。"①

对于这样漫长的过渡时期，德萨米在《公有法典》第19章《关于过渡时期制度的对话》中表达了他对"伊加利亚分子"的质疑：

"你们用你们不彻底的办法是不能使任何人得到满足的。在特权的最后残余未消灭以前，人民总会担心它们死灰复燃；人们任何时候都不会对他们完全表示信任的，然而这种信任却是你们必须的。至于你们打算一步步地、或一下子加以消灭的贵族阶级，他们同样会对你们怀抱恶感的。反之，你们势必要给他们带来经常而日益增加的创伤，却每天都会增加他们对过去的留恋，加强他们的仇恨。能否认为，他们作为所有权和货币的所有主，会放弃一切的念头，会放弃利用你们的无知而仍留在他们手中的武器的任何尝试，他们会不会去秘密策划成千上万件毒辣的阴谋（诽谤、叛变、投机倒把和制造饥荒等等）呢？"②

这个问题就与中国的革命和建设所面对的实际问题相关了。因为中国的新民主义革命与社会主义建设之间也有一个过渡时期；德萨米的忧心也曾是我们的忧心。德萨米提供的解决办法是："从敌人手里夺走使特权复活的唯一有影响力的手段和唯一的暴政神经即所有权和货币，不就是立即消除这些危险的最好方式吗？"③

但是，德萨米仍然比我们乐观一些，他认为以上的办法就够了，"共产主义没有使用暴力和强制的任何打算，也没有这样做的任何必要。"也就是说，他并没有得出必须实行"无产阶级专政"的结论。

在所有的乌托邦设计中，法国18世纪空想共产义义者巴贝夫的思想算是较为激烈的，但即使在他的"过渡"设计中，一切财产转归国有也要50年——他是通过不允许继承来实现的，而不是通过对私有财产即时的剥夺。

---

①《伊加利亚旅行记》第二、三卷，第87页。
②《公有法典》，商务印书馆，1964年版，第285页。
③同上。

在《伊加利亚旅行记》中，尽管所有权制度50年不变是一个比较漫长的过渡时期，但是，伊加利亚人弃旧图新的精神，以及与旧世界彻底决裂的观念，却不能不给读者留下深刻印象：

"事情就像旧的一切全都是祸害与灾难似的，不论是度量衡、时刻、行政区域，或者是事物名称风俗习惯，几乎一切的一切，我们都加以改变。这是一场全面而剧烈的革命，一次真正的革新。"

"人们甚至连自己的姓名也去旧易新，就像一个新的民族完全取代一个旧的民族似的。整个国土也显得焕然一新，因为所有的省份、城镇、道路和河流全都换上了新的名字。"①

这一点，也许是对18世纪末法国大革命场景的反映："1793年夏秋时分，改地名活动进入高潮。为数3000个以上的市镇一夜易名，如凡尔赛改为'自由摇篮'……"②

而这对于经历过"文革"期间"破四旧"的中国人来说，是不是有一种似曾相识的感觉？那时候，我们中国城市街道的名字也差不多全部改掉了。

魏特林《和谐与自由的保证》一书第二部分《一个社会改革的理想》专有一章是《可能的过渡时期》。这种过渡首先是以革命和取得政权为基础的。在他提出的"一个革命政府在推翻了旧势力之后所应该立即采取的"15条措施中，就包含废止金钱、取消借据、债券、没收逃亡者田产等财产剥夺措施。还有一点值得注意，"对于生活在共有共享的集体中，但是不属于战斗部队的个人，法律一律废除"③。这些措施，有的显然也是继承了巴贝夫的思想。

在巴黎公社1871年4月17日的《公报》上，就有将逃出巴黎的企业主所遗弃的停工工场移交工人生产协会的法令④。这可以看作是对巴贝夫、魏特林有关过渡时期生产资料处置方法的继承。但是，巴黎公社的这种做法并不是无条件剥夺，而是在法令中规定："在上述

---

①[法]埃蒂耶纳·卡贝：《伊加利亚旅行记》第二、三卷，商务印书馆，1978年版，第79页。
②朱学勤：《道德理想国的覆灭——从卢梭到罗伯斯庇尔》，上海三联书店，2003年版，第254页。
③[德]威廉·魏特林：《和谐与自由的保证》，商务印书馆，1997年版，第274页。
④《巴黎公社会议记录》第一卷，商务印书馆，1961年版，第268页。

业主归来时，应由仲裁法庭裁定将工场最后转交给工人生产协会的条件，并裁定这些生产协会应付给业主的抵偿数额。"看来，巴黎公社的"过渡实践"比空想社会主义者的"过渡理论"更注意有一个合法程序。

而《巴黎公社会议记录》有一则附注指出："这个法令的原则意义是很大的。这是走上社会主义改造道路的第一个重大步骤。至于命令规定如果业主返回巴黎，将以货币抵偿业主这一点，是没有实际意义的，因为如果公社战胜凡尔赛，业主们当然不会回到巴黎来。将被遗弃的企业直接交给工人协会管理（而不是交到无产阶级国家政权的公社手里），则符合当时法国社会主义者对于向社会主义过渡的道路的流行理解。"[①]

这段附注可能源自苏联原版编辑，但显然有着中国社会主义实践（即剥夺资产所有者）背景的印记，它对巴黎公社对生产资料的处置中程序上的合法性没有给予充分重视。而其实，这恰是值得注意的区别。有另一点为证：那就是巴黎公社在1871年4月17日通过的一项决议和法令，涉及"过渡"时期债票的偿付问题[②]，表明公社对革命前的债务关系是承认而且保护的；而在温斯坦莱、魏特林的"过渡"设计中，这种债务关系是要在革命中废除的。

关于过渡，魏特林认为："最值得希望的过渡当然是这样：一旦由于任何某一国家的革命而由某一个人掌握了政权，这个人以最大的热忱倾心于我们的原则，把他的幸福、他的荣誉、他的生命都寄托在实现这个原则上。但是这样一个人是要到来的，并且他将领导那旧制度的破坏和新制度的建立；而这样的一个人将是第二个救世主，比第一个救世主更伟大。"[③]

他甚至设想："现存事物的倾覆很可能通过一个君主来进行。""这个君主不论是来自哪里，来自皇家的宝座，也可以来自小民的茅舍；如果他连同他的皇冕和王笏一起把利己主义的偏见和特殊利

---

① 《巴黎公社会议记录》第一卷，商务印书馆，1961年版，第281页。
② 同上，第285页。
③ 《和谐与自由的保证》，商务印书馆，1997年版，第272页。

益一齐抛掷到垃圾堆里去，这个英勇的斗士，直到社会完善地组织起来以前，就是一个应该受到我们欢迎的独裁者。"[①]

这种"救世主"情结或曰伟人情结，并没有越出《基督城》、《伊加利亚旅行记》的水平——比起《伊加利亚旅行记》让革命领袖伊加尔自己否决"终身独裁者"的建议，并为其安排"早逝"的结局，魏特林的认识似乎还要低一些。因为，他为了一个新社会的到来而不惜牺牲民主的价值，尽管他也认为"这个伟大的救世主将会在一种不声不响的谦退之中听命于这个新的统治"[②]。

魏特林在革命和过渡时期对"救世主"的期待，可能是因为他希望尽量避免流血的革命。他写道："革命是永远会有的，只是它不一定永远是流血的革命。""如果一旦我们能得到一些掌握某一个政府政权的人物，这些人愿意实现我们的原则，那末我们就可以没有流血的革命而赢得我们这一局。"[③]

与此相应的是，魏特林放弃了那种使全体人民普遍理解社会变革的企图，说："我们单凭利益就能争取到人民大众。"[④]

魏特林还说："以一种过于漫长的秩序去进行过渡，这不是一个可取的办法。如果人们手上有了力量，就必须一下子把蛇的头打烂，也就是说不是要在敌人中造成流血屠杀或是掠夺他们的自由，而是要把他们用来危害我们的手段夺取过来。"[⑤]

如果这种要夺取过来的手段确指国家机器和生产资料的话，那么魏特林说的已经不是乌托邦了，因为已经被苏联和中国的社会主义国家所实践了。在读魏特林这部书和卡贝的《伊加利亚旅行记》时，我们会觉得乌托邦离我们其实不远。

在魏特林的"过渡时期"，"革命是我们所必须的"，只是它不一定是流血的革命"。而且，就"共有共享"制度扩展并非通过暴力直接消灭旧制度的企业，而是以分散的形式，通过制度的优越性（其

①《和谐与自由的保证》，商务印书馆，1997年版，282页。
②同上，第289页。
③同上，第261、279页。
④同上，第232页。
⑤同上，第267页。

次才是政权力量）来逐步挤压旧制度的生存空间，例如：

"每个在旧制度没有工作的人，或是工资很低的人，都会乐意加入共有共享的集体，在那里他们穿得更好，吃得更好，又不需要做过强的劳动，他和他的家庭从此消除了一切顾虑……这样，所有继续生活在旧制度里的人，如果他们需要劳动者，就必须提高劳动者的工资，并且即使在还没有实行这个制度的地方也使他们不能不付出更适当的报酬。但是他们不可能，特别是不可能长久地这样做。而且行政管理机关以及全部共有共享的集体丝毫不买他们的东西的时候，他们就更不能维持。因此他们，如果不是很富裕的话，在短时期内也就不得不被迫加入共有共享集体，或是带着他们的钱跑到外国去。"[①]

这是一种一半借助制度的优越性，一半借助政权力量来扩张社会主义因素，以挤压私有制生存空间的途径。

在中国解放后的实践中，很自然就会发展到这样一种程度："据《东北日报》1950年5月19日报道，在辽西、辽东两省新解放区和吉林、松江两省的一些老解放区，有关部门采取了各种方式排斥单干农民。如，单干户出门不给路条，开荒时不准先占场子，及不给贷款、贷粮、贷农具，供销社不卖给任何东西，使单干农民不仅生产上寸步难行，而且人权上受到歧视。"[②]

在路易·勃朗的《劳动组织》一书中，也涉及了通过不同所有制企业间的竞争来发展社会主义的"过渡"思路：

"在主要工业，例如机器工业、丝绸工业、棉纺工业或印刷工业中，都会有一个社会工场和私人工业竞争。这一斗争是否能继续下去呢？不能。因为社会工场比起一切私人工场来，有它的有利之处，这种有利之处是共同经济生活的结果，并且是一种组织方式的结果，在这种组织方式中，所有工人都毫不例外地关心生产得好和生产得快。"[③]

①《和谐与自由的保证》，商务印书馆，1997年版，第275页。
②冯志军：《刘少奇与毛泽东》，香港皇福图书，1998年版，第181页。
③[法] 路易·勃朗：《劳动组织》，商务印书馆，1997年版，第81页。

这种自信，我们中国人几十年里都曾经拥有过。只是路易·勃朗坚信能够"用社会工场来逐步而和平地兼并那些私人工场。政府不会像今天的一切资力雄厚的资本家那样，充当市场的主宰和暴君，而是将成为市场的调节者。"我们当年就没有那样地有"耐心"，而且我们的"过渡"设计中也不包括市场。

在这种制度自信基础上，通过经济竞争实现过渡的思路，中国共产党也曾有过。1948年12月，刘少奇在华北财经委员会作报告时讲到：新民主主义的经济政策，是无产阶级与资产阶级竞争的政策，经过经济竞争，到十年、十五年后，大势所趋，消灭资本主义，过渡到社会主义。[①]

魏特林还设想了一种通过"表决"来推进"共有共享"制度的方式："在每个村镇，每个城市，和每个地区里，凡有四分之三的居民决议，把他们的田产交归共有共享的集体，其余的四分之一居民必须顺从办理。"

如果说这种"少数服从多数"的形式还是以民主方式推进共有制度的话，在这里，魏特林却毫不避讳地为行政力量的干预留出了空间，他说：

"人们再想一想，行政管理方面具有怎样强有力的手段，在凡它认为必要的地方，就可以集合起四分之三的多数。那里缺乏这种多数，它只要把它的共有共享集体的分子迁几百或几千名到那里去，就可以确保这种多数，但是有钱人却不能这样办，因为这要花费他们太大的牺牲。"[②]

这种最终诉诸政权力量，甚至不惜大量集体移民的方法，必然隐含着对全体人民生活的干预。

在过渡阶段，魏特林设想到生活资料的匮乏，因此设计了一种以节约为目的的配给制。"甚至劳动时间在最初两年内也不能立即减少到每日六小时"[③]。

---

①冯治军：《刘少奇与毛泽东》，香港皇福图书，1998年版。
②[德]威廉·魏特林：《和谐与自由的保证》，商务印书馆，1997年，第278页。
③同上，第267页。

无论是《伊加利亚旅行记》那样的小说，还是《和谐与自由的保证》那样的政论，对"过渡时期"的设计，都体现了后期乌托邦著作一种更"现实"的历史态度。它们更接近于20世纪的社会主义国家实践所面临的问题。对这方面的设想，他们甚至比同时代的马克思说得更多。就革命之后过渡时期的某些细节的接近程度而言，我们与其说更接近于马克思，倒不如说更接近于这些乌托邦著作的准确预言。

　　涉及"过渡时期"的乌托邦作品大多并不涉及共产主义制度向国外延伸进而实现全世界共产主义的设计。但是，19世纪法国空想社会主义者德萨米的《公有法典》和卡贝的《伊加利亚旅行记》都对此有所涉及。

　　《公有法典》中就有"派遣三十万到四十万军队出国，以歼灭一切反共产主义的政府，使其丧失能力。以至多经过十年的战争来逐渐解放一切民族。——完备的，全人类的公有制"、"伟大的人民有使公有事业获得胜利的可靠办法，至多往国外派遣三四十万军队，用不了十年战争就可以使各国人民得到普遍解放"[1]之说。

　　而《伊加利亚旅行记》这部理想小说的最后一章是《伊加利亚为在世界建立共产制度而进军》，描写了伊加利亚人民代表大会向世界武装输出制度的庄严决议，其中包括：

　　"应该首先到法国和英国而不是别的地方去树起共产制度的旗帜，因为从法国或者英国这样的大国开始，就能把这面旗帜插遍整个欧洲，从而一举解放整个世界。""让我们向英国和法国声明：如果它们之中哪一个宣布实行共产制度，而欧洲其他国家竟敢向它发动战争的话，共和国将派出一百万人和送去二十亿法郎供它国调遣使用。"[2]

　　顺便说说，早期的"岛屿乌托邦"，如"乌托邦"、"太阳城"等，都是高墙深堑，防范有加，甚至隔绝了与外面世界的一切往

　　①[法] 狄·德萨米：《公有法典》，商务印书馆，1964年版，第287页。
　　②[法] 埃蒂耶纳·卡贝：《伊加利亚旅行记》第二、三卷，商务印书馆，1978年版，第358页。

来，以维持美好制度的存续。而到了晚期乌托邦《伊加利亚旅行记》，则有如此开阔的胸襟和自信心："让我们向全世界宣示我们的原则；让我们向全球各国派遣使节；让我们与一切自由民族结成联盟；让我们号召外国人到我们这里来亲眼看看我们的幸福情景。"①——这就是那份在伊加利亚全国代表大会上被通过的议案的内容。

在一个国家里首先实现理想制度，还有一个可能遭受外国干涉的问题，这也是过渡时期的重要问题。《伊加利亚旅行记》也写到了：伊加尔建国之后，"四邻国王勾结起来，对伊加利亚发动了一场残酷的战争。伊加尔在几经周折以后，终于取得了决定性的胜利，并在一次各国人民国际会议上与各交战国缔结了一项全面和约。"——这几乎是苏联历史的预言。

革命之后会有一个"过渡时期"，而不主张革命的欧文，在他设想的由旧社会到新社会的和平变革之间，也设想到了过渡。他在1820年《致拉纳克郡》的报告中写道：

"报告人对于行将建立的科学所具有的长期实际经验使他深信，为暂时的过渡阶段作出安排非但是有用的，而且是绝对必须的。我们在旧制度下获得了许多的坏习惯，在过渡阶段可以毫无不便地把它们逐步丢掉并换上新的、改良了的社会所要求的习惯。这样我们就能准备好条件，不声不响地、毫无斗争地消除使他们以及各个国家彼此不了解、同时也不了解自己的一切地方性的错误和偏见。旧社会所产生的习惯、性情、观念和随之而来的感情像这样就可以平安无事地自然泯灭。"②

在过渡的问题上，看来欧文比前面所述的那几位空想家更浪漫。

相信社会主义必将代替资本主义，当代西方经济学家熊彼特详细设计了如何"坚定地、安全地、温和地实现过渡"的方案。

---

① 《伊加利亚旅行记》第二、三卷，第358页。
② 《欧文选集》第一卷，商务印书馆，1979年版，第337页。

他写道："资本主义过程为社会主义塑造事物和灵魂。在有限事例中，它塑造得如此完善，以致最后一步不过是一个形式。可是即使在那种时候，资本主义制度本身不会变成社会主义制度；这样的最后一步——正式通过以社会主义作为社会的生活准则——还必须采取（譬如说）修改宪法的形式来实现。"[1]

他甚至想到了社会过渡中大规模的职业转移，例如律师，"因为有些人在资本主义产业中能发挥作用，在社会主义经济中不再有用武之地。"[2]

看着一位当代西方经济学家一本正经地论述着这种可能性，我不能不感叹乌托邦精神的持久生命力。

230

从"新村"到世界——乌托邦的扩展模式

> "随着新村数量的增加，应由几十个、几百个以至几千个新村结成联盟，直到联盟普及整个欧洲，随后再普及世界其他各洲，最后把全世界联合成为一个只被共同的利益联系起来的伟大共和国。"

乌托邦的"实现"，除了在时间维度上有一个"革命与过渡"的问题，在空间维度上还有一个"扩展"问题。

乌托邦在世界范围内的扩展，除了像《伊加利亚旅行记》设想的那样，主张"输出革命"之外，也许还有一种和平的方式。

其实这些乌托邦作者也许并非从一开始就以国家作为悬想的规

①熊彼特：《资本主义、社会主义与民主》，商务印书馆，1999年版，第330页。
②同上，第333页。

模，他们更直接面对的，只是一个局部、微观的社会实验。但是，空想的逻辑使他们不能不被带到世界的层面。

那么，我们还是从局部说起吧。

乌托邦的描述，大到生产制度、分配制度，小到服饰和建筑细节，那些乌托邦的创造者，往往是巨细不遗的。一个纸上的乌托邦，"大而化之"的美好描述似乎是容易的，但仍然不能避免经受逻辑的诘问；然而，真诚的乌托邦都不是拿来当画儿看的，都不是被作者用来当作远方止渴的梅林，而是把它们当作人类可以向往的，可以实践的目标，因此，他们都不肯放弃"基础部件"的真实性。这是乌托邦文本在微观上苦费心思的一个原因。

19世纪德国社会民主党人海因里希·卢克斯博士在评论卡贝的《伊加利亚旅行记》一书时特别说到细节描写的意义，并说："这是一切乌托邦主义者的特点。""对伊加利亚人的居住情况，作者也是满怀善意、不厌其烦地作了描写，他不疏漏任何一个细节。我们周游各地，从地窖到屋顶，无一遗漏。我们进了食堂、厨房、寝室、澡堂；我们看到了壁炉上竖着的设计者的雕像，他们设计的设备，为完美的取暖和防火作出了贡献，这也是政府为各家所提供的。卡贝甚至还引我们进入厕所作观察，这里没有臭气……这些细节的描述对于共产主义能否实现的问题显得毫无意义，但是这一切对饥饿的贫民来说却具有明显的意义。"[1]

卢克斯所揭示的"美好的细节"的意义，其实是《伊加利亚旅行记》19世纪中期法国现实社会背景下的吸引力。实际上，正是一部《伊加利亚旅行记》所虚构的美好生活，使得一批贫苦的法国人背井离乡、变卖家具，跟着卡贝到北美荒寒的土地上去创造书中的理想社会。这就是所谓"伊加利亚运动"。

欧文、傅立叶这两位思想史上著名的空想社会主义者，没有像那些乌托邦小说的作者那样在纸上建立自己宏观的理想国家，却一

① [德] 海因利希·卢克斯：《艾蒂安·卡贝和伊加利亚共产主义》，商务印书馆，1992年版，第51、52页。

直在大地上进行了自己的微观实验——合作工厂与合作新村。而像卡贝这样已经在纸上建立了一个完美国家的人，却也不避艰辛在北美的荒原上创办在规模上远逊于他的"伊加利亚共和国"的拓荒公社——共产主义移民区。实际上，在19世纪40年代的法国，对应着《伊加利亚旅行记》这部小说的，是一个几十万人规模的"到伊加利亚去"的运动。对于他们而言，乌托邦的整体画幅是用来自励和激励他人的，但是通向理想社会的路，却必须始于一个工厂、一个公社的实验。相对于我们所熟悉的横扫一切的疾风暴雨般的革命而言，这真是一条太远的路啊。

一般而言，人们认为乌托邦的作者，那些被称作空想社会主义者的人们只是一些空谈家。对于个体而言，宏观的社会设计当然只能流于"空谈"。正如卡贝的批评者卢克斯所说："乌托邦主义者之所以成为乌托邦主义者，原因在于当资本主义还没有充分发展，他们无法作别的选择。他们被迫只能在自己的头脑里对新社会结构的各种细节作出自己的设想，因为在旧体制的社会里，这些细节还不能明显地表露出来。为了创建自己的思想体系，他们只能局限于靠理性来思索。"[1]

但是在微观上，他们却一直没有放弃实践。欧文自己就说：

"以往世界被毫无用处的空谈所困扰——被喋喋不休的废话所困扰；事实证明这些空谈都是无济于事的。今后，行动将使方案成为不必要。"[2]

与许多其他乌托邦作者宏观的"国家设计"不同，欧文致力于理想社会的微观细胞——"新村"和"公社"。后者虽然也难免流于空想，但对个人的能力而言，毕竟看起来离实践更近一些。

欧文都作了哪些微观的的实践呢？比如，在他自己所有和经营的新拉纳克工厂，他自己创办的"共产主义移民区"。

欧文"微观"到什么地步呢？他甚至研究了在农业耕作中应该

---

[1] [德] 海因利希·卢克斯：《艾蒂安·卡贝和伊加利亚共产主义》，商务印书馆，1992年版，第4页。
[2] 《欧文选集》上卷，商务印书馆，1965年，第214页。

用锹而非用犁才是有利于土壤吸收水分，促进农作物增产的选择，不仅在技术上更加合理，而且在经济上更加合算，并为此专门给拉纳克郡提交了报告。这一点虽不属于他的"空想"内容，但也足见被我们称为"空想社会主义者"的人并不是像我们通常认为的那样总是在"空想"。

欧文的事业，起于解决工人劳动环境、福利和贫民问题，他做的和着手解决的也是这些问题。如果他仅仅是做这些，那他仅仅能被称作社会改革家、社会活动家，一个策划者和发明者。问题在于，他"做"的都是具体的，"说"的和"写"的却多是普遍性的，甚至在"说"和"写"解决问题的方略中，直接诉诸普遍性的社会诉求——直言"新社会"、"新制度"、"新世界"，这就使他成为一个空想主义者，一个与乌托邦分不开的人。

他的新社会，不是把旧社会推翻以后在一张白纸上重建，而是在旧社会中"微观"地生长、蔓延，最终代替旧社会。这就是理解这位空想家集微观与宏观于一身的逻辑线索。他的《以不变的自然法为基础的普遍适用的理性宪法》第15条即为：

"随着新村数量的增加，应由几十个、几百个以至几千个新村结成联盟，直到联盟普及整个欧洲，随后再普及世界其他各洲，最后把全世界联合成为一个只被共同的利益联系起来的伟大共和国。"[①]

显然，这是一种细胞分裂——扩展的方式，立足微观，志在宏观。理想的世界是一个超大的新村联盟。

傅立叶也是这样。他具体设计的法郎吉协作社是微观的，他在微观上不仅设想了促进生产发展和生活幸福的美食制度（比如餐桌上应该有50种不同的奶酪），甚至设想了"也必须同样善于培养漂亮的青年来服侍妇女进餐：这将是以性别促进美食精致的另一手段"——他可想得真周到啊！但是他却着眼于"全世界50万个法郎吉"。他还提到了"全球统一代表大会"，甚至"全球巨头"。在

233

---

①《欧文选集》，第二卷，商务印书馆，1981年版，第150页。

他的设想里，一项发明能够得到"全球巨头"的证明书，并且其报酬由全球50万个法郎吉分摊。显然，他设想了一个由千千万万个协作社统一起来的世界模式。

这样的模式中，我们没有看到国家的地位，也没有看到政府的地位。

1933年，由商务印书馆出版的上海《东方杂志》以"梦想的中国"为题向知识界征文。天津女子师范学院教授韦丛芜的文章即为："我梦想着未来的中国是一个合作股份有限公司，凡成年人都是社员，都是股东，军事、教育，均附属于其下，形成一个经济单位，向着世界合作社股份有限公司的目标走去。"①

这应该看作是欧文、傅立叶的思想在中国的回响。

然而，应该看到，这样一个世界是"克隆"的世界，它实际上排除了各个层面的多元化。这在欧文，是有着清晰的理论基础的。他在《以不变的自然法为基础的普遍适用的理性宪法》第15条的立法理由中写道：

"人类的一切成员都希望只有一个利益范围、一种语言、一部共同法典和一个施行这一法典的制度。"②

但"人类的一切成员"真是这样希望的吗？

---

①《梦想的中国》，刘仰东编，学苑出版社，1998年版，第29页。
②《欧文选集》，第二卷，商务印书馆，1981年版，第150页

乌托邦实现的日程

并不是每一个空想家都为自己的空想实现定下一个预测性的时间表

这是接着革命和过渡的话题而必然涉及的话题。只有把空想托之于时间（未来）的空想家才有这个问题，而那些托之于空间（大洋孤岛）的则没有。

并不是每一个空想家都为自己的空想实现定下一个预测性的时间表的。对于一些乌托邦作者而言，就像我国空想家张竞生写《美的社会组织法》时那种心情：

"我也知道这书中所说的于我们的社会有些极涉于理想不易于实现的事情。但社会事任人自为之！假使我辈为社会有势力之人，说不定凡书中所说的皆能一一见诸实行。倘若此书长此终古作为乌托邦的后继呢，则我也不枉悔，因为它虽不能见诸事实，可是我已得到慰情与舒怀了。……实行也好，梦想也好，我写出后，我心意已快活就足了。"①一本正经的"时间表"，对他们就没有意义。

欧文在时间表上是最乐观的一位，他在《人类思想和实践中的革命》中写道："社会现在拥有一切必要的手段，在整个欧洲和美洲开始改革以后五年间就完全实现人们生活的这种变革，而在全世界实行这种变革，最多不超出十年。"②

---

①《张竞生文集》上，广州出版社，1998年版，第142页。
②《欧文选集》下卷，商务印书馆，1965年版，第124页。

有意思的是，在《回顾》一书出版后，美国《波士顿纪事报》上刊载了一篇评论，并不反对作者的观点和所描述的理想世界，只是觉得"要实现这种理想的社会形态，50年是不够的，建议作者应该把时间改为75个世纪。"为此贝拉米又写了一篇"后记"，叫作《世界进步的速度》，觉得那位评论者过于保守悲观了。"伟大的全国性的变革尽管在不知不觉中逐代酝酿，但等到一旦发生，必然具有与其规模相适应的并不受其限制的那种迅速而又不可抗的力量。""现在的社会景象正是巨大变革的征兆"①。他还举了美国独立、德国统一等许多历史事件，证明人们认为遥遥无期的事情会意想不到地迅速到来。但是，历史证明的是，他还是过于乐观了。

236

---

①[美] 爱德华·贝拉米:《回顾——公元2000~1887年》，商务印书馆，1997年，第240、241页。

乌托邦的意识形态与社会控制

由《福音书》到实景剧

从"社会书店"到焚书制度

从严刑峻法到法律消亡

由《福音书》到实景剧

> 无论是一个乌托邦还是一个真实的新社会，都会用历史教育和道德教育的方法来斩断与过去的联系，保持精神纯洁。

意识形态是推动社会改造或维系社会的一套观念体系。它在真理与谎言之间，具有一定的功利性。

许多早期乌托邦的意识形态都是宗教，因为宗教看起来是实现理想社会——人心纯善——最小成本的途径，是逻辑上最简单便捷的理由。

康帕内拉在为《太阳城》辩护而作的《论最好的国家》中写道：

"哪一个民族或哪一个人能够完全以基督的无罪的生活为榜样呢？是不是由此得出结论：《福音书》编述者徒劳无益地描述了基督的生活呢？决不能这样说，因为《福音书》编述者之所以描述它，是为了要我们尽全力去接近这种生活。"[①]

这可以看作是乌托邦作品的宗教理由。

果然，他在回答"第一个反对意见"——关于太阳城存在的可能性时，是以从"使徒们活着时存在的基督教公社"到"我们这个时代"的僧侣生活作为论据，证明人是可以这样纯洁地生活的。

《基督城》的意识形态是宗教。这在早期乌托邦作品中是特别

---

① 《太阳城》，商务印书馆，1980年版，第64页。

鲜明的。因为居民皆为基督徒，所以凡是其他乌托邦作品遇到的难题，在这里都不是难题。比如在"报偿"一节："我想当你听到一个公认有道德、有杰出才能的人生活在这个城市而不取任何报偿时，你一定很想知道这对他会有什么好处。噢，他是基督城的人，他们非常容易解决这个问题，因为使上帝欢喜的人是光荣的。"①

报偿问题或劳动动力问题本来是空想社会主义很关键的问题，他以宗教情感的理由解释岂非太特殊、太简单了？我由此想到乌托邦情节与宗教精神的关系：在解决一个社会运行中的动力、规则和逻辑矛盾的问题中，宗教精神是成本最低、最"省力"的。因此，与其他乌托邦著作相比，在《基督城》中更少看到制度安排和逻辑推演。

即使到了19世纪马克思、恩格斯的工人运动时代，德国社会主义运动的理论家和活动家魏特林的两部著作《现实的人类和理想的人类》、《一个贫苦罪人的福音》，仍然是以基督教思想作为创建理想社会的观念核心的。前一部书第一句话就是："耶稣看见人们，他怜悯他们……"②这部书还经常引用《福音书》。

一些乌托邦作品的另一种意识形态是所谓"自然法"。这与宗教意识形态往往相关。因为自然法往往也是宗教思想的合理性基础。"自然"为人间立法，与"上帝"、"神"为人间立法处于同位。托言"自然"和托言"上帝"、"神"来改造社会，也是在意识形态上"占领优势地位"，以克服阻力的思想途径。

康帕内拉在《最好的国家》中引经据典地写道：

"阿姆弗罗西在《论圣职人员的职责》一书中第一部分第28章中根据圣经和斯多葛派的威望也完全同样地证明，万物都是公有的，但是经过强制的占有而被瓜分了。在《盖克萨梅龙》第五册中，这位阿姆弗罗西以非军事的蜜蜂国家作例子来教人们过那种

---

①[德] 约翰·凡·安德里亚：《基督城》，商务印书馆，1997年版，第33页。
②[德] 威廉·魏特林：《现实的人类和理想的人类/一个贫苦罪人的福音》，商务印书馆，1997年版，第3页。

以财产和儿女公有制为基础的生活，并举出鹤作例子，冗长地劝导人们在那种军事国家里过公社的生活。耶稣也指出天上的飞鸟为榜样，说他们没有财产，也不收，也不种，又不划分牧场。正像一位法学家所说，'自然法是自然界教会了一切动物的法律'。因此千真万确的是，万物都是公有的。"

欧文也为自己的理想社会制订了一部《以不变的自然法为基础的普遍适用的理性宪法》。他在这部法律第一条的"立法理由"中写道：

"根据这种以神圣法则为基础并按照神圣法则制定的新宪法，每个新村仿佛是它管辖范围内一切居民的父亲，并作为神的直接使者来执行'宇宙创造力'的法律，以建立并维持人类社会和整个自然界的和谐。"①

应该注意到欧文是反对迷信，提倡理性的。他在《新道德世界书》中就提出"破除迷信，不怕超自然的东西，不怕死亡"。这显然与他在社会立法中诉诸"神"的观点相矛盾。后者应当看作是不得已的让步，因为面对广大的群众，托言于神而立法的较低"成本"，的确是诱惑力太大了，欧文也不得不暂时放弃自己的理性主义立场。

乌托邦作品中更普遍的意识形态是国家至上和政府崇拜。

《太阳城》的意识形态是国家至上、集体至上。热那亚的航海家介绍说："我们认为每个人应该有自己的房屋、自己的妻子和孩子，以便了解和教养自己的后代，这是一种天然的权利；但太阳城的人民反驳这一点说，生儿育女的目的，正如托玛斯所说，乃是为了保存种族而不是为了保存个人。因此，生育后代是一个关系到国家利益的问题；而不是个人的利益，个人仅仅是作为国家的一分子才与这个问题有关。""他们认为应该首先注意集体的生活，然后才注意个人的生活。"②

显然，《太阳城》继承了古希腊柏拉图《理想国》的国家（城

①《欧文选集》，第二卷，商务印书馆，1981年版，第131页。
②《太阳城》，商务印书馆，1980年版，第21页。

邦）至上主义。特别值得注意的是，这里表现了对16世纪文艺复兴运动的故乡意大利商业城市中正在勃兴的个人主义的批判态度，而把古代城邦的国家至上、个人至微的观念当成了社会理想，显然是一种反历史潮流的精神追求。这是耐人寻味的。

19世纪法国思想家托克维尔在谈到摩莱里的《自然法典》时这样写道：

"请读读摩莱里的《自然法典》，你就会在书里找到经济学派有关国家的无限权利、国家权利不受限制的全部学说，就会找到最近这些年代使法兰西最为害怕的许多政治理论，我们似乎正看着他们诞生：财产公有制、劳动权利、绝对平等、一切事物的划一、一切个人活动的刻板安排、一切由上级规定的专制制度和公民个性完全并入社会。"①

《伊加利亚旅行记》中则直称共和国政府"慈父般的关怀，良母般的照料，它像父母一样为自己儿女的欢乐和舒适作好一切安排。"这显然不同于自洛克、卢梭以来的西方主流政治学对政府的消极评价。

实际上，这种国家崇拜会很自然地转化为领袖崇拜，在空想小说《伊加利亚旅行记》的作者卡贝领导的北美伊加利亚移民区，人们就称卡贝为父亲。海因利希·卢克斯著《艾蒂安·卡贝和伊加利亚共产主义》一书中引用当年拓荒者的日记，记述卡贝来到拓荒者们身边时人们的感受：

"对我们来说，这事件是一面神圣的旗帜，但对旁人，对我们可怜的父亲来说，这好像仅仅是一挂破烂的马车，这马车差一点把他压扁了。啊！他终于来了！我们大家都拥抱他，喜悦的泪水和我们所崇拜的救世主那深受感动的脸上的泪水溶合在一起了。"②

实际上，在实现理想的路上经过艰苦历程的人们是很难避免领袖崇拜的。文本中的设计可以回避这一点（比如，《伊加利亚旅行

---

①[法]托克维尔：《旧制度与大革命》，商务印书馆，1992年版，第199页。
②[德] 海因利希·卢克斯：《艾蒂安·卡贝和伊加利亚共产主义》，商务印书馆，1992年版，第138页。

记》让伊加利亚共和国的缔造者伊加尔在完成建国大业后即早早逝世，又绝口不提后来当政的领导，因此小说中的领袖崇拜就淡得多），但实践中的乌托邦就无法避免这个问题。因为在艰苦条件下，领袖崇拜和信仰一样都是一种精神力量。

在大多数乌托邦作品中都没有怀疑的声音，你只能听到赞美和不知不觉的辩护。但是在《乌有乡消息》中，故事的叙述人在沿泰晤士河的旅行中却出人意外地遇到了一个"旧时代的歌颂者"。这是一个老人，他说："先生，我很高兴看见一个来自海外的人，可是，我一定要请你答复我一个问题。总的来说，在你们的国家里，你们的生活是不是比我们更美好。根据我们的客人的话，我想你们在那边一定更活跃，更有生气，因为你们还没有取消竞争。你知道，我读过不少过去时代所出版的书，那些书比现在的作品有生气得多。它们是在良好的、健康的、无限制的竞争的情况之下写出来的……这些书有一种冒险精神，显示出一种由罪恶中吸取善良的力量，这些东西在我们今天的文献中完全找不到。我免不了有这么一种感觉，就是我们的道德家和历史家过分夸大了过去时代的不幸，要知道这些富于想象力和智力的佳作就是过去时代产生出来的啊。"①

这是一种不和谐的声音，一种怀疑的声音。不知道作者是否借此表达了自己内心的矛盾，但这样的声音在乌托邦中出现显得很自然，很令人舒服。而相反，如果在乌托邦中只能听到赞美声、辩护声，哪怕你相信这些声音都出于真心，在今天的读者读来也会让人有一种思想控制的感觉。也许，安排这样一个旧时代的歌颂者正是出于作者的高明。

正是在这里，显示了《乌有乡消息》所描写的理想社会的自由——思想自由。但是，那个"旧时代的歌颂者"的思想困惑仍然具有超出上述"功能"的思想价值。因为他所担心的，我们都经历过了。而且，其中提到的"道德家和历史学家过分夸大了过去时代的不幸"的做法，也是我们似曾相识的意识形态控制。

---

①[英] 威廉·莫里斯:《乌有乡消息》，商务印书馆，1997年版，第185页。

无论是一个乌托邦还是一个真实的新社会，都会用历史教育和道德教育的方法来斩断与过去的联系，保持精神纯洁。这在《伊加利亚旅行记》中表现得比较明显。

　　《伊加利亚旅行记》中的历史教育和传统教育是通过"革命周年纪念"由连续三天在"起义广场"成千上万人重演当年起义、战斗、胜利的场景来进行的。全体人民都是这种大型实景剧的参与者。小说描写了这样一场连演三天的实景大戏，可谓枪炮轰鸣，惊心动魄，街垒战的激烈战斗场景，就在人们眼前呈现——差不多就是一场军事演习。只是这场军事演习中，有过去的国王和革命领袖伊加尔这样的历史角色。这是一种壮观的、给人印象深刻的历史场面重演。它的含义在于让几十年、上百年后的人民重新体味新社会的来之不容易，不能忘记。这令人联想起18世纪末法国大革命时期雅各宾党人的革命节日。

　　据学者朱学勤的考证：

　　"卢梭生前曾在给科西嘉、波兰的立法建议中，多次提出执政者应有意识地创造大众节日文化，以凝聚民族向心力，激扬道德理想。对此，雅各宾派的创造能力，可能已臻世界历史中同类活动的巅峰程度。……节庆活动通常都设计成人民大游行，人人都必须参加，并必须按照行业、性别、年龄排成行列，井然有序地通过广场。1794年6月8日罗伯斯庇尔主持的'最高主宰教'开教大典，是所有这类活动中最盛大的一次。广场上堆起巨大的假山，假山下50万人盛装游行，五彩缤纷的仪仗，狂欢忘情的呼喊，使任何一个参加者、目击者终身难忘。"[①]

　　显然，从卢梭，到罗伯斯庇尔，再到卡贝的《伊加利亚旅行记》，这种通过节日纪念形成全体人民的共同体验和精神向心力的制度设计，是一脉相承的。只是罗伯斯庇尔设计得过于频繁，而卡贝描写得过于壮观罢了。

---

①朱学勤：《道德理想国的覆灭——从卢梭到罗伯斯庇尔》，上海三联书店，2003年版，第249～250页。

从"社会书店"到焚书制度

> 为了不同的目的，而可以采取相同的行为，却不问这些相同的行为对人民产生的影响是否也相同。这是乌托邦无法掩饰的逻辑毛病，却是许多乌托邦作品中潜藏的文化专制主义的基本逻辑。

法国19世纪空想社会主义者路易·勃朗在他的《劳动组织》一书中反对"思想的所有权"——著作权。实际上是反对作家受到以所有权为基础的商业社会的影响，反对作品的商品化，反对精神生产的拜金主义。这样，他除了提出建立国家对作家的奖励制度以代替报酬制度之后，还设想了创办一个"社会书店"。

这个"社会书店"实际上是一整套精神产品的生产体系。

"人民代表每年任命一个公民负责管理每一种脑力劳动，这个公民由社会书店给以报酬，他的任务就是在自己的范围内来审查那些社会出版社刊印出来的著作。他可以用全年的工夫深入了解对于这些作品所提出的全部批评，研究社会由这些著作所得的印象，最后征求公众的意见，这些意见是由水平相当高的组织反映出来的，而不是由买书的盲目群众反映出来的。到了年底，他要作出一份精确而详细的附有说明理由的报告，把他研究的结果提交给人民代表。这份相当严肃地提出的报告发表之后一个月，人民代表就在大家认为对祖国有贡献的那些作家之间分配国家奖金。"①

路易·勃朗设计以这个制度代替精神产品的市场化过程，以避免作家的写作在金钱的驱动下"走上卑鄙、腐朽、堕落和卖身的道

---

① [法] 路易·勃朗：《劳动组织》，商务印书馆，1997年版，第186、188页。

路”。值得注意的是，在这个制度中，读者反而没有说话的份儿，这可能是因为，在作者看来，读者正是教育的对象。

但是，在路易·勃朗的思想中，并没有以国家或“社会书店”完全消灭社会其他的出版渠道，而是与他们竞争。

“有人也许会问，在我们的制度下，那些不重视荣誉而只重视金钱、只承认他们书籍的买主是裁判人的作家，会变成什么样的人呢？这些作家有办法可以自己出版作品，或者完全像今天所做的那样，可以交别人出版。的确，这种情况将不是很有利的，因为社会书店和这些私人的出版者将进行激烈的竞争。……我们所建议的制度的必然结果，就是会减少把思想作品作为一种行业和货物的那些人的人数和他们的利润。”①

显然，他是想通过一个经济过程来达到一个政治的和社会的目标。

而卡贝的《伊加利亚旅行记》中的书刊出版制度，则比这严酷得多。

在到伊加利亚共和国参观的游客中有过这样一场有意思的争论（由参观者欧仁转述）：

“我们正在谈论一首很好听的有关妇女的歌子，有人说啦，伊加利亚的歌曲都很美，因为任何作品要是不经共和国允许，都不能出版。

“就这会儿，那位有簇尖头发的家伙粗暴地打断了人家的话嚷起来说：‘不对，您错了！共和国不会像君主国那样对出版物进行审查的。这决不可能！’

“‘我知道得不多，不过我也相信人只有得到共和国的许可才能写作。’我也插上了那么一句。

“‘呵，您相信？我说您相信错了！’

“‘可是，根据共产主义的原则，不正是应该这样做吗？’

---

① 《劳动组织》，第190页。

"'如果这样做，那完全是荒谬的！'

　　"'不过，我觉得共和国既然只允许某些药剂师配制药品，很可能也只允许某些人发表作品。'

　　"'这么说，你们老是吹嘘的那个共和国，就比一个专制君主还要专制了！'"①

　　欧仁后来从伊加利亚共和国的朋友那里得到的答案果然是"不经共和国同意，什么书也印刷不了。"他虽然认为完全有理，但是"那位有簇尖头发的家伙"的话，却耐人深思。

　　应该指出，这样的制度，不仅背离了西方自密尔顿《论出版自由》以来的追求出版自由的精神传统，也与马克思《论普鲁士书报检查令》等著作中的出版自由思想泾渭分明。这就无怪乎"那位有簇尖头发的家伙"认为共和国不可能有这样的制度。

　　那么，如何解释这个理想社会、新生的共和国"像君主国那样对出版物进行审查"呢？

　　故事的叙述者，来自英国的加利斯达尔爵士这样解释这个制度：

　　"不经共和国的同意，什么书也印刷不了。这个措施乍看起来未免有点奇怪，但是我实在看不出有什么坏处，既然每个人的衣食住都由共和国来供给，谁又会埋怨共和国不准印行大家本来就不屑阅读的坏作品呢？而且，要是有哪一位优秀公民自愿把空余时间拿来造福公众，写出了一本好作品，怎么可以想象共和国会不赶紧把这部作品接受下来，付印、发行呢？"

　　而法国青年欧仁则从另一个角度理解了国家审查出版物的必要性：

　　"我猜想，当作家从事写作，在这里一定是一种职业，满18岁的男孩和满17岁的女孩如果想选择这门职业，必须经过一次考试证明有培养前途；然后，这些未来的作家就要接受五六年必要的专门

　　①[法]埃蒂耶纳·卡贝：《伊加利亚旅行记》第一卷，商务印书馆，1982年，第167、168页。

教育；他们的作品要经过一个委员会审查，提出报告，证明其符合有关的法律规定后才能印行。这样不是就可以保证不再印行坏书，而且可以促使作家们写出各种大家所希望的好作品吗？"

他们的解释得到了共和国公民瓦尔摩的肯定："你们两位猜得太对了！你们这样正确地了解我们的社会实在令我高兴。"①

在卡贝虚构的伊加利亚共和国，"允许每个公社、每个省只出一份报纸，允许有一个全国性的机关刊物，并且把各报的编辑大权交给由人民选举出来的编辑人员。""伊加利亚的言论自由只限于给每个公民在会议上提出各种建议的权利。"

为什么这样呢？因为，"言论自由本身却是进行各种丑恶的舞弊行为的大舞台，这就是说，人们用各种极为动听而又华丽的词藻去掩盖各色各样的罪恶活动：垄断独占、投机倒把、个人发财致富、从事肮脏交易、党派斗争、行贿受贿、造谣诽谤、勾心斗角、灰心丧气、政治理论方面的纠缠不清……一句话，言论自由是为进行人间最大的罪恶活动而服务的。"事实上，后来在美国伊利诺依州瑙武建立的伊加利亚共产主义移民区，卡贝的确一个人单独控制了唯一的报刊——《伊加利亚评论》。

更令人吃惊的是，"共和国还组织人重写那些有缺点但是还有用处的书，比如说本国历史吧；另外又把所有被认为有危险和无用的旧书一律烧掉。"②

其实，"烧书"早就在法国大革命中已经出现了。"人们点火焚烧一切不合道德标准的文化'奢侈品'：烧书，烧画，烧锦旗，烧旧制度文献，烧所有从私人住宅抄检出来的遗有贵族气息的文化作品。据《导报》记载，从1793至1794年，不断有爱国者结队冲进国民公会底楼，自发地进行焚书活动。"③

在这一点上，卡贝虚构的"伊加利亚共和国"比柏拉图虚构的

①[法] 埃蒂耶纳·卡贝：《伊加利亚旅行记》第一卷，商务印书馆，1982年版，第167、168、169页。
②同上，第171页。
③朱学勤：《道德理想国的覆灭——从卢梭到罗伯斯庇尔》，上海三联书店，2003年版，第265页。

"理想国"相比毫无进步。在《理想国》中，柏拉图提出为了培养"未来的战士"的勇敢精神，"让我们从史诗开始，删去下面几节：'宁愿活在人世做奴隶啊，/跟着一个不算富裕的主人，/不愿意在黄泉之下啊，/统帅鬼魂……'"他还借苏格拉底之口，要求"对于写作这些故事的人，应该加以监督，要求他们称赞地狱生活，不要信口雌黄，把它说得一无是处。"[①]而且公然提出，制造一个"高贵的假话"——即不同阶层的人是老天分别用黄金、白银和废铜烂铁铸造的——以使各个阶级各安其分。并且认为，对这些假话，"他们的下一代会相信的，后代的后代子子孙孙迟早总会相信的。"[②]

正是《理想国》这样一个可以远溯到古希腊的思想参照，可以让我们审慎地评判《伊加利亚旅行记》在精神领域的制度，到底是进步的，还是落后的。

很耐人寻味的是，在《伊加利亚旅行记》中，当来自法国的参观者欧仁听到"焚书制度"的时候说："要是让那个笨蛋听见的话，一定会责备您效法那位烧毁亚历山大图书馆的暴虐的奥马尔和中国的那位为了维持他的王朝而焚毁史册的暴君了。"这时，该共和国的公民瓦尔摩这样回答两者的区别："我们这样做是为了人类的利益，而那些压迫者这样做却是为了反对人类。我们点火烧掉的是那些有害的书籍，而那些暴徒或宗教狂使用火刑是为了屠杀无辜的异教徒。不过，即使是旧书，我们也在宏伟的国家图书馆里每种保存那么几部，用以证明过去是如何无知和疯狂，今天又是怎样进步。"[③]

为了不同的目的，而可以采取相同的行为，却不问这些相同的行为对人民产生的影响是不是也相同。这是乌托邦无法掩饰的逻辑毛病，却是许多乌托邦作品中潜藏的文化专制主义的基本逻辑。

①[古希腊] 柏拉图:《理想国》，商务印书馆，1995年版，第82页。
②同上，第128、129页。
③[法] 埃蒂耶纳·卡贝:《伊加利亚旅行记》第一卷，商务印书馆，1982年版，第171页。

海因利希·卢克斯著《艾蒂安·卡贝和伊加利亚共产主义》对此评论："这一切很像书刊检查制度，但卡贝教训我们说：'自由并不意味着你脑子里想写什么东西就可以随意奉献给读者的，自由意味着你应该像你希望别人对待你那样地去行动。'这种有关出版自由的含意深刻的论调毫不妨碍我们作这样的认识：一切报刊，不论是团体的、省的或是全国的，都变为官方的喉舌，并且，这些东西当然是免费赠给全体公民的——这样的出版状况与共产主义是完全矛盾对立的。"

法国人乔治·莫朗热在《七月王朝时期的共产主义思想》一书中也认为："伊加利亚既没有新闻的自由，也没有集会的自由。"他把同时期的另一位乌托邦作家德萨米（著《公有法典》）与卡贝作比较："德萨米真诚地要将平等与自由协调起来，而卡贝却不重视自由，最后到了几乎是专横的程度。"

20世纪初的俄国思想家别尔嘉耶夫也曾写道："自认为是基督教共产主义的卡贝在完美的乌托邦中否认出版自由。"①

马克思在引述和批驳莱茵省议会辩论人反对出版自由的言论时，也触及言论自由受到滥用的可能，但马克思的结论与卡贝不同。莱茵省议会辩论人说："出版自由只要没有坏人参与，就是美妙的东西，""要防止这一点直到现在还没有找到可靠的办法，"以此来否定言论自由。对此，马克思的反驳是："新闻出版自由是美妙的东西，也是某种能够美化可爱的生活习惯的东西，是令人愉快的、极好的东西吗？但是，有这样一些坏人，他们用语言撒谎，用脑袋搞阴谋诡计，用双手行窃，用两腿潜逃。言谈和思维，手和脚都是美妙的东西，美好的语言，令人愉快的思维，灵巧的双手，最出色的双脚，只要没有坏人滥用，都是美妙的东西！但是，还没有找到任何防止滥用的方法。"②

从整篇文章看，马克思这段话是"反话"（这是马克思的文

①[俄] H. A. 别尔嘉耶夫：《精神王国与恺撒王国》，浙江人民出版社，2000年版，第49页。
②《马克思恩格斯全集》，第一卷，人民出版社，1997年版，第185、186页。

风）。他承认出版自由可能被坏人滥用这种现实，但却不承认这是反对言论自由的理由。

值得注意的是，在1847年5月卡贝号召法国人民"到伊加利亚去"的告民众书中，却说："公社里的集会、言论是完全自由的；各种讲演书籍以及一切必须的报刊、出版都是完全自由的。"[①]这种自我矛盾怎么解释呢？我想，尽管卡贝对言论自由有自己的理解，但是当他在号召别人"适彼乐土"时，不可能公然否定大家公认的美好价值，而只能以这种价值作为吸引力。

250 从严刑峻法到法律消亡

> 现在，除了个人一些所有物以外，既没有私有财产，也没有买卖行为，因此，几乎所有以前必须的法律都没有理由再制订了。

早期的乌托邦设计多数都是诉诸法制的。

《乌托邦》一书中的法律是相对严苛的，其表现之一，就是不区分犯罪的既遂与未遂。在这里，"企图诱奸与实际奸污受同样处分。在每种罪行中，蓄意图谋与真正行为被视同一律，因为乌托邦人觉得，力求犯罪必遂的人不能因为终于未遂而取得解脱。"[②]

值得注意的是，法律过苛和法律很少的状况同时存在。

在《乌托邦》中，"他们的法令很少，因为对于受过这样教育的人民，很少的法律已经够用了。他们发现其他民族的主要缺点

---

①[德]海因利希·卢克斯：《艾蒂安·卡贝和伊加利亚共产主义》，商务印书馆，1992年版，第110页。
②[英] 托马斯·莫尔：《乌托邦》，商务印书馆，1997年版，第90页。

是，几乎无数卷的法令和释文还是不够用，用浩繁到无人能卒读以及晦涩到无人能理解的法令去约束人民，乌托邦人觉得这是极不公平的。"因为少，所以"在乌托邦，人人精通法律。"①

在17世纪的《塞瓦兰人的历史》一书中，塞瓦兰人的国家，因为没有私有财产，所以没有民事诉讼，只有刑事诉讼。虽然"除非是犯了大罪，否则这里从来不判死刑"，但这里的徒刑也够严苛的，"犯人在监狱里被强制从事大量劳动，并经常受到惩罚；犯人还不时被带去游街，在神殿周围当众挨打，然后再被领回监狱，这样一直到服刑期满为止。"

作者描写了一名因对丈夫不忠而服刑的青年妇女被带出监狱游街，当众被剥光衣服接受鞭刑的情形。这种"道德刑"的过分严酷，是早期乌托邦作品的特点：用严刑峻法建立一个道德完美的国家。

在塞瓦兰人的国家，"每个人都可以把他所控告的人带到官员那里去，只要被告是个平民，而且指控人愿意和他一道被拘留。如果被告不愿随从，指控人又没足够的力量使他就范，那末，只要指控人一呼喊：Sevriaslei somes antai，意即有人犯法了！他不服从塞瓦利阿斯的法律，大家就有义务去帮助他。人们一听到这句话就会从四面八方跑来抓被告。他的案情也会因抗拒行为而加重。"

如此，这岂不是一个人人自危的国家？

在18世纪的英国空想小说《萨塞尔的第一个殖民地、法律和政府形式》中，通奸和谋杀一样，都会被判死刑。"为了保护国民纯洁谦逊的风尚不被污染，任何人下流的、有违纯洁法律的言行，都将受到处罚。"这个国家还"禁止玩纸牌、掷骰子，以及一切依靠运气的游戏，犯禁者被处以监禁"②。

在这个倡导简朴的清教徒国家里，制定了限制消费、禁止奢侈

---

① 《乌托邦》，第91页。

② An account of the First Settlement, Laws, Form of Government, and Police of the Cessares, A people of South America, 《英国启蒙运动中的乌托邦思想》(Utopias of the British Enlightenment)，剑桥政治思想史原著系列（影印本），中国政法大学出版社，2003年版，第114、118页。

的法律。"议会根据每个人的年龄、性别，管理他们的日常衣着，不允许戴金银饰物及珠宝。"①

然而，在这个空想小说所描写的理想国家中，"彻底禁止了通过折磨、拷打使人认罪的方法，尤其是，如果供词出于拷问，将无法作为犯罪的证据。"②

2010年6月24日，中国最高人民法院正式对外公布的《关于办理刑事案件排除非法证据若干问题的规定》就宣示了这样的法治理念。该规定指出："采用刑讯逼供等非法手段取得的犯罪嫌疑人、被告人供述和采用暴力、威胁等非法手段取得的证人证言、被害人陈述，属于非法言词证据。经依法确认的非法言词证据，应当予以排除，不能作为定案的根据。"

18世纪末英国空想性政论作品《理性的共和国》中，政治作家威廉·霍德森明确提出了废除死刑的思想："由于再没有任何事物比毁灭同类更不自然了，因此，在我看来，不应该存在处死任何公民这样一种自相矛盾的权利，即使对于谋杀者，剥夺其生命的处罚也是共和国的双倍损失。"③

18世纪法国空想共产主义者摩莱里的《自然法典》中的刑法自称"渎职现象不多故条文很少，既温和而又有实效"，只有14条。该法没有死刑，但根据该法第一条，伤害他人生命的人"应处以终身禁闭，把他作为人类凶恶而疯狂的敌人，关押在市政法第11条所述的公共墓地的石洞里。他的名字永远从公民的名单中勾销，他的子女和全家也不再使用他的姓氏，他们要被分别编入其他的部族、城市或省份，但是任何人不得歧视他们，也不得因为他们的父亲犯罪而责备他们，违者将逐出社会两年。"④

从这一条看，虽然针对伤害他人性命的罪行比较"温和"，但已殃

---

①《英国启蒙运动中的乌托邦思想》，第117页。
②同上，第103页。
③The Commonwealth of Reason，《英国启蒙运动中的乌托邦思想》，第238页。
④[法]摩莱里：《自然法典——或自然法律的一直被忽视或被否认的真实精神》，商务印书馆，2006年版，第130~131页。

及无罪亲属。因歧视即被逐出社会两年，也属于比较严苛的法律。

到了19世纪，空想作品中对资本主义的批判，在逻辑上把财产纠纷以至基于财产的犯罪行为看作是资本主义制度的产物，因此，他们对理想社会的设计是没有犯罪的——因此也就没有刑事司法的存在必要；他们对理想社会的设计是没有财产权的，因此也就没有民事司法存在的必要。

傅立叶写道："除了劳动生产之外，我们还有几千种寄生性行业。其中有些行业的寄生性极其显著。司法部门就是这种行业。这种行业只是建筑在文明制度的弊端上，它将随着协作制度的建立而告终。"[1]

到19世纪末的空想小说《回顾》所描写的理想社会，因为在这个没有财产制度的社会里，没有现实的犯罪动机。"那时候（指以前的资本主义社会），99%的法律都是用来确定并保障有关私有财产和买卖双方的关系的。现在，除了个人一些所有物以外，既没有私有财产，也没有买卖行为，因此，几乎所有以前必须的法律都没有理由再制订了。""对于今天世界上的实际状况，只要有几条最简明的法律条文也就够了。""我们没有立法工作"[2]。

一觉梦到理想社会的叙事人韦斯特清晨出外散步时，发现"原先那个州监狱已经无影无踪了。他在早餐桌上向利特医生提出这个问题时，医生答道：

"这在我出世以前已经没有了，不过我记得听人说过。我们现在没有监狱了。所有患隔世遗传病的病人都被送到医院里去治疗了。"[3]

"患隔世遗传病"这个概念让韦斯特惊叫了起来，因为它取代的正是"罪犯"这个概念。在这个理想社会里，犯罪只是偶然发生的某种"祖先特征的再现"。

而在《乌有乡消息》中，法律已完全消亡。书中描写到，一个青年失手杀了他的情敌，杀了也就杀了，没有法律和法庭对他进行审判，他也没有受到任何惩罚，人们任他在失悔中痛苦自责，还要

①《傅立叶选集》第一卷，商务印书馆，1982年版，第103页。
②[美] 爱德华·贝拉米：《回顾——公元2000～1887年》，商务印书馆，1997年版，第152、151页。
③同上，第144页。

小心防止他出现意外。

　　这个细节很有悲剧感，让人读后不能释然，那就是：当社会已经理想化了，一切基于私有制的社会矛盾都已经没有基础了之后，人们仍然会有不能不面对的悲剧——基于人性的悲剧。至少，《乌有乡消息》没有回避这种悲剧。而与此相较，《伊加利亚旅行记》对待同样的问题，却显得过于自信：

　　"来访者"加利斯达尔爵士问：

　　"在你们这种共产制度和教育制下，犯罪行为恐怕不会很多吧？"

　　伊加利亚公民瓦尔摩回答：

　　"您想呢？像我们现在这样的社会，还会有什么样的犯罪行为呢？

　　"既然我们这里根本不存在货币，每个人又都享有他所能希望的一切，我们还能碰到什么样的盗贼呢？除非是疯子才会做贼！既然连盗窃也不会发生，怎么还会有杀人、放火和放毒这类事呢？既然所有的人都很幸福，连自杀也是不可思议的，你说对吗？"

　　加利斯达尔爵士：

　　"但是，难道不会由于别的原因，譬如说由于恋爱或者嫉妒而发生谋杀、决斗和自杀性事件吗？"

　　这回，瓦尔摩的回答值得注意："我们的教育把我们培养成真正的人，教会我们尊重别人的权利和意志，并根据理性和正义来行事，因此伊加利人几乎全都是哲学家，从儿童时代起就懂得抑制自己的欲望。"

　　看来，尽管财产制度不能根本解决问题，但加上抑制欲望的教育就能根本上解决了。"伊加利亚共和国"的理想社会是双管齐下的。它彻底解决社会矛盾，彻底理性化，它比"乌有乡"更加乌托邦化，但可以想象，也会失去属于人的那些动人的情感。这样的观念，与卡贝本人的禁欲主义思想有关。

　　尽管《回顾》和《伊加利亚施行记》还是保留了法官，但是在这两部书描绘的理想社会中已经没有监狱了，实际上取消了刑法。

"要是有坏蛋到处作恶，威胁到社会治安怎么办？"——加利斯达尔爵士向他的朋友、伊加利亚公民瓦尔摩提问。

后者回答："我们没有这类禽兽……要是有的话，我想会把这家伙送到医院里去治疗……"①

这与《回顾》描写的情况几乎一样。

《伊加利亚施行记》记述了伊加利亚的一次审判。"最后惩戒委员会的报告人和另外两位委员经过短时间的商议后，向大会建议处罚的办法为：在公社报上发表审判经过和原告被告的名字；在本省的和全国性的报纸上发表判决全文，但不公开原告和被告的名字。"听完审判的结果，外邦的来访者欧仁恍然大悟："什么？原来法庭就是公民大会呀！"②这是以基层民主政治形式来取代法庭的乌托邦设想。

伯特兰·罗素在《自由之路》一书中写道：

"在我们未来的社会里，仍将保留政府和法律，但它们的权力将降低到最低限度。仍然会有一些行为是禁止的，如杀人。不过刑法中关于保护私人财产的那一部分很可能整个变得一无所用了。导致谋杀的许许多多动机也将不复再有了。那些仍然会犯罪的人，将不被治罪；我们把他们当作不幸的人，送到精神医院救治……"③

这与《回顾》的设计大致相同。

今人劳荣湛作《大同论》，是一部有点类似"政纲性乌托邦"的作品。他在书中提出"在大同社会，废除政治体制，实行法治体制"、"在大同社会，取消政府、建立法府"④的观点，在政治消亡的问题上是继承了乌托邦思想传统的，但显然昧于乌托邦法治与政府共同消亡的思想传统，而实际上是应和当今中国建设"法治国家"的现实背景。

---

①[法]埃蒂耶纳·卡贝：《伊加利亚旅行记》第一卷，商务印书馆，1982年版，第177页。
②同上，第179页。
③[英]伯特兰·罗素：《自由之路》上，文化艺术出版社，1998年版，第124页。
④劳荣湛：《大同论》，广州出版社，1997年版。

在乌托邦的国土上旅行

城建规划：从"田园城市"到"万米长廊"

环境：绿色遍染的国度

教育：
从傅立叶的"儿童队"到康有为的"人本院"

科学：从"所罗门之宫"到测谎仪治国

城建规划：从"田园城市"到"万米长廊"

许多乌托邦作品都在规划和建筑上用了不少的笔墨，每一位乌托邦作家差不多都是规划工程师。

当代英国社会思想家鲍曼认为："乌托邦观念在本质上同建筑和城市有关。乌托邦模型的建构者通常把他们的注意力集中在划区和绘图上。"[1]

许多乌托邦作品都在规划和建筑上用了不少的笔墨，每一位乌托邦作家差不多都是规划工程师。因此《中国大百科全书》在"城市规划"卷目中，专有"空想社会主义者的城市规划"条目。比如欧文在《致拉纳克郡报告》中提出的"大方形新村"、"大平行四边形新村"，他还附了公社的模型图。而傅立叶则认为："欧文正是选择了他本来应该避免的建筑形式——四方形，即单调透顶的形式。"他为自己的理想社会亲手画了大规模法郎斯泰尔的平面图，特别注意了避免他认为欧文的四方形新村所不能避免的噪音传播。宣传并实践了傅立叶思想的法国人维克多·扎西得朗在《社会命运》一书中，就专设一章《从社会的角度看建筑术的变化》，在对当代资本主义都市建筑进行批判的基础上，以大量充满感情的笔墨描述了空

---

[1] [英]齐格蒙特·鲍曼：《被围困的社会》，江苏人民出版社，2005年版，第240页。

想社会单元"法郎斯泰尔"的规划和建筑设计。

乌托邦的规划和建筑是有一些共同特点的。

一个总体的特点是整齐划一。比如，《乌托邦》一书写道："我们只要熟悉其中一个城市，也就熟悉全部城市了，因为在地形许可的范围内，这些城市一模一样。""建筑是美观的，排成长排，栉比相连，和街对面的建筑一样。"①

另一个总体上的特点就是严整的规划性，以及城市的区域规划的思想，甚至还包括城乡一体的国土规划的思想。安德里亚的《基督城》介绍这个理想的城市国家，就是从"城市的格局"开始的，并附了一张这个城市的平面图和一张结构图，形式上严整对称，内容上按生产、生活分区规划，井井有条。在卡贝的《伊加利亚旅行记》中，访问者加利斯达尔爵士参观伊加利亚首都伊加拉市，一开始就被领进市民大厅看市政规划图：

"这张图是根据1784年的规划绘制的；开始施工到现在已52年了，还要25年才能全部完工。"

"在中央广场周园远近，您还可以看到许多广场排列成两圈，近处的一圈是20个广场，远处的一圈是由40个广场组成，广场间彼此的距离几乎都相等，它们遍布在整个城市里。"

"您看这些街道，都是又直又宽，一共有100条道路贯穿全城，其中50条与河流平等，50条与河流垂直……"②

基督城的"整个城市分为三个部分：一部分是食品供应基地，另一部分是健身锻炼之所，还有一部分是游览观光的胜地。""城墙之外有一道护城河，里面养着鱼，这条河即使在和平时期也是有用的。那片开阔的和其他闲置的土地上，栖息着很多野生动物，不是留给人们从事娱乐，而是为了实用。"③

这样的国土规划思想，它的以"同心方"为形式特征，由里到

---

①《乌托邦》，商务印书馆，1997年版，第52、53页。
②[法]埃蒂耶纳·卡贝：《伊加利亚旅行记》第一卷，商务印书馆，1982年版，第33、34页。
③[德]约翰·凡·安德里亚：《基督城》，商务印书馆，1997年版，第20页。

外一层层呈带状分布的功能区划，会使人联想起我国古代《周礼》中"国"、"野"的分区规划。《周礼》为虚构之作，胡适曾说："《周礼》乃世间最奇辟之乌托邦之一也。"①

《基督城》的国土规划，具有生态的意义。无怪乎当代美国学者卡洛琳·麦茜特教授在《自然之死——妇女、生态和科学革命》一书中提到这部古代乌托邦著作，把它列为"有机乌托邦"。

1720年出版于英国的《南极未知名土地上的新雅典》描写的是一个建立在半岛上的幅员较小的空想国家，但却有着生态环境考虑的城市规划。"城中不允许那些对人的鼻、眼、耳造成侵扰的行业存在。屠宰、活禽贩卖、铁匠、洗衣，以及其他类似行业，都被限制在市郊，用沟渠与城市分隔开来。它们所在的街区，每天早晨都会用引擎引水冲刷每一条街道，冲刷掉那些行业产生的污秽。"②

欧文在1820年的《致拉纳克郡报告》中这样描述自己规划的"平行四边形"新村：

"住所离工作地点近点，对劳工来说总是最方便的。选择耕种者的住宅地点时，应当根据用水、适当的高度、干燥的地势等条件所允许的限度，尽量靠近耕地中心。由于庭院里弄、大街小巷等格局造成许多不必要的不便，对健康有害，而且几乎破坏人生的一切自然享受，所以这些格局必须排斥；建筑物的布局将不存在这些缺点，建设起来也将经济得多。"

"在横贯平行四边形地面中央的一条线上，留出许多空地，使空气流通、阳光充足、来往方便。"③

这些大胆的建筑规划思想，都浸润着他社会理想的胆略。庭院的取消，是与这个新社会中家庭的取消相对应的，它不仅意味着更

①胡适：《吾国古籍中之乌托邦》，《胡适散文》第二集，中国广播电视出版社，1992年版，第274页。

②A Description of New Athens in Terra Australis Incognita，《英国启蒙运动中的乌托邦思想》(Utopias of the British Enlightenment)，剑桥政治思想史原著系列(影印本)，中国政法大学出版社，2003年版，第33页。

③《欧文选集》第一卷，商务印书馆，1979年版，第330页。

接近自然的生活，也意味着个人私密空间的消失。

傅立叶的法郎斯泰尔规划，则注意到了建筑规划对人际交往的影响：

"必须避免像我们的寺院、宫殿、医院等那种单排房间的建筑。为了促进人们的交际往来，一切住房都应该具有双排房间。"[①]

德萨米的《公有法典》则描述了以"公社宫"为中心的公社小区规划：

"住宅位于公社的中心，公社的四周是划作种植最重要作物以及辟作葡萄园、牧场、丛林、森林等等的土地。离建筑物较近的是果园和菜园；更近的是公园、小丛林及其他珍贵的花木；最后，四条美丽的林荫大道把您带进了宫殿般的公社宫。

"小区建筑物包括有精美的花坛，中间有漂亮的大花园。花园设在第二区建筑物中央。两个地区建筑物之间所留的广阔空间，将在最大程度上促进空气的自由流通，这样，极新鲜的空气将直接流入建筑物的各个部分。"[②]

多么适宜人居住的环境啊！多么周到细致的规划设计师啊！如果我们自己都要对今日小区设计师提出这样的期望，我们还会觉得一百多年前的"空想社会主义者"提出的是"空想"吗？

作为一种对比，我们可以读一读恩格斯《英国工人阶级的状况》一书中对当年英国曼彻斯特旧城、新城工人住宅区肮脏、拥挤、空气不流通等规划建筑不合理的详细描写。与欧文一样，恩格斯也有示意图。有了这种"现实性"的对照，我们就能充分领悟欧文的规划的"理想性"了。在这里，恩格斯的《英国工人阶级的状况》可以作为欧文、傅立叶们城乡建设规划的注解。

顺便提一下，我国学者张竞生1925年发表的《美的社会组织法》也是一部乌托邦著作，他也在书后附了一幅"美的社会"的分区规划图——"城乡合一图"。这也是西方传统乌托邦的典型特

---

①《傅立叶选集》第一卷，商务印书馆，1982年版，第228页。
②[法] 狄·德萨米：《公有法典》，商务印书馆，1964年版，第39页。

征，《乌托邦》、《基督城》、《公有法典》里都有的。这幅"城乡合一图"实际上是对北京的再规划，其中心为"纪念庙"，然后由里向外环状分布有（一层）实业馆、文化院、博物馆、医院、慈善院，（二层）住居区、商业区、工业区、艺术区、读书区。各个区由旷野隔开，"这个旷地供给居民的好空气，与那些美丽的图画"。这才叫作是"城乡合一"。体现了作者的"城市乡村化"与"乡村城市化"的生活理想。特别值得一提的是，这幅"城乡合一图"，恰恰与今日北京道路交通环状纬路、放射性经路的构架一模一样。而他所谓的"旷野"，正是沿着放射性经路纵贯城市的。

《中国大百科全书》在"空想社会主义的城市规划"条目中指明其成为后来E.霍华德"田园城市"理论的思想渊源。E.霍华德是19世纪末的英国社会活动家，他在著作《明日，一条通向真正改革的和平道路》中，认为应该建设一条兼有城市和乡村优点的理想城市，实质上是城和乡的结合体。1919年，英国"田园城市和城市规划协会"经与霍华德商议后，明确提出"田园城市"的含义：田园城市是为健康、生活及产业而设计的城市，它的规模足以提供丰富的社会生活，但不应超过这一程度；四周要有永久性家园带围绕，城市的土地归公共所有。后来霍华德就筹资组建公司进行田园城市的实验。

霍华德的这部著作，本世纪初再版定名为《明日的田园城市》，2000年由商务印书馆在中国翻译出版。读《明日的田园城市》，我感到，霍华德的田园城市——作者称之为"一个勤劳、欢乐的人民家园"，不也就是一个乌托邦吗！因为他不仅是规划，还触及了土地所有制（土地由居民集体所有），触及工农业比例和城市规模，都不能原样在以私有制为基础的社会中实现。特别是他的设计思想中还有使一部分城市居民返回乡村的内容，这令人想起《乌有乡消息》。他的城市环状设计，主路散射和功能分区，使人联想到张竞生的"城乡合一图"。

如果说，许多乌托邦作品都体现了国家或城市的规划性的话，那么，可以说，霍华德的《明日的田园城市》，则是在规划性思想中体现了乌托邦性。

规划性成为"空想国家"的重要内容是不难理解的。因为它们是单一经济体制，又差不多都真正是在"一张白纸"上创造的国家，就像毛泽东所说的，"一张白纸，没有负担，好写最新最美的文字，好画最新最美的画图"①。国土规划或城市规划，在一定意义上就是对未来社会生活的设计，这一点与乌托邦的精神恰好契合。白手创造一个新社会，对应着白手建设一座新城市。

《乌托邦》中的典型城市亚马乌罗提城就是由这个理想国家的开创者国王乌托普本人拟出草图。除了四围的防卫设施之外，城内规划中引人注目的是建筑之间的花园：

"街道的布局利于交通，也免于风害。建筑是美观的，排成长条，栉比相连，和街对面的建筑一样。各段建筑的住屋正面相互隔开，中间为20英尺宽的大路。整段建筑的住屋后面是宽敞的花园，四围为建筑的背部，花园恰在其中。每家前门通街后门通花园。此外，装的是折门，便于用手推开，然后自动关上，任何人可随意进入。因而任何地方都没有一样东西是私产。事实上，他们每隔十年用抽签的方式调换房屋。"②

这与封建、资本主义自然经济、分散经济衍生式的城市发展很不一样，后者，特别是在19世纪，往往呈现出杂乱无章的格局。

19世纪末的英国人埃比尼兹·霍华德在《明日的田园城市》这样一部渗透着乌托邦精神的城市规划思想著作中写道："重要的是设计和意图应该是统一的——那就是城市应该作为一个整体来规划，不能像英国别的城市以及其他国家某些城市那样无序地发展。"城市统一规划的思想与乌托邦思想仿佛是那么亲和。

当然，统一的国土规划和城市规划不独属于乌托邦，也属于历史，特别是属于20世纪"大政府"国家时代的历史，在20世纪它由

----

①毛泽东：《介绍一个合作社》，《红旗》杂志，1958年第一期。
②[英] 托马斯·莫尔：《乌托邦》，商务印书馆，1997年版，第53页。

理想性而成为现实性——在资本主义国家也完全一样。这是历史中的乌托邦思想的另一种命运：它们被现实吸收了，自己就显得平淡无奇了。

在城市交通方面，《伊加利亚旅行记》的一些空想，现在看来平淡无奇，但在当时却有创意，比如"人行横道"和过街天桥的创设："人行横道两边安装有必要的安全设施，通常是竖起一些柱子作为标志，结果就像在马路上有若干供车辆通行的门；同时，也可以供行人中途停息，行人可以在柱子内的横道稍事停留，察看马路上车马，在确认没有危险时再继续前进。""有些马路甚至把人行横道修在地下，和伦敦的地下通道一样；另外有一些马路上的人行横道则是一座旱桥，车辆从桥下通过。"①

乌托邦作品中的建筑，在细节上有一些特点，比如公共建筑的豪华与个人家庭建筑的简单朴素。再小而言之，比如遮风挡雨的街道走廊。

遮风挡雨的街道走廊差不多是几个世纪之间一直不变的建筑单元，几乎所有的乌托邦作品都会提到它。这是意味深长的。

17世纪初德国人安德里亚的《基督城》就写道：这个理想社会的"人行道是拱形的，由5英尺宽、12英尺高的柱子支撑着，这样，即使是雨天，对行人也不会有什么影响。"②

17世纪末法国人维拉斯的《塞瓦兰人的历史》一书就提到："所有街道都格外笔直、开阔；街道上可看到用铁柱支撑的宽大骑楼。在骑楼下走路，可免受日晒雨淋。""在盛夏的炎热时节，街道上张着与房顶一样高的布篷，使得街道清新、凉快，行人免受骄阳的暴晒，因而这里几乎感受不到炎热的的不适。"③

而19世纪法国人德萨米的《公有法典》描述道："为唤起公有制度下管理机关更大的积极性，同时使之符合卫生法，除公园外，

---

①[法] 埃蒂耶纳·卡贝：《伊加利亚旅行记》第一卷，商务印书馆，1982年版，第63页。
②[德] 约翰·凡·安德里亚：《基督城》，商务印书馆，1997年版，第26页。
③[法] 德尼·维拉斯：《塞瓦兰人的历史》，商务印书馆，1997年版，第93页。

还要在每区建造街道走廊，这种街道走廊冬天是带棚的，同时由暖气设备烘得很暖。夏天则靠通风器和巨大窗眼而变得极为风凉。"

"从底层起到望楼（belvedère）止，街道走廊都是层层相接，在望楼上设有电报局和气象台，等等。建筑师在进行建筑时，力求坚固与美观，这样一来，街道走廊便更好地代替了我们现代式样的阳台。在每一翼的拐角处及沿着各翼之间的一切空隙，都装设着精致的楼梯。靠着这些楼梯，各层可以互相沟通，并且把两区建筑物彼此联系起来。"[①]

由于这种街道走廊，雨伞的生产将缩减十分之九。

傅立叶在他的《经济的新世界或符合本性的协作的行为方式》中也描写了类似的街道：

"在法郎吉各个建筑群或大楼内都建有长廊街。这种长廊街在第一层楼和楼底下，冬季有暖气加温，夏季凉爽宜人。此外，在平行的建筑群中间设有柱廊，并且有用细砂铺成的地下走道，从法郎吉大厦一直通到畜圈。有了这种通道便可以不经过露天到达各大厅、工厂和畜栏，而不知道天热还是天冷。"

"文明制度的某些人断言，这种建筑物造价非常昂贵。其实，这比起现在花在衣服和马车方面的费用，花在对付雨雪泥泞的费用，以及花在医治气候突然变化所引起的伤风感冒、炎症和寒热病的费用来，将少得无法计算。"[②]

显然，傅立叶心中"走廊街"的模型，是巴黎博物馆的罗浮宫走廊，即他所在的现实社会已经存在的建筑单元。但是他却给它赋予了理想社会的品格和含义。

宣传并实践了傅立叶空想思想的法国人维克多·扎西得朗也继承了傅立叶的走廊街，并沿着这条线索继续推进想象：

"走廊街是协作制度的最有代表性的结构之一。……这条向两

---

①[法] 狄·德萨米:《公有法典》商务印书馆, 1964年版, 第40页。
②《傅立叶选集》第一卷, 商务印书馆, 1982年版, 第163～164页。

翼延伸的，像长长的腰带似的走廊，将把各个部分都连起来，使中央主体建筑和各处相沟通，是法郎斯泰尔这个大建筑群中的生活活动的渠道，是把血液从心脏输送到各个脉管的大动脉，同时也是高度的社会联合与法郎吉的情欲的和谐在这个统一的大建筑物中的象征和表现。"[1]

19世纪中期法国人卡贝的《伊加利亚旅行记》也有这样的走廊。在小说中，来到伊加利亚参观的法国青年欧仁在给他哥哥的信中写道："你知道吗？我亲爱的哥哥，无论你想到伊加拉市的哪个地方，事情如果紧迫，你可以坐车去，天气好的时候可以穿越公园步行前往，天气要是坏，可以在盖有玻璃棚的人行道上行走，根本用不着阳伞或雨伞，甚么也不必顾虑。可是相反，巴黎和伦敦的人民每年却要遭遇成千上万的车祸和各种事故，这只能责怪我们的政府无能，对人民漠不关心。"[2]

而19世纪末美国人贝拉米的《回顾》则把遮风挡雨的街道走廊安排在一个情节中：那是叙事人韦斯特受利特医生一家之邀，一起出外赴公共食堂的晚宴的路上。

"这天白昼，猛烈的暴风雨大作，我猜想街道一定泥泞难行。……当我们走到街上的时候，我的疑团消除了，因为沿街都放下了连接不断的防雨顶篷，人行道被遮盖起来，变成了一个灯光明亮、地面干燥的走廊。在这个走廊里，穿着晚宴服装的男男女女川流不息。在街道转角地方，全部上空也都同样遮盖着防雨顶篷……

"走在前面的利特医生听到了我们的一些谈话，转过身来说，他认为个人主义时代和集体协作时代之间的显著区别就是：在19世纪，波士顿人遇到下雨天，在30万人的头上撑起了30万把雨伞，而在20世纪，他们只张开一把雨伞，就可使大家不致淋雨。"[3]

这一段故事，把街道走廊这一建筑细节的特殊制度含义揭示得

①[法] 维克多·扎西得朗：《社会命运》第一卷，商务印书馆，1986年版，第298页。
②[法] 埃蒂耶纳·卡贝：《伊加利亚旅行记》第一卷，商务印书馆，1982年版，第65页。
③[英] 爱德华·贝拉米：《回顾——公元2000～1887年》，商务印书馆，1997年版，第112～113页。

特别清楚。

1898年，英国城市规划学家霍华德在后来改名为《明日的田园城市》的规划中，吸收了这个在数百年乌托邦作品中历久不衰的建筑单元：

"环绕中央公园（不包括林荫大道穿过的部分）是一个面向公园的宽敞的玻璃连拱廊，叫作'水晶宫'。这是居民在雨天最爱去的地方之一。晶莹透亮的建筑物中的信息近在咫尺，即使是最恶劣的天气也能吸引居民来到中央公园。……它的环形布局使它能接近每一个城市居民。"[①]

相隔两个世纪，不同国家的乌托邦作者，都不肯舍弃这一建筑细节，原因就在这里面。

实际上，这种街道长廊，并不是凭空想出来的，而是有着19世纪欧洲建筑的原型。法国作家左拉在小说《红杏出墙》的一开始就描写道：

"在盖内戈街的尽头，倘若您是从码头上来，你就会见到新桥长廊。这是一条狭长而晦暗的走廊，从玛扎里纳街一直延伸到赛纳河街。这条长廊至多三十步长、两步来宽，地面上铺着淡黄色磨损、破裂的石板，时时散发着刺鼻难闻的的潮湿味；尖顶的玻璃天棚盖住了长廊，上面积满了污垢，显得黑乎乎的。"

特别有意思的是，在当代中国被称作共产主义小社区的河南省临颖县南街村，就有与上述相似的一条长达三百多米的廊桥把居民区与学校连接了起来。据陈先义、陈瑞跃所著《中国有个南街村》一书记述："初到南街，我们曾对南街人花这么多钱建这么一座廊桥提出质疑。后来南街人解释说，一是一种精神的象征，象征社会主义幸福桥；二是确实实用，廊桥一头连着居民区，一头连着教学区、幼儿园，刮风下雨，孩子们可以走在花岗岩铺地的桥下。外地人来参观，在桥上走一遭，南街的风貌尽收眼底……"[②]

[①] [英] 埃比尼泽·霍华德：《明日的田园城市》，商务印书馆，2000年版，第15页。
[②] 陈先义、陈瑞跃：《中国有个南街村》，解放军文艺出版社，1999年版，第71页。

而在当代中国另一个保留了强大集体经济的"新农村"典型江苏省江阴市华西村，参观者会发现："这里还有一景：所有别墅均有走廊连接，然后通往全村各处，号称'万米长廊'，初衷自老书记的愿望：要让村民过上好日子，出门即使下雨雪也不打伞。"①

你看，竟有这么巧的事！谁都没和谁商量过。皆出于一颗千古流传的仁人之心。

环境：绿色遍染的国度

> 19世纪乌托邦作品中的生态理想和生活理想，不是一百多年前思想史上孤立的、没有回声的遗响。我们在当代激进的生态思想中，能够辨识出它那熟悉的音符。

乌托邦作品作为绵延几个世纪的一种类型化写作，总是充满了作者对心目中的理想社会的美好描写，这当然也包括人们对未来生存环境的理想，以及人类与自然和谐共处的观念。

在18世纪的英国空想小说《萨塞尔的第一个殖民地：法律和政府形式》中，准备在南美洲建立理想国家的一群荷兰人所制定的法律中，已经有了善待动物的规定。他们的法律禁止斗鸡、赛马。"任何人如果虐待动物，就将其拥有的动物充公，并监禁其人，以使人们仁慈地对待动物，增进那些服务于人类的动物的幸福，使它们表现出美满愉快的情绪。"②

这个虚构的国家还由议院限制捕鱼和狩猎的季节，限制捕鱼的

---

①见《南方周末》2003年8月7日《"天下第一村"的换帅背后》。

②An account of the First Settlement, Laws, Form of Government, and Police of the Cessares, A people of South America，《英国启蒙运动中的乌托邦思想》(Utopias of the British Enlightenment)，剑桥政治思想史原著系列 (影印本)，中国政法大学出版社，2003年版，第112页。

大小。

据英国剑桥大学的"剑桥政治思想原著系列"《英国启蒙运动中的乌托邦思想》引言，英国18世纪的多部空想作品，都谴责人类对动物的冷酷无情。 在一部出版于19世纪初的空想小说《布鲁斯的那不勒斯之旅》中，描写了一个存在于地心中的理想国家，在那里，人们"从不杀死任何动物作为自己的食物"[①]。

因此，在这个地心中的"中心世界"（Central World），到处可以看到动物与人类和谐共处的场景。飞禽大胆地落在人的肩头、手上，美妙的歌声令人心醉神迷。故事的叙述人有一次偶然在森林中遇到一只狮子，大为惊恐，没想到这只狮子走到他身边，像一只狗一样非常友善地舔他的脚，与他玩耍。这个人在归途中看到一只野兔，捡一块石头击中其头部，这只野兔却跑过来舔他的手，与他游戏。这使他为自己还没有摆脱残忍、野蛮的观念而大感惭愧[②]。这部小说还借地心人之口对人类中心主义进行了批判，认为任何生物都有理性和心灵。

乌托邦作品到了19世纪的晚期，开始有绿色倾向。这种倾向是以批判19世纪工业城市为背景的。

欧文拿19世纪工业城市与他心目中的乌托邦作过这样的比较：

"在工业城市里，现在劳动人民的周围环境十分肮脏，呼吸着烟雾和尘埃，举目四顾，很少看到什么使人赏心悦目的东西。在所筹划的新村里，他们将生活在周围有花园并保证他们呼吸到新鲜空气的广阔天地中；在这个四方形地区内，有林荫大道和花草树木，而周围则是一片精细耕作过的良田美地，整整齐齐地延伸到望不到边际的远方。"[③]

傅立叶在对"协作制度的巨大生产量"作出浪漫想象的同时，

[①]《英国启蒙运动中的乌托邦思想》，第XV页。
[②]Bruce's Voyage to Naplis,《英国启蒙运动中的乌托邦思想》(Utopias of the British Enlightenment)，剑桥政治思想史原著系列（影印本），中国政法大学出版社，2003年版，第257页。
[③]同上，第262、268页。

也没有忘记它对环境的积极影响：

"我曾经证明过，协作制度下的一个厨房，同家庭经济的厨房相比，会节省十分之九的燃料……大量节约燃料会带来恢复森林、水源和水土气候的好处。"

就空想小说而言，《乌有乡消息》是一部遍染绿色的书。其整个情节，就是在沿泰晤士河航行，在泰晤士河沿岸的葱茏草树的美景中展现开来的。这道绿色的背景，构成了作者置理想社会于其中的理想环境。小说一开始就在泰晤士河展开：

"我刚想说：'这是泰晤士河吗？'可是我终于在惊奇中沉默不语，用迷惑的眼光朝东再去看那座桥梁，接着望一望这条伦敦河流的两岸，的确有许多东西使我惊讶不止。因为虽然河上有一座桥梁，河流两岸也有房屋，可是从昨夜起，一切变得多么厉害呀！那肥皂厂和它吐着浓烟的烟囱不见了；机械厂不见了；制铅工厂不见了；西风也不再由桑奈克罗弗特（Thorneycroft）造船厂那边传来钉打捶击的声响了。"[2]

——整整一个时代的工业景象就在他一梦之间消失了。

其实，"乌有乡之绿"的深刻性，不止于这些外在的环境特征。

在这部憧憬未来理想的书中，描述了人的理想和社会的理想，却没有像以往和同时期其他乌托邦作品一样，对巨大的生产力作出幻想。这有着深刻的意味。《乌有乡消息》是告别了机器时代的生产力而进入"新的手工业时代"。在这里，机器时代生产的粗糙产品和机器本身被置于博物馆里。这部空想作品排斥了那种完全由机器代替人的日常劳动，从而把人"解放"出来的理想。马车、木船，沿河而行，途中所见，都是传统的日常劳动：割麦子、修路、晒干草、盖房子。这个社会不是一个没有达到过机械化的社会，而是弃绝了机械化的社会——甚至铁道都拆掉了。居民离开市镇迁居

270

---

① 《傅立叶选集》第一卷，商务印书馆，1982年版，第100页。
② [英] 威廉·莫里斯：《乌有乡消息》，商务印书馆，1997年版，第9页。

乡村，他们"逐渐恢复了各自失掉的生活技术"。读者随着主人公沿泰晤士河旅行，眼中风物空阔萧疏，有一种比19世纪的英国工业社会更古的，向自然归复的色彩，不仅显得空旷，甚至有一种荒寒的感觉。

我想，这当然是生产力的倒退，但它也是一种环境理想。

这是因为作者所处的资本主义生产时期被认为生产力已经足够高了，在一个产品"过剩"感特别强烈的时代，人们只会向理想的社会制度，要求分配的变化，而不会向它要求新的生产力。

《乌有乡消息》中的绿色思想不仅仅表现在对牺牲环境、牺牲人的生活的19世纪资本主义工业进行批判，还表现在对人类生活的一些大胆的设计，比如，它的"重返农村"之梦。

由于19世纪资本主义掠夺式发展伴随着对生态的破坏，因此19世纪的乌托邦作品，必然包含生态意义的内容。

在法国人德萨米的《公有法典》中，就提到了在公有制度下可以签订间隔捕鱼的生态协议，以保护鱼的繁殖力。他还谈到了野禽的生态："野禽同时是农村的装饰品和人的财富，同时又是害虫的扑灭者。如果说应该避免使某几种野禽繁殖过多，那么，同样也应该防止把它们全部消灭干净。农民经常抱怨猎人云集，捕杀那些啄食蠕虫和昆虫的飞禽，以致使各种农作物都长满了毛虫。要有这样一种事物的秩序，在这种事物秩序下，农业劳动比狩猎更富有引诱力。其结果是，狩猎将告废止，而只有在必要时才允许进行。"

《乌有乡消息》的作者还通过小说人物克拉娜之口表达了人与自然本为一体的观点，她在批判"过去的"资本主义时代时说道：

"他们的错误难道不也是他们所过的奴隶生活造成的吗？——这种生活老是把人类以外的一切生物和无生物，也就是人们所说的'自然'当作一种东西，而把人类当作另一种东西。具有这种观点的人当然会企图使'自然'成为他们的奴隶，因为'自然'是在他们以外的东西。"①

---

①[英] 威廉·莫里斯：《乌有乡消息》，商务印书馆，1997年版，第223页。

19世纪乌托邦作品中的生态理想和生活理想，不是一百多年前思想史上孤立的、没有回声的遗响。我们在当代激进的生态思想中能够辨识出它那熟悉的音符。

实际上，当代环保主义者是不能避免乌托邦的，他们不能不诉诸乌托邦精神和乌托邦想象来解决当代人不能克制的物质欲望与自然资源枯竭的矛盾。这种乌托邦在比尔·麦克基本的《自然的终结》一书中，就叫作"谦卑的世界"。他写道："如果在一个谦卑的世界里，信息交流繁荣起来了，运输业可能就会收缩，由于人们不仅居住在工作场所附近，而且也靠近食物的供应地。……我们，或者至少我们的孙子们，将有可能使用通过像和平兵团这样的组织向农民推广'可持续发展的'的'适当技术'，如脚踏水泵、太阳能炊炉等等。在欠发达的国家（这个词语将有可能被证明是某种骄傲的资本），将会有更多的西方人找到与他们的晚餐直接相关的工作，那就是说，他们将会在那里务农，初听起来，这有些离奇，一个小小的乌托邦。"①

这不是与一百多年前《乌有乡消息》的倾向比较相近吗？

正像19世纪的《乌有乡消息》中所塑造的人们为了反对现实的生产力而退回乡村，正像19世纪的乌托邦实践者为了反对现实的社会分配原则而退回乡村一样，当代的环保主义者，如第一个注意到氯氟烃在大气中扩散的英国科学家罗弗洛克，也退回乡村，"在康沃尔的一个农场里，他领导着一种符合生态标准的生活，在那里，他栽下了树和围栏，以对抗今日已经退化了的单一种植的农业，以及用于奶牛和家禽的肮脏的畜舍，丑陋的铁皮房，喧嚣的、散发着臭味的机器。"②

在当代另一部被称作"绿色经典"的美国卡洛琳·麦茜特女士所著《自然之死》中，则从当代生态意识的水平上对不同的乌托邦经典作品进行了评价。她认为培根创造的"新大西岛"是机械主义的；

---

①[美]比尔·麦克基本《自然的终结》，吉林人民出版社，2000年版，第186页。
②《自然的终结》，第154页。

而康帕内拉创造的"太阳城"、安德烈所创造的"基督城",则反映了与自然和谐相处的整体主义思想,是一个"有机乌托邦"。

"与太阳城的圆形设计方案不同,基督徒城补充设计成四方形,定位于世界的四个角。新鲜空气以及通风、流水和小溪为城市提供了健康的氛围。护城河里蓄着鱼,为野生动物保留着公共的未利用空间。城市本身是一个紧密的单位,其中每部分都具有为整体利益所必需的特殊功能。清洁、纯净的水穿城而过,为住户提供日常用水。地下水道为公共健康和环境整洁而带走日常垃圾。

"在安德烈的共同体中,自然'被模仿'了,以便其原理被仿效,而天与地结了婚。科学在基督徒城里为人民服务,因为共同体的所有成员都学习它,因为它被自然和谐地利用,而不是为了剥夺的目的。自然没有被改变和破坏,只是被观察和仿效,这与它在培根的新大西岛上的试验室中的遭遇完全不同。"①

在当代,人类环境与资源的困境已经从新的角度对社会制度提出诉求,或者说,人们已经开始考虑哪一种社会制度更有利于环境与资源。在当代欧洲越来越旺盛的生态社会主义运动就把自己的目标说成是"历史上从未有过的社会主义"②。

实际上,"绿色乌托邦"在当代西方思想理论界是一个频繁出现的概念,它被看作是代替"红色乌托邦"(关于社会制度的激进思想)的另一种激进思想,即生态主义的激进主义思潮,从生态的角度对现实的资本主义制度进行批判。

英国政治学家安东尼·吉登斯所著《超越左与右——激进政治的未来》一书就介绍道:

"许多左翼作者已经掌握了生态学的思路。毕竟,从红色向绿色的转变为受排斥的激进主义提供了有用的避难所。如果不再有社会主义革命的可能,那么为什么不考虑一下绿色乌托邦呢?因为

①[美]卡洛琳·麦茜特:《自然之死——妇女、生态和科学革命》,吉林人民出版社,1999年版,第95~97页。
②参见陈林、侯玉兰等:《激进,温和,还是僭越?当代欧洲左翼政治现象审视》,中央编译出版社,1998年版。

如果资本主义根本不会陷入导致向社会主义过渡的经济危机，那它就可能在生态危机下束手就擒吗？因此阿兰·里皮兹用《共产党宣言》的口气说，在新的千年即将来临的时候，一个'幽灵在世界上游荡'——这个幽灵不再是共产主义而是生态激进主义。"①

当然，绿色乌托邦不仅仅表现在对资本主义制度的现实进行批判，还表现在对当代生活的一些大胆的设计，比如，"激进生态学呼吁对社会生活进行深入的解中心化——甚至主张城市消失"②。这一点倒似乎是《乌有乡消息》的回声。

美国卡洛琳·麦茜特女士所著《自然之死》一书中，介绍了欧内斯特·卡伦巴赫1976年发表的《生态乌托邦》——

"卡伦巴赫的《生态乌托邦》以生态运动的理想为基础。书中，北加利福利亚、俄勒冈和华盛顿于1980年脱离联邦政府，构成了一个与世隔绝的乌托邦社会。2000年，有个纽约记者获准访问了这个静止状态的社会。在这个生态乌托邦中，社会结构以自然生态哲学为基础。意味深长的是，妇女领导了这个'回到自然'的社会脱离联邦，并随后占据着这个社会中主要党派领袖、总统和部长职位等权力位置。农场、工厂和商店都是集体所有，私有制被废除，从前旧金山市中心的公司办公楼都改造成了公寓。人们生活在小型的乡村共同体或微型城市里。这些小城市被重新森林化的原野分隔开来，由高速、电动的运输体系联系在一起。城市街道都是林荫道，有树、有花、有蕨和竹。沿着街道还有流水、瀑布，水是经过污水处理后的循环水，市内交通工具有自行车、电车、小巴士，一切免费。市间交通是电动火车。火车、货运列车、电动卡车和少量内燃机车用于运输农场和工厂生产的产品。"③

显然，除了现代科技，这个乌托邦几乎具有传统乌托邦一切特点。它反映了在人类的生存困境面前乌托邦思想持久的生命力。

①[英]安东尼·吉登斯：《超越左与右——激进政治的未来》，社会科学文献出版社，2005年版，第209页。
②同上，第221页。
③[美]卡洛琳·麦茜特：《自然之死——妇女、生态和科学革命》，吉林人民出版社，1999年版，第107~109页)

教育：从傅立叶的"儿童队"
到康有为的"人本院"

> 在傅立叶哪里，与其说是"教育中心主义"，不如说是"儿童中心主义"；而在康有为的"人本院"里，女人生孩子的地位则被抬高到了像当官的责任一样。

教育本身就是充满理想主义的，人们难免把对社会的理想寄望于教育。因为理想社会的基础，一是理想的制度，二是理想的人。而培养理想的人，则有赖于教育。

欧文曾经说过："只有男女都被教育得在感情、思想和行为上变成有理性的人，没有欺骗或犯罪的动机，而是用纯朴和适当的语言说真话的时候，美好的社会才能建设起来。"[1]

因此，欧文在他进行社会实验的舞台——"新拉纳克企业"的背景下，也进行了他的教育实验——"利用明显的示意动作和亲昵的交谈进行的新颖教育方式"[2]，创建了"性格陶冶馆"。

关于教育的空想，还表现为对教育在国家政治、社会发展中的核心地位和作用进行的想象与设计。比如，我国明清之际的思想家黄宗羲的《明夷待访录》中《学校篇》就说到：

"大学祭酒（校长）推择当世大儒，其重与宰相等。……每朔日，天子临幸太学，宰相六卿谏议皆从之。祭酒南面讲学，天子亦就弟子之列。政有缺失，祭酒直言无讳。"

---

[1]《欧文选集》下卷，商务印书馆，1965年版，第4页。
[2]《欧文选集》第三卷，商务印书馆，1984年版，第227页。

这幅图景，当然不是封建专制社会的现实描绘，只能说是一位思想家的幻想。所以胡适在一篇文章中说："这是黄梨洲理想中的国立大学。他真是一个乌托邦的理想家！"胡适还说："黄梨洲不但希望国立大学要干预政治，他还希望一切学校都要做成纠弹政治的机关。国立的学校都要行使议会的职权，郡县立的学校要执行郡县议会的职权。"[①]这是指的黄宗羲的如下文字：

"郡县朔望大会一邑之缙绅士子。学官讲学，郡县官就弟子列，北面再拜。师弟子各以疑义相质难。其以簿书期会不至者，罚之。郡县官政事缺失，小则纠绳，大则伐鼓号于众。"

在地方政治生活中具有这样核心的地位，这还是学校吗？这当然也只能是幻想。

而在傅立叶对"童年时代的教育本能"的论述中，因为把"儿童队"看作是"一切公民美德的发源地"，使它能够焕发出"美德的奇迹"，因此他把这个少年儿童组织置于社会中心不可思议的地位，完全耽于幻想。比如："首先要以社会地位的优越性来激发其自豪感。当局的任何代表，甚至君王们都应该首先对儿童队表示敬意。他们拥有小马，是世界上最好的骑兵队；任何一支产业大军没有儿童队都不能作战；他们在任何统一劳动中都有首开战功的特权；他们在指定开战的日子里出发到军队中去；工程师编制工作计划，而儿童队则打着旗帜全线挺进，在军队的欢呼声中执行第一批勤务……""在寺院中，儿童队被安置在殿堂内，而在庆祝仪式上，它总是占据尊荣的席位。"[②]

这太夸张了吧？这与其说是"教育中心主义"，不如说是"儿童中心主义"，显然过分地夸大了儿童教育对理想社会形成的作用。这种对儿童教育——主要是美德教育——的过度期待，这种过度的"美德补偿"，实际上反映了傅立叶体系的内在矛盾，因为他在成人中构筑理想社会时基本上靠的是"利诱"和"欲诱"，而放弃了道德。这是一

---

①胡适，《黄梨洲论学生运动》，《胡适文存》二集，黄山书社，1996年版，第290页。
②《傅立叶选集》第二卷，商务印书馆，1981年版，第53页。

种比较现实的态度，也是一种比较机会主义的态度。但是这个理想社会毕竟缺少道德因素，可能使他很不放心。这样，他就不得不把道德过多地寄望于下一代。但是，在一个靠欲望启动的社会里，如何培养起道德，他就不能不给出特别不一样的条件。为了为新的社会培养儿童热爱劳动的美德，在傅立叶空想的理想社会的工厂里，"已经有不少两岁半到三岁的幼童在工作"①——这已经是童工了！

我国近代思想家康有为，在他的空想著作《大同书》中则把"胎教"提高到非常重要的地位：在"温冷带间"由全球"公政府"择地设立"人本院"，其工作人员"皆以妇女曾业医者充之，由众公举其仁慈智慧尤深者"。"妇女有孕，皆应入院"。"妇人入院以后，自以高洁寡欲，学道养身为正谊"。这是因为，"孕女为大地众母，为天下传种，种之佳否皆视其母"，因此，"妇女有胎，则其身已属于公，故公养之，不可再纵私乐以负公责也，若纵私乐以负公责，与奉官而旷职受赃同科矣"——生孩子就像当官的责任一样。

而且，"凡孕妇皆作为公职人员，故得禄养，贵于齐民"——也就是比普通百姓社会地位高。怀孕妇女不仅在"人本院"中受到优厚的待遇，而且"每日有女师讲人道之公理，仁爱慈惠之故事，高妙精微之新理，以涵养其仁心。"此外，孕妇的日常活动受严格的控制——有一名"女傅教之监之"，"随之出入，同其起居"，"令孕妇目不视恶色，耳不听恶声，口不道恶言，鼻不闻恶臭，身不近恶人，心不知恶事，使耳目之所染，心知之所遇，无非高妙、仁慈、广大、和平、安乐之事。"如此，不仅"人本院"附近禁绝异形、怪事、恶色、恶声、服刑之人和恶言，而且孕女出入游观宴会，前后都有警察护卫，凡有异形、怪事、恶色、恶声、服刑之人和恶言，都提前令其走避，"无使丝毫入孕女之耳目以感动其魂知"②——这些就是胎教了。

---

① 《傅立叶选集》第二卷，第18页。
② 《康有为大同论二种》，三联书店，1998年版，第257～259页。

胎教是有科学道理的，在当时也是先进的思想观念。但是把胎教置于这么重要的地位，以至使公权力涉入私权领域，则体现了康有为的空想性。

在1928年全国教育会议上，我国教育家陶行知先生提出一个议案：《请大学院呈请国民政府，划出地方数处贡献人类，俾抱有改造社会理想之学者，得以运用科学方法，实现极乐世界，俟试有结果，再行从事推广，以收大同之效案》。

这个提案提出公开在一定范围内进行社会实验的合法性。

"现在政治家，大则以世界为试验品，小则以一国为试验品，不但人民牺牲太大，而且主持的人能发不能收，倒不如先行小试，较有把握。

"我们既可以划出东交民巷为各国公使行使他国主权之所，何不可以划出几个小小的试验社会，给社会科学家去实地试验人类进化的现象，增进人类生活幸福？"

这样的想法在当年国共尖锐对立不共戴天的情形下，就是书生之见；而在今天，就是"特区"的思想。

其办法："（一）每个实验小社会，最小须有一百方里的地方，但最好不超过一县的范围。

"（二）每个实验社会，对内对外，应有完全无上的主权。

"（三）每个实验社会，应严守中立。

"（四）每个实验社会实验期暂定为一百年，但不得延长。在实验期内，非本身解散或失去中立性质，中华民国不得收回。

"（五）每个实验社会之发起人，应将实验计划书，征得本社会内大多数成年人民之同意，送请中华民国大学院转呈民国政府核准成立。但一成立，即享有完全无上之主权，以处理境内之政事及办理境外之交涉。"[1]

这样的提案太惊世骇俗了。所以当年的全国教育会议议决保

---

①《陶行知全集》第2卷，湖南教育出版社，1985年版，第119页。

留，保留意见为："不在教育会议范围之内，留供内政部推行自治之参考。"

这个"享有无上之主权"的小特区，虽然看似与教育无关，但它由一位教育家提出来却意味深长，它反映了这位以"力行"著称的教育家的乌托邦情结。因为，向国家要一块土地作为"制度特区"进行社会实验，这正是西方19世纪空想家典型的特征。欧文就是这样，曾向墨西哥政府领取一片土地。

教育界的乌托邦精神，至今延续着。国际21世纪教育委员会在20世纪90年代向联合国教科文组织提交的一份报告的序言中提出了"教育：必要的乌托邦"[①]这一命题。

教育的一个理想，就是人的全面发展。马克思就提出人的全面发展的目标。近年来，的确有人对"全面发展"这一目标提出质疑，但人的全面发展这样的精神，甚至体现在国际21世纪教育委员会1972年向联合国教科文组织提交的报告《学会生存——教育世界的今天与明天》中，这个报告明确提出了"培养完人"这样一个教育目标。

就这一点来说，这个委员会的报告，充满了理想的激情。它甚至承认并这样为自己辩护："这是一种空想吗？是的。我们知道，任何旨在改变人类命运的基本条件的事业势必包含一些空想成分。从这个意义上说，这是一种空想。而且即使这个强有力的运动在不久的将来即将出现，即使产生这种变化的手段也恰巧具备了，但这个运动还不可能在一两天之内发生。从这个意义上讲，这也是一个空想。""可以说，每一个远见，都可能被指责为空想主义。"[②]

科学：从"所罗门之宫"到测谎仪治国

> 尽管社会乌托邦与科学乌托邦是不同的，但是，对人类控制能力的乐观信仰却是它们共同的倾向。

1979年诺贝尔物理学奖获得者温伯格曾经说："当我还是一个孩子的时侯，我总是大量阅读科学幻想小说，即使我很早就知道，我将成为一个科学家。科学幻想小说中令我流连忘返的不是科学，而是对未来社会的幻想——未来社会无论好坏都与我们自己的社会截然不同。这使我从阅读科学幻想小说发展到阅读乌托邦著作。"①

温伯格的阅读经历反映了科学幻想与社会幻想的内在关联，也反映了乌托邦作品中的科学因素。这就是本节要触及的内容。

如果考虑到英国一部出版于1802年的乌托邦小说《布鲁斯的那不勒斯之旅》描写了一个在"地心"里的理想社会，因此不免有科学幻想的内容，那么，法国科幻小说家凡尔纳创作于1864年的《地心游记》，只能说是步其后尘了。尽管凡尔纳的名气比那位早于他60多年的英国无名作者要大得多。从这个意义上说，乌托邦小说的社会幻想是科幻小说的科学幻想的开路人。

在《那不勒斯之旅》中，地心人解释了这个"中心世界"（Central World）如何利用"地球凹面"的反射作用和各种宝石来解决光源的问题，使地心充满光明，没有夜晚、四季如春。他还

---

①[美]温伯格（S.Weinberg），《五个半乌托邦》，《国外社会科学文摘》，2000年第6期，钱进/译。原刊美国《大西洋月刊》2000年1月号。

谈到了太阳光的原理和光学原理。而另一位地心人在说明万物平等的思想时，谈到了只有借助显微镜才能看到的"一粒沙子就能盖住上百万的生物"，谈到了地球环绕太阳运行轨道的直径为1.62亿英里，谈到了辽阔无边的宇宙①，这都可以算是乌托邦小说中的科学或科幻因素吧。

正是这样一种在近代科学基础上的对世界的认识，使这部小说达到了批判人类中心主义的思想高度。而这种思想高度则是作者所虚构的理想社会在精神上高于他所批判的现实社会的重要原因。

还是让我们回到地球表面上来吧，大多数乌托邦都在地面上。

康帕内拉创造的"太阳城"，是一个崇尚科学的理想国度。在它壁垒森严的城墙上，悬挂着数学公式的图表和说明科学在各方面的发展的图表。"这个城市的制度本身和墙壁上的图画就用直观的方法向聚精会神地观看壁画的人们灌输一切科学。"②

这个国家是以知识渊博来选择统治者的："要做一个职位最高的'太阳'，一定要熟悉各民族的历史、风俗、宗教礼仪和法律；必须熟悉各个共和国和君主国的民政部及立法者、科学和手工业的发明家，也必须精通天文。为此，他也必须了解各种手工业。同时，也应该懂得物理学、数学和占星学。""由于具有如此渊博知识的人十分罕见，所以太阳城的人民通常总可以预知谁足以胜任'太阳'这个职位。"

实际上，这个虚构的国家的领导人是一个像古希腊柏拉图《理想国》中"哲学家王"那样的"知识王"。对此，连那位听航海家讲故事的招待所管理员都不免怀疑："难道一个人真能掌握这样渊博的知识吗？我想，一个献身于科学的人未必能管理国家。"航海家回答说："我也像你说的那样反问过他们，他们是这样回答我的：'无疑地，比起你们来，我们能更清楚地了解，这样有学问的人，是一定能英明地管理国家的；你们却捧一些不学无术的人做政府首脑，你

①Bruce' Voyage to Naples,《英国启蒙运动中的乌托邦思想》，第276页。
②《太阳城》附文：《论最好的国家》，商务印书馆，1980年版。

们认为他们适合做政府首脑，只是因为他们是统治阶级，他们是由统治集团中选出来的而已。'"

对此，当代美国政治学家萨托利却不以为然。他认为：

"假如我们把'科学家的统治'理解为科学家和（技术时代的）专家治国论者将取代政治家，换句话说，未来的政治家要从专家和科学家里面征募，这不仅是个非常冒险的预言，而且并不解决问题。……因为科学家接替政治家的角色，不可能意味着新的统治者会以政治家身分而行事如科学家。实际上，科学家统治很可能与科学统治毫无共同之处……无论如何，政治家将被科学家取而代之，这是一个最没有道理的假设。"①

诺贝尔物理学奖获得者温伯格也曾经说："威尔斯和其他乌托邦主义者曾设想，把公众置于科学家之手，但我太了解我的科学家同行了，他们不会对这种建议具有热情。大多数科学家宁愿做他们自己的研究，而不是统治任何人。……无论如何，我看不出科学家将比其他人更善于管理一个国家的任何迹象。"②

据说，19世纪三大空想社会主义思想家之一的圣西门，曾于1819年搞了一个宪法方案，"其中操纵工业制度的是三个机构：'发明院'，由（300名会员中的）200名工程师组成；'管理院'，包括300名生物学家、物理学家和数学家；'执行院'，则完全由实业家、企业家——当然是他们中间最富有和最成功的人——组成。"③

这实际都反映了这样一种政治想象：让那些真正具有智慧的人、创造者代替专职的（因此可能是腐败的）政治家直接管理国家。

英国近代唯物主义哲学家弗朗西斯·培根(1561～1626)的《新大西岛》的未完成稿很短，一半述这个理想国家的宗教生活，一半述这个理想国家的被称作"所罗门之宫"的研究工作——内容非常广

①[美]乔·萨托利：《民主新论》，东方出版社，1993年版，第451页。
②[美]温伯格 (S.Weinberg)，《五个半乌托邦》，《国外社会科学文摘》，2000年第6期，钱进/译。原刊美国《大西洋月刊》2000年1月号。
③[美]乔·萨托利：《民主新论》，东方出版社，1993年版，第448页。

泛的实验科学，把培根关于实验科学的设想发挥到极致。

这个国家的核心是"所罗门之宫"。"所罗门之宫"是科学院，按照外邦人宾馆馆长的话来说，"它是一个教团，一个公会，是世界最崇高的组织，也是这个国家的指路明灯。它是专为研究上帝所创造的自然和人类而建立的"；按照它的一位元老的话来说："我们这个机构的目的是探讨事物的本原和它们运行的秘密，并扩大人类的知识领域，以使一切理想的实现成为可能。"但是，奇怪的是，这个"科学院"同时也是国家的行政机关、权力中心，这是它的特殊性，因此说它是科学家治国也不为过。柏拉图的《理想国》希望把统治权置于哲学家手里，培根的《新大西岛》希望把统治权置于科学家手里，都是精英统治的思想，都是想把治理国家的权力由更智慧的头脑指挥，有利于国家和人民的福祉。这当然与现代民主制度、人民主权理念有很大距离，但它比君权神授的观念，比把统治权置于昏君、暴君之下更合理吧？

以培根的名言"知识就是力量"（knowledge is power）而言，其实这句话里面的"power"，有权力的含义。这在《新大西岛》中，不仅表现为实用科学对生产生活的支配，也表现为少数人对科学知识的控制："我们不共同研究：我们所发现的经验和我们的发明，哪些应该发表，哪些不应该发表，并且一致宣誓，对于我们认为应该保密的东西，一定严守秘密。不过，其中一些我们有时向国家报告，有一些是不报告的。"

卡洛琳·麦茜特女士在《自然之死》一书中特别在意那位"科学家"出行的豪华仪仗，并说，"培根的科学家不但看起来像个神父，而且行为也像神父"。把他看作是一个科学权力化的表征。

安德里亚的《基督城》是一个宗教的国家，也是一个科学的国家。尽管麦茜特教授把培根的《新大西岛》称作"机械主义的乌托邦"，而把《基督城》称作"有机乌托邦"，但从《基督城》中"实验室"一节的介绍看，基本上与《新大西岛》差不多，都表达了17世纪实验科学的理想：

"在这里，金属、矿石、植物的性质，甚至牲畜的生命都经过检查、精炼、繁殖和结合，使其能为人类所利用，并且有益于健康。这里，天国和人间糅合在一起，生存在这个土地上神圣奥秘的事物都被发现了；在这里，人们学会控制火，利用空气分析水和化验泥土。在这里，大自然的模仿者有其必要的手段可供摆布。当他一面竭力仿效自然界的主要面目时，由于有了大型机械装置，结果他同时又造成另外一些精密的和极其优美的东西来。"①

　　傅立叶的协作制度（法郎吉）是具有科学色彩的制度设计，它的中心理论是一种叫作"情欲引力论"的心理学假说。他称："这种理论以汲取于自然界的、符合情欲要求和几何学定理的特殊方法为基础。因为情欲谢利叶的结构在任何意义上都是几何学的。"②他言必称"引力"，也是从牛顿的"万有引力"中套来的。他说："牛顿仅仅在一个部门内创造了引力的计算学，你们就推崇牛顿是近代的第一个天才，你们为什么对继承这种计算学、而且把它从物质方面推广到情欲方面、推广到比牛顿所研究的别有妙用的部门的人却大肆诽谤呢？"③

　　这个人就是他自己。在他的制度设计中，有着"十二种情欲"的人类，实际上成了他"科学实验"的对象。在这里，不是人通过科学控制自然，而是人自身成为"科学"控制的对象。

　　在中国，这种科学主义的乌托邦在康有为的《大同书》中也得到了呼应。"像其他乌托邦作家一样，康有为以非常诱人的细节美化他的乌何有之乡——不是像傅立叶的那样有大量柠檬水，非兽性，高尚伟大的社会——而是一个像凡尔纳描绘的技术乐园。他预见到电信学的发展，为即时普选提供了手段。他想象出装饰得豪华舒适的空中旅馆。公共餐厅中由机器人运送食物，餐桌从楼下升起，并伴有音乐和立体电影……"

　　这里需要说明的是，对科学的崇拜是文艺复兴以来许多西方乌

---

①[德] 约翰·凡·安德里亚：《基督城》，商务印书馆，1997年版，第66页。
②《傅立叶选集》第一卷，商务印书馆，1982年版，第261页。
③《傅立叶选集》第二卷，商务印书馆，1981年版，第190页。

托邦作品都有的倾向，但是把自己的整个乌托邦构想托言"科学"，直接以科学家自居，甚至直接声称源自"自然科学"，则是19世纪欧洲科学主义的思想环境所致。比如圣西门就声称自己是社会科学家，相信自己是工业社会新科学的奠基人。他的"空想"论文都有科学论文的形式特征。"他持续和首要的目标是建立一个人类的科学"。"他也被人们看作是现代社会学的创建者"[①]。

我们通常理解的乌托邦作品都是政治幻想、社会制度幻想和社会生活幻想。然而有另外一种乌托邦却体现在科学幻想小说里。儒勒·凡尔纳是人们最熟悉的科幻小说家。他的《蓓根的五亿法郎》一书，就描写了一位医学家用一笔天上掉下来的巨额遗产在美国的荒野里建立了一座以科学的养生之道为特色的理想城市——"法兰西城"。"这块孤零零的土地在政治上是独立的，不要任何人的入市捐税；加上气候温和和人们喜爱新事物的心情，这一切很自然地吸引了大批移民。目前，法兰西城已经有近十万居民了。但最有意义的并且唯一可能和我们有关的，就是他们在保健方面的措施取得了极大的效果。无论在古老的或是新大陆，即使在环境最好的城市里，每年的人口死亡率从来也没有显著地降到3%以下过，可是在法兰西城，五年来的平均死亡率只有1.5%。……这座惊人城市的创建者之一曾这样写道：'最后获得的结果将是无比伟大的！人将要活到90岁或100岁，只有老死，像大部分动物和植物一样！'"[②]

应该注意到，这种由个人出资在美洲买地建立自治的实验性移民社会的做法，是19世纪末典型的乌托邦实践的做法，欧文、卡贝都是如此。而由科学家出资建立实验的移民社会，自然体现了科学的理想。科学家不仅是这个社会实际上的主宰者，而且整个社会发展体现了科学家的目标。这座理想城市有着一般乌托邦社会的统一性与计划性，尽管它的统一性与计划性主要体现在公共卫生及私人卫生方面。比如在私人建筑的规定方面："房屋之间要互相隔开，每

①Vincent Geoghegan, Utopianism and Marxism, Methuen &co. Ltd, 1987, p8.
②儒勒·凡尔纳《蓓根的五亿法郎》，联星/译，中国青年出版社，1956年版，第127～128页。

所房子周围都有一块空地，一所房子只住一家。""每所房子最多两层，不妨碍其他房屋的空气和光线。""屋内可以按个人的意思布置，但是严格禁止使用毡毯和糊壁的彩色纸，这两样东西是传染疾病的因素，是瘴气的真正温床和毒物的制造所。"在市场管理方面也是严苛的："谁拿一个臭鸡蛋、一斤坏肉或一升掺水的牛奶来欺骗顾客的话，就要受到与下毒药害人同样的处分。"①

你看，仅仅是一个卫生科学标准的强化，已经使"国家"在很大程度上进入了私人自由的空间。

戴维·埃伦费尔德的《人道主义的僭妄》一书中，提到一本名叫《沃尔登第二》的科幻小说。小说中不仅以"人类行为科学"的方法控制人类成长，而且以此设计政府。这被埃伦费尔德称为"科学的虚妄"。埃伦费尔德还说，"现在，美国有一个叫作'沃尔登第二'的实验公社，拥有书中的许多原则和目标。"

尽管社会乌托邦与科学乌托邦是不同的，但是，对人类控制能力的乐观信仰却是它们共同的倾向。尽管这部批判科学乌托邦的《人道主义的僭妄》，与对一般乌托邦的批判也是不同的，但是，反对控制，批判对控制下的美好社会的幻想，却有着同样的自由主义倾向。

20世纪是以"反乌托邦"作为特征的。即使如此，仍然有乌托邦作品问世。著名的英国科幻小说家威尔斯1905年就发表过一部《现代乌托邦》（设想大约5000年时的情景），"即开始表达这种乐观的乌托邦主义，《类似众神的人们》（1923年）中则充满了这种思想。合理的，人性化社会，突破了地球的边界，国家消失了，权力由道德优良的精英分子掌握，而已被驯服了的科学建立起了现实中的天堂。"②

据法国学者加泰尼奥研究，威尔斯对科学的幻想的大多数著作都是悲观的，比如著名的《星际战争》③，还有《莫洛博士的岛》，

---

①《蓓根的五亿法郎》，第123～126页。
②[法]让·加泰尼奥：《科幻小说》，商务印书馆，1998年版，第42页。
③《星际战争》描写了火星人入侵并统治地球的故事。《莫洛博士的岛》描写了一位科学家在一个荒岛上把野兽发展到人类的水平，并建立了以他自己为神的严酷统治并最终失败的故事。

可是在这些著称于世的科学悲观作品之后，威尔斯还是创作了对科学怀有乐观主义的乌托邦展望，连这位研究者都感到奇怪。这其实正表明人是很难摆脱乌托邦的诱惑力的。

20世纪末在美国畅销的一本政治科幻小说《测谎仪》（the truth machine)，描写了一个高度发达的电子工具改变社会的历程。其中文版的封面和套封上印着这样的话：

"《测谎仪》一书以其丰富的想象力为我们描述了未来世界的图景，它是对科技发展及社会道德进步的一种预言，全书充满了远见、智慧及种种令人震惊的可能性。"

"作为世界上最有影响的商人之一，毕业于哈佛大学的软件天才兰德尔·彼德·阿姆斯特朗有一个目标，就是制造一台能够百分之百地识别谎言的机器，它除了能够确定一个死刑案中的嫌疑犯是否确实有罪之外，这个机器对于一个正与进行'自我毁灭'进行斗争的整个地球还有更广泛的意义。

"'测谎仪'的出现，将改变世界的面貌，犯罪、暴力行为以及出庭案例几乎在一夜之间突然消失，大多数律师会去寻找新的工作。

"'测谎仪'将被用于法庭之外，诸如政治、外交、商业、科学、教育各个领域，并最终走入世界的每一个家庭，它将重新塑造人性的本质。"①

听听，这还不够乌托邦吗？没有谎言的世界，难道还不是一个美好世界、道德世界吗？

然而，事实上，这本书远没有这些商业性的招牌说得那么神。作为一部政治科幻小说，它同其他把硕大的未来世界支托在一个小小的技术工具上的虚构一样，是自我解构的。实际上，要说它有什么深刻的地方的话，那是在于，作者沿着一个技术工具的想象，对没有谎言的世界和没有谎言的人类，进行了严肃的哲学审视和思索，如果没有这个技术工具提供的"可能"，他就不能这样思索。

①[美] 詹姆斯·L·哈普林：《测谎仪》，新世界出版社，1998年版。

当这个未来世界的所有人都必须在测谎仪面前证明自己的诚实的时候，作者实际上描写了一个建立在测谎仪之上的专制社会。在这个意义上，《测谎仪》和奥威尔的《一九八四》没有什么不同。因此，这部小说，既是乌托邦的，也是反乌托邦的。

请看看书中2049年——测谎仪已经统治世界时——一位书中人物的话：

"在某种意义上，测谎仪相当于一支拐杖。你不要误解我的意思。每天我都在感谢上帝赐给我们ACIP。但是我认为我们对它的依赖正是它最大的缺陷所在。在发明ACIP之前，我们要面对工作中或个人生活中最大量没有把握的事情。任何人对你说的任何一句话都有可能是假话，应付类似问题需要一种特殊的能力。今天事事变得约定俗成。我们大脑中用于处理偶然事件的部位肯定已萎缩了不少，你难道没有同感吗？拿走了测谎仪，你就会看到好多人根本不知道如何生活。"①

这一段话的悲剧性在于，它暗示我们，科学技术的发展已经截断了人类自己的道德进步的道路，尽管它看起来是帮助了人类的道德进步。因为被机器"帮助"了一把，所以一个无谎言的世界是不是进步的，是不是"道德"的，看起来就很难说了。

从小说的结构看，这个世界完全是被一个软件天才改变了的。由此也可以说是早期乌托邦小说中"科学家王"的现代版。

面对这样的"测谎仪"一类可以帮助人们治理社会的科学造物，我们该如何作出判断呢？萨托利《民主新论》一书中有一段耐人寻味的话，也许会给我们一些启示：

"设计出一个旨在运用经过科学计算的手段去实现经过科学证明的目标的理性社会，这并非当代科学家和技术专家力不能及的事情。……然而，普通的理性告诉我们，由脆弱的、在摸索中度日的人类所构成的人类社会，有可能根据理性而组织起来并加以调节，

---

①[美] 詹姆斯·L·哈普林：《测谎仪》，新世界出版社，1998年版，第330页。

但根据他们自身的经验，也有可能根本不是个美好社会。请记住，按照西方的世界观，美好社会或幸福生活，从根本上说就在于允许每个人根据他自己的理由去选择他希望得到的东西。按照这种对生活及其价值的认识，一个人人事事都要由理性决定的社会，并不是一个值得称道的社会。"[1]

科学乌托邦，深深印着西方理性主义思想传统的印记。它当然同样是"西方的世界观"。

---

[1][美]乔·萨托利:《民主新论》，东方出版社，1997年版，第452页。

在乌托邦的 "反面"

"反乌托邦", 冷冷地站在乌托邦对面

乌托邦文本与实践的反差

"反乌托邦",冷冷地站在乌托邦对面

> 就文学作品形式而言,乌托邦把未来社会描写得非常美好;而反乌托邦就是把未来社会描写得非常可怕。同样是面向未来,乌托邦充满期望,反乌托邦充满警惕。

"反乌托邦"(或称"反面乌托邦"),是指与乌托邦在相反的方向上思维的一类作品,它们与传统的乌托邦作品有着形式上的相似,却在精神上对立。在一定意义上说,20世纪出现的反乌托邦是几个世纪以来乌托邦写作传统的终结者。"反乌托邦"是乌托邦的一个摆脱不掉的影子和尾巴。了解反乌托邦,才能更深刻地了解乌托邦。

尤金·韦伯在《20世纪的反乌托邦》一文中写道:"本世纪的反乌托邦作品,在性格上可以说是乌托邦讽刺作品的一支。然而它有特殊的地方,因为它虽然攻击现行制度,又往往同样攻击乌托邦的理想,或者乌托邦构想中可能实现的一些东西。反乌托邦论者在他们所设定的乌托邦中看到了昨日的梦想之实现,并针对这种实现加以批评。"[1]

当代中国学者陈周旺认为:"从乌托邦的精神逻辑来考察乌托邦在现实化的过程中必然导致乌托邦精神的退化,向反乌托邦转化。"[2]

---

[1]《现代人论乌托邦》,台湾联经出版事业公司,1980年版,第110页。
[2]陈周旺:《正义之善——论乌托邦的政治意义》,天津人民出版社,2003年版,第244页。

20世纪反乌托邦小说的经典，是英国小说家奥威尔的《一九八四》、赫胥黎的《美丽新世界》，以及俄国小说家扎米亚京的《我们》。

　　这类小说的政治批判性确实要大于一般的文学作品，就像经典乌托邦小说传播政治理念的功能一般都大于其自身的文学性一样。但是，与一般政治讽刺作品不同的是，它们有着特定的指向：一方面固然有着"当代政治批判"，另一方面主要是"未来政治警告"：着眼于当代政治中显现的那种可能发展为可怕的未来的因素。正如美国学者波斯纳说，《一九八四》"最初以作为一种反对苏联极权主义现实以及奥威尔分析西方社会觉察出的类似趋势的警示而著称"①。正是在这个意义上，波斯纳在《公共知识分子——衰落研究》的"政治讽刺文学"一章中，既谈到《一九八四》、《美丽新世界》等小说，也谈到了哈耶克的《通往奴役之路》这部针对二战后英国计划体制进行批判的非文学的著作，因为它们都是基于现实而对未来的"政治警告"。尽管这种警告作为一种对未来的预言都落空了，但是不能否定它们对人类思想的贡献，就像经典乌托邦的预言虽然落空，也不能否定他们对人类思想的贡献一样。他们在正反两个方向上推动着人类的精神进步。

　　就文学作品形式而言，乌托邦把未来社会描写得非常美好；而反乌托邦就是把未来社会描写得非常可怕。它们同样采取"向前展望"的形式——比如乌托邦作品《回顾》把理想社会设定在一百多年以后；反乌托邦作品《美丽新世界》把那个可怕的新世界设定在600年以后。而《一九八四》设定的未来则要近得多：从小说出版的1949年到书名提示的年份，只有35年。同样是面向未来，乌托邦充满期望，反乌托邦充满警惕。乌托邦是浪漫主义、乐观主义的；反乌托邦是怀疑主义、悲观主义的。"他们的作品中反映着一种失望与恐惧，而这些情绪的基础是以前所未曾有的。"②

293

---

①理查德·A·波斯纳：《公共知识分子——衰落研究》，中国政法大学出版社，2002年版，第315页。
②尤金·韦伯：《20世纪的反乌托邦》，《现代人论乌托邦》，台湾联经出版事业公司，1980年版，第112页。

反乌托邦这些"以前所未曾有的"时代背景是什么呢？我想，正是20世纪出现的超大型国家，或称"超级大国"，以及人类在控制人自身的技术和学术方面的突飞猛进。

著名反乌托邦小说《一九八四》就幻想到了"超级大国"，全世界合并成了三个大国："大洋国"、"欧亚国"和"东亚国"。主人公所在的就是以原英国伦敦为中心，以"老大哥"为精神领袖的"大洋国"。这三个超级大国是战争的结果，而三个大国仍然在战争之中。另一部著名反乌托邦小说《美丽新世界》的故事，则发生在以"我主福特"为世代精神领袖的"世界邦"。《我们》的主人公，则生活在"大一统王国"中。在经典乌托邦中，走向世界大同之路都伴随着国家消亡；而在反乌托邦中，则表现了国家强化——极权化，以及世界多样化的消失、个人自由的消失。

至于人类控制自身的技术和学术进展，《美丽新世界》描写的"中央伦敦孵育暨制约中心"，呈现了通过生物技术产生出"一百万划一的孪生子"的可怕前景——这实际上是对"克隆人"的预言。而这部小说中描写的"育婴室·新巴甫洛夫制约室"则更为可怕：它把俄国实验心理学家巴甫洛夫在狗身上得出的条件反射原理用于人类的婴儿（实际上是被像产品那样在车间生产出的婴儿），用难以忍受的爆炸声和电击施之于这些孩子，使"他们的脸庞因恐怖而扭曲变形"，发出"痉挛的尖叫"，实验的目的，是为了建立他们对花朵和书本的条件反射，"他们将怀着一份心理学家曾经称之为对书本和花'本能的恶'而长大，这种反射已经无法改变地被制约成功了。他们终其生都将远离书本和植物。"[①]这是一种对人类的定向培养计划——向着恶的方向的培养计划，它通过"主任"向实习生们演示的方式平静地描写出来，令人不寒而栗。

实际上，这种用电击和噪音施之于人的控制实验在上一个世纪60年代的美国已经出现了，由此得出传播研究中的"态度的经典条件作用理论"。这个理论的提出者"斯塔茨和斯塔茨认为，态度不

①[英]赫胥黎：《美丽新世界》，远方出版社，1997年版，第18、19页。

过是这种建立在经典条件作用上的对一个字的情感意义。""斯塔茨和斯塔茨的这项研究对某些宣传技巧提供了理论上的解释";"这种对态度的条件作用似乎也可与广告中的多数技巧联系起来。很多产品的名称,例如Ipana或Qantas,当他们第一次被介绍给大众时,基本上是一些无意义的音节。广告的主要目标是将这些名称与正面的字词或经验联系起来。"[①]

如果说《一九八四》更为集中于政治的极权思想批判,那么《美丽新世界》则更多的是技术批判和消费主义批判。控制人的技术与满足人欲望的消费主义在《美丽新世界》中是极权的工具和剥夺人思想自由的工具——它们与《一九八四》中无处不在的"电幕"和窃听器毕竟有所不同。但是,以市场社会为土壤的消费主义在逻辑上为什么能够与极权主义结合在一起?这是《美丽新世界》没有回答的问题。这个问题耐人琢磨。

《一九八四》是匮乏的社会——生活品定量配给,匮乏本身在这里是控制人民的工具,这里的超大国家"大洋国"甚至有意通过战争消耗社会财富来制造匮乏。而《美丽新世界》则是物质极大丰富的社会。在这里,物质极大丰富本身是控制人民的工具——使人民快乐、无思想、无教养。在这个意义上,《美丽新世界》这部创作年代更早,把未来设定得更远的反乌托邦作品,比《一九八四》更深刻,也更"反"——即对于经典乌托邦的批判更有针对性。它告诉人们的是:生产力的高度发达和物质的极大丰富并不能带来人类的理想世界——如果它们不能同时带来人的自由而是剥夺人的自由的话。

与《一九八四》、《美丽新世界》均采用第三人称,着重于外在描写不同,《我们》则是以第一人称——私人记事的文体写作的反乌托邦小说,因此,它更注重主人公心理、精神的描写——读者从一位"大一统王国"宇宙飞船的设计师的心中,感受着这个"理想

---

①[美] 沃纳·赛佛林/小詹姆斯·坦卡德:《传播理论:起源、方法与应用》第4版,华夏出版社,2000年版,196、197页。

国家"无孔不入的控制、无孔不入的压力——这个国家的每条街道都能记录并收集行人的私语；以及在这种压力下内心的不自由；也从他的心中感受着由坚信中一点点萌生的对这个理想国家的怀疑，并最终走向精神上的反叛。

《一九八四》、《美丽新世界》和《我们》，都描写了强大的、无处不在、不孔不入的国家乃至"超国家"，与之相对的，则是孤独无助的、叛逆的个人。这构成了这类小说的基本冲突。比如《一九八四》中，主人公温斯顿有偷偷写日记的爱好，在小说一开始就显示了他的叛逆性，因为在这个叫作"大洋国"的超级国家里，写日记是犯法的行为，要被判处死刑。与此相应，他经常耽入回忆也是叛逆性的，因为这个超大国家就是要通过消灭回忆来控制人们的思想。在这几部小说里，主人公的命运都是悲剧性的。他们身上和心中残存的那些基本人性的成分，与超级国家的规范不能相容，并且与后者撞得粉身碎骨。在这一点上，这些反乌托邦小说的文学性都超出了经典乌托邦小说。因为文学毕竟是"人学"，它们更多地展示了人的性格和人的命运——尽管其中个性丰满的人物往往也只有一两个。

反乌托邦小说还精心设计了一些给人深刻印象的器物和场景，如《一九八四》写到主人公温斯顿家中的"电幕"，就是经典性的——它是一个国家设置在每个人家中的监视器，把人在家中的所有影像、声音都"吸"进去；而且，它也是一个关不掉的电视，不停地、强制性地向人传播着国家的声音。这个可怕的东西，除了其在小说中的强制性之外，"其实也就是现代的视频会议技术"[①]，只不过被一位反乌托邦小说家幻想到了。小说《我们》中给人印象深刻的固定场景，则是所有人都生活在玻璃房子之中，只有男女在行房事的时候，才可以通过申请拉下窗帘。玻璃房子与关不掉的"电幕"一样，意味着所有的人民，无时无刻不处于国家的监控之下。

---

①波斯纳：《公共知识分子——衰落研究》，中国政法大学出版社，2002年版，第336页。

而《美丽新世界》中对"造人"车间及其"造人"器皿的描写，也是经典性的，让人过目不忘，不寒而栗。而在当代，就技术而言，这都是可以做到的和即将可以做到的。后者是对在当代引起普遍惊恐的"克隆"技术的预言。那种"造人"的工厂，我们在近年中国内地上映过的美国惊悚电影《逃出克隆岛》（The Island）中可以直接看到。

尤金·韦伯在《20世纪的反乌托邦》一文中写道：

"若说反乌托邦的观念留给了我们一线希望，则这个希望在于人的本能，人的幻想，人的非理性，以及特别属于个人的和自我的特征，而这些东西却足以摧毁任何体制和秩序。人的基本情感——性、爱、自私、幻想——之所以有重要性，原因就在这里；而这些情感却是所有乌托邦计划者想要控制，而反乌托邦的人寄托信仰的所在。"[1]

赫胥黎的《美丽新世界》把俄罗斯宗教哲学家别尔嘉耶夫的一段话作为印在扉页上的题记中：

"乌托邦假说比我们过去想象的更容易达到。而事实上，我们发现自己正面临着另一个更痛苦的问题：如何去避免它的最终实现？……乌托邦是会实现的。生活直向着乌托邦前进。或许会开始一个新的世纪，在那个世纪中，知识分子和受教育的阶级将梦寐以求着逃避乌托邦，而回归到一个非乌托邦的社会，较少的'完美'，而较多的自由。"

别尔嘉耶夫在《精神王国与恺撒王国》一书中对乌托邦问题有集中的思考。赫胥黎的《美丽新世界》以别尔嘉耶夫的话作为题记，显示了别尔嘉耶夫，这位1874年出生于俄罗斯贵族家庭，十月革命后作为苏维埃政府的敌人被驱逐出境的思想家，可能是20世纪反乌托邦小说思想资源的主要提供者。

他说："人们通常把不能实现的东西称为乌托邦，这是不正确

---

[1] 尤金·韦伯：《20世纪的反乌托邦》，《现代人论乌托邦》，台湾联经出版事业公司，1980年版，第110页。

的。乌托邦可以被实现，并且在多数情况下也曾得到实现。人们根据托马斯·莫尔、康帕内拉、卡贝等人对完善了的制度的描绘来评价乌托邦，根据傅立叶的幻想来评价它。但乌托邦是人的本性所深刻固有的，甚至没有就不行的。被周围世界的恶所伤害的人，有着想象、倡导社会生活的一种完善制度的需要。"[1]

这种"乌托邦可以实现"的判断，正是从反面作出的；尽管他关于乌托邦基于人性的阐释，可以看作是正面的，而且比反乌托邦小说的思想要深刻得多。在上面的论述中，我们似乎看不到他站到乌托邦的对立面，尽管他确实是他所认为的乌托邦——苏维埃政府的不合作者。

反乌托邦作品产生于第一次世界大战之后。西方知识界对乌托邦的恐惧感的上升，不能不说与第一次世界大战之后产生的强大的社会主义国家苏联有关。这个新兴的国家可以说是欧洲几个世纪以来人们所梦想的社会理想的实现。从一定意义上讲，可以说是一个实现了的乌托邦。但是，这个新国家在向人们展示了巨大成就的同时，也把一个梦想扯碎在人们面前。

诚如19世纪的《伊加利亚旅行记》中描写的革命场景使人联想到了法国大革命的街垒战，20世纪的反乌托邦小说《一九八四》无孔不入的国家监视、秘密警察就可以使人想到斯大林统治下的苏联的严酷。

当然，实际上，这种对乌托邦的恐惧和对自由的忧心，并不都是指向苏联的。因为，第一次世界大战后，包括资本主义国家在内的所有的国家相对于个人，都比以往强大了。这正如英国经济学家哈耶克《通往奴役之路》一书的警告，并不是针对苏联，而是针对他所在的英国。

乌托邦与反乌托邦作品的联系还在于，由于人类历史经验，由于人的精神思想的发展和批判意识的增强，当初的乌托邦作品，现在看来，往往具有反乌托邦的味道。比如早期乌托邦作品《太阳

①[俄] H. A. 别尔嘉耶夫：《精神王国与恺撒王国》，浙江人民出版社，2000年版，第113页。

城》、《乌托邦》中那种刻板、严酷、不自由的生活，在今天的人们看来无论如何不是美好的理想生活，但它们的确曾经是人的社会理想。即使是充满了专制、谎言的柏拉图的《理想国》，也的确曾经是少数知识分子个人的理想。传统乌托邦著作与人的历史生活和人的精神发展方向相悖的地方，就是它们自己的"反乌托邦性"。

伯特兰·罗素在《社会重建的原则》一书中写道："到目前为止，一切虚构出来的乌托邦都是令人不堪忍受的单调乏味。任何人只要有可能，还是宁可活在这个尽管十分恐怖的世界里，也不愿生活在柏拉图的理想国里或者是斯威夫特的'有理性的马群'中间。那些制造乌托邦的人是从一种完全虚构的所谓美好生活的假设出发的。他们认为可以想象出某种社会状态和某种生活方式一经出现，便永远是好的，并且可以永远性地延续下去。他们没有认识到，人的幸福的绝大部分有赖于活动。"[1]这一段话就是指出早期乌托邦作品中的"反乌托邦性"。可以说，一些早期的乌托邦作品是被人类历史和人类经验本身"反乌托邦化"了的。

299

上文罗素所提到的"斯威夫特的'有理性的马群'"，是指英国18世纪政论家和讽刺小说家的著名小说《格列佛游记》第四卷《慧骃国游记》中的记述。那是一个马的国家。它们充满理性，主人公生活于其间，乐不思返。"慧骃"就是"有理性的马"。而关于《格列佛游记》，更广为人知的是"小人国"的故事。

在一定意义上说，乌托邦文本是"自行解构"的。我们不难在一些乌托邦作品中发现一些疑点（它们往往是通过"反面角色"提出来的），这些疑点在逻辑延长线上的彻底化，就可能是反乌托邦。反乌托邦的思索，既可以是少数思想者从人类的历史经验中产生的，也可以由已经获得了这种思索能力的普通人从古老的乌托邦文本中推导出来。因此我们不难在一些乌托邦的后面，找到它们相隔遥远年代的反乌托邦。

由哲学家作国王来统治的国家是柏拉图的"理想国"；由科学

---

①[英]伯特兰·罗素：《自由之路》下，文化艺术出版社，1998年版，第498页。

家作元老统治国家是培根的"新大西岛"。由科学家统治的国家历史上没有出现过，不过它作为"反乌托邦"的形式出现在英国著名小说家和历史学家赫乔·威尔斯的科幻小说《月球上最早的人类》（1901年）之中。这是一个由长着奇特的"大脑袋"的知识分子统治的星球，他们因为脑袋太大而不得不坐着担架。

"这些大脑袋的月球人，从事脑力劳动形成这奇异社会里的一种贵族阶层，他们的首脑，月球的精华，那个不可思议的巨大的中心人物——月球大王，终于接见了我。由于月球人缺少那种限制人脑发育的骨框（即人类的颅骨），因此知识阶层的脑力无限地发展……"

然而，这样一个"智力无限发展"的社会却是一个人的发展本身被极端专业化、功能化的社会：

"在月球上，每一个公民都知道自己的地位。他一生下来就是那个地位，他受到的精心安排的纪律训练和教育以及外科整形，最终目的就是使他完全适应他的地位，以致他既没有超出他那个地位的念头，也没有超出那种地位的器官。……"

这不就是"异化"吗！马克思描述了在资本主义生产线上和生活中，机械的劳动导致体力劳动者的异化；威尔斯的"月球人"，则表现了知识者的异化。知识的无限发展并没有带来完美的社会和完美的人。也许正是因为这一点，一位法国学者在评价威尔斯的另一本星际幻想小说时说："这本书完全符合由威尔斯开创、被扎米亚京、赫胥黎及奥威尔发扬光大的'反乌托邦'潮流。"[①]

马克思在《1844年经济学——哲学手稿》中指出："劳动创造了美，却使劳动者成为畸形。"而威尔斯的这部幻想小说，恰恰就描写了这种"畸形"：

"例如，牧兽者的唯一触手，被精心地改造成能抓住、举起、指挥月球怪兽；其余的月球人只是那些重要机械装置的必需的附属物，他们的听觉器官十分发达；有些是从事精密化学操作的，他们

---

①[法] 让·加泰尼奥：《科幻小说》，商务印书馆，1998年版，第10页。

的嗅觉器官很大；另一些是踩踏板的，生有平足，关节僵硬；还有另外一些看上去象个肺叶，我听说是吹玻璃的工人。但是，我看见在工作的这些普通月球人，个个都非常适应他们所承担的社会分工。"

还有更惨的："我遇到许多年轻的月球人，给禁闭在坛子里，只有前肢伸出，他们被压缩成一种特殊机器的看管者。在这高度发展的技术体系中，伸长的'手'是用药物来刺激，靠打针来滋养的，而躯体的其余部分则让它挨饿。"

威尔斯的这部《月球上最早的人类》发表于1901年，一般不被看成是反乌托邦小说，而被看成是对"揭露资本主义丑恶面"的讽刺性作品[①]。但是另一位英国作家赫胥黎创作于1932年的、被看作是经典反乌托邦作品的《美丽新世界》，却不仅同样，而且更触目惊心地写了这种"社会分工"：不同的社会分工和社会阶层不仅在育婴室，而且在胚胎的"孵育中心"就已经被国家按照科学的方法"制约和先定"，"将婴儿倾注为社会化的人类，成为阿尔法或埃普西隆，成为未来的扫阴沟工人或未来的世界元首"——"阶级越低，氧气越少"。而胚胎室的"高温制约"则用来制造未来的钢铁厂工人。不光是生产，用电击和花朵建立起婴儿们对不同事物的条件反射，都是为了增加他们成人之后对不同工业品的消费欲望。

实际上，尽管许多乌托邦作品是具有社会主义、共产主义倾向的；但是，反乌托邦作品，却并不应在逻辑上理所当然地被看作是具有反社会主义、共产主义倾向的。《美丽新世界》以"吾主福特"纪元，实际上是一个资本家统治的工业世界，只不过没有一般资本主义社会的分散与竞争，而有着过去社会主义社会的"共有、划一、安定"（这是"世界邦"的箴言，悬于各处）。

乌托邦在逻辑上是完美主义的；反乌托邦在逻辑上是反完美主义的。我们看看那些反乌托邦作品中所表现的人本身，比如《月球上最早的人类》中的"月球人"、《美丽新世界》中的"世界邦"

① 《月球上最早的人类》，中国青年出版社，1983年版"译者前记"。

人，难道他们不是残缺的吗？这些"反乌托邦"著作所"反"的，恰恰是社会的"完美"、人的残缺。而一个缺少完美的人的社会，又岂是完美的社会呢？

威尔斯的这部《月球上最早的人类》，如果看作是一部反乌托邦作品的的话，那么他"反"的是知识乌托邦、分工乌托邦、效率乌托邦。尽管早期乌托邦中确有知识崇拜的乌托邦，幻想知识分子（无论是哲学家王还是科学家王）统治国家的乌托邦，但大多数乌托邦作品是主张消灭分工的。特别是晚期乌托邦。了解反乌托邦之后我们会发现，20世纪的反乌托邦作品，除了他们现实的"影射"（比如，有人说奥威尔的《一九八四》是影射苏联的）之外，都可以看作是早期乌托邦作品的"倒影"——逻辑的延伸与批判。而那些晚期乌托邦中有关人的全面发展、人的自由的理想，并没有被反乌托邦作品所"反"掉。那就是说，反乌托邦的悲观主义作家们，尽管可能不相信人的全面发展、人的自由的可能性，但是他们不能从这些价值中得出可怕的、消极的推论。从这一点看，乌托邦的价值与意义并没有被"反乌托邦"完全"反"掉。

随着科学的进步，人们也许不会再作乌托邦之梦，但是科学进步本身，却似乎总在提醒我们"反乌托邦"的记忆。比如，美国康奈尔大学刘洪清教授首次成功地培育出人造子宫内膜，2002年2月，一个有关人造子宫伦理问题的国际会议在美国俄克拉荷马州立大学举行。这可能使人们联想到了赫胥黎反乌托邦小说《美丽新世界》中"工厂造人"的恐怖描写，所以2002年3月21日《南方周末》科学版的头条报道题为《我们离赫胥黎的预言有多远？》

方舟子在同一版的另一篇文章中乐观地回答了这个问题：

"赫胥黎笔下的那个'美丽的新世界'之所以可怕，关键并不在于它采用了遗传技术设计人类后代，而在于那是个专制、集权的社会。利用遗传技术的是政府，而不是父母，目的是为了政府利益，而不是后代本身的幸福。如果是在一个民主、自由、人道的社会里，如果有父母作自由的选择，如果以后代的幸福为宗旨，那么我们是否会同意遗传设计是可以接受的，甚至是值得提倡的？"

这个逻辑当然成立。然而，与这个逻辑同时存在的是：即使是在遗传设计技术最先进的西方国家，即使是在对自己的民主自由制度很有信心的西方社会，人们对遗传设计技术仍然抱持着很大的疑虑。这本身难道不够证明，现在世界上的民主自由制度与不可测的科学技术相较，还不够令人放心吗？遗传设计技术给专制制度提供的可能性，也许大于它给民主自由制度提供的幸福度。这个判断没有什么确定的根据，它源于人们把安全感置于幸福感之上的人性本身。即使在古罗马的奴隶制度下，仍然可以产生斯巴达克斯那样自由反抗的心灵，然而这样的自由心灵在《美丽新世界》的"造人工厂"里就可以完全排除掉。

乌托邦文本与实践的反差

虽然几个世纪以来乌托邦著作的作者们往往在整体上进行过国家设计，但是他们自己则没有进行国家规模实验的机会，而只有社团规模实验的机会。

所有描写理想社会的乌托邦作品，都不会、也不可能写到乌托邦的毁灭。因此我们不可能得到描写毁灭的乌托邦文本。但是，在对乌托邦实践的记述著作中，我们不难得到毁灭的文本。这里仅提及三个案例，它们是：

德国人海因利希·卢克斯的《艾蒂安·卡贝和伊加利亚共产主义》；

中国人唐锡阳《探亲——19世纪美国共产主义公社"大房子"

考察记》；

原《中国青年报》记者吕彤的《孤独的大房子》。

应当说，这里所选择的三个乌托邦实践个案，都是乌托邦的社团性实验，而非乌托邦的"国家实验"，这不仅因为，把真实的、一国政党和人民在特定历史情境中的革命建设的历史称作乌托邦实验，是一种过于简单的做法；更是因为：虽然几个世纪以来乌托邦著作的作者们往往在整体上进行过国家设计，但是他们自己则没有进行国家规模实验的机会，而只有社团规模实验的机会。19世纪法国人卡贝写的空想小说《伊加利亚旅行记》是国家乌托邦，但是他自己在北美创建的伊加利亚共产主义移民区，则只是社团实验。文本的国家实验与实践的社团实验，当然不成比例，但是他们相同的地方则是：都排除了一些更复杂的东西，都体现了某种普遍性规律。

海因利希·卢克斯的《艾蒂安·卡贝和伊加利亚共产主义》记述了卡贝本人按照自己的《伊加利亚旅行记》去美洲实践的失败历程——一个要把自己的梦实现的悲剧历程。值得注意的是，这个实践不仅远没有小说文本那么美好，困难重重，而且暴露出了文本并没有正面触及的封闭与专制。他描写了当初自愿跟随理想生活的人们是如何抛弃理想，接受外面的世俗世界的理念的。

海因利希·卢克斯博士是19世纪末的德国社会民主党人，他的这本书以对《伊加利亚旅行记》文本的细读审视和对"伊加利亚运动"实践的历史记录相互呼应的形式，深刻表现了这一乌托邦的悲剧感。这是我读到的一部最好的乌托邦批判著作。他不是站在"右"的方面对这一乌托邦文本和实践进行批判，而是站在"左"的方面，指出卡贝个人和他的书、他的运动的致命缺点，包括他的禁欲主义、独断专行、个人崇拜以及缺乏经营能力，他在文本和实践中的不诚实，揭示出美好的文本（《伊加利亚旅行记》）背后和之后的那些不美丽的东西。等于让人直接看到梦的破灭。

跟着卡贝从法国远赴美洲开创新世界的"伊加利亚人"，从一开始就是被他美丽的小说吸引去的。一句"到伊加利亚去！"的热情召唤，不知点燃了当时欧洲多少绝望的心。卡贝以"告民众书"的形式在报纸上招募志愿与他一起开创新世界的人们。一个完美的世界已经预先在小说里存在了，但它在现实中却找不到存身之处，需要每一户志愿者倾家荡产、背井离乡，在荒寒的北美大地上开拓。这真是水中月、镜中花、远方止渴的梅林，一开始就注定了其悲剧感。

文本中的美好描写当然是不能当即兑现的。不能兑现的不仅仅是物质的丰富和生产力的强大，还有制度的优越和精神的自由。人自身的道德的美好也不能自我兑现。他们面对的是文本与现实之间巨大的落差。这群准备去远方实现共产主义制度的人们，"还在船上航行期间，他们之间由于琐碎小事，由于相互妒忌各自私人的小物件而时常发生摩擦、龃龉"[①]。

事实上，移民区的建设很不顺利，在垦荒开始后不久，由于遭受一个又一个噩运的打击，人们越来越失望，甚至达到绝望的境地。我们应该注意到，在小说中的"伊加利亚共和国"和现实中的伊加利亚垦荒移民区之间的差距，不仅仅是一个起点与目标的距离，我们应该记得，小说中的"伊加利亚共和国"是全国人民在本国武装夺取政权，接管了整个国家机器，实际上也是在继承了现有生产力水平的基础上，"从外国进口一些可以提高效率和代替人力从事各种危险、污秽或劳累作业的机器和技术"，"建设一些巨型的共和国矿山和机械厂"[②]，而且是以城市为中心建设起来的。而伊加利亚垦荒移民区则是少数人飘洋过海在异邦陌生的土地上，在低于国家的现实生产力水平的拓荒农业的起点上起步的。以这样一个低起点，在逻辑上就不可能产生小说中许诺给人的理想社会。

除了建设过程的艰辛困苦之外，海因利希·卢克斯博士着意描写了伊加利亚垦荒移民区那些被理想召唤去的人们深重的孤独感，

---

①[德] 海因利希·卢克斯：《艾蒂安·卡贝和伊加利亚共产主义》，商务印书馆，1992年版，第134页。

②[法] 埃蒂耶纳·卡贝：《伊加利亚旅行记》第二、三卷，商务印书馆，1978年，第83页。

这还不仅是这些移民与祖国的地域分离、与陌生的所在国的心理、情感的分离产生的孤独,更重要的是他们精神上的孤独,他们与时代现实生活之间,与时代的现实原则和现实发展之间隔绝而产生的孤独感。所有的乌托邦作品都不会写到这种孤独,而所有乌托邦实践中的人们都一定会遭遇到这种孤独。这一点也反映出一部分乌托邦作品至少在逻辑上的不诚实。

《伊加利亚旅行记》这个乌托邦文本中是没有多少禁欲色彩的,至少表现得不明显。因为它是在法国19世纪生活背景下创作的,以法国人民的民族性格和上层生活为摹本创作的,跑马、观剧、乘游船,丰富而浪漫。但是据卢克斯的这本书,卡贝本人在北美的伊加利亚移民区,则禁欲色彩相当浓重,生活单调而乏味。作者先是引述了卡贝的《伊加利亚旅行记》中为人民描绘的令人悠然神往的理想生活,接着引述当时的一位访问者霍林斯基的记录:"但是,住在密西西比河畔、天性活泼的法国人的生活却像铅一样沉重,确切地说是在熬日子","我仿佛置身于男女修道院之间,这里虽允许男女结合,但好像有一个绳索束缚着他们,那就是:男人不能表现温存,女的不许撒娇。"[1]实际上,这里的道德尺度比他们祖国法国社会的道德尺度要严苛得多,有好几位社员因通奸而被开除出移民区。

"伊加利亚文本"与"伊加利亚实践"的另一个具体的区别是:《伊加利亚旅行记》中已经没有早期乌托邦作品中的共餐制的公共食堂。这是晚期乌托邦文本的一般趋势;然而,在伊加利亚移民区中,仍然实行着共餐制。可见乌托邦实践并不与乌托邦文本的思想进程"同步",前者往往体现着更"早"的特征。

文本的乌托邦与实践的乌托邦还有一个重要的差别,那就是:前者体现着彻底的原则;而后者往往是妥协的原则。

也是在海因利希·卢克斯的《艾蒂安·卡贝和伊加利亚共产主义》中,记述了由法国社会主义者勒鲁兄弟俩在北美创建的一个叫

---

①[德]海因利希·卢克斯:《艾蒂安·卡贝和伊加利亚共产主义》,商务印书馆1992年版,第151页。

作"斯佩兰察伊加利亚"社会主义移民区的梗概。当时许多社会主义移民区都是因为经济上经营失败的，而这个移民区却呈现出欣欣向荣的景象。"不过这里有一个秘密因素，那就是：移民区的繁荣昌盛不是归功于共产主义原则，而是归功于纯粹资本主义经营方式。因为从事生产劳动的只是9名白人和6名低价出卖劳动的中国工人。为了获取更多的利润，就采用了美国人的经营方式。很明显，东家当然得到的是累累硕果。在以资本主义作为基础的社会制度内部，剥削者将是个人主义者，还是共产主义者，实质上是没有任何差别的。"①

这使我想起了当代中国以"共产主义小社区"为目标的河南省南街村的"外圆内方"策略。它的"外圆"，就是对外采用市场经济原则；"内方"就是内部实行社会主义甚至共产主义原则。没有"外圆"，就没有南街村经济上的成功，也就不可能支持内部的共产主义分配原则。显然，它的原则并不统一，也不彻底，而是内外割裂的。

从卢克斯这本书的追述看，卡贝领导的共产主义移民区的消亡，没有什么戏剧性。他们实际上没有受到什么外在的、来自资本主义制度的压迫；有的只是发生在内部的观念、原则的冲突，这些冲突既导致移民区的分裂，也导致一些经济上的纠葛，当然，还有经济上的破产和半破产。

恩格斯以这样一句话概括卡贝的伊加利亚共产主义实验："这种实验的结果就是在美洲大陆建立了一个模范移民区，也就是说，从法国逃跑出来，然后在美国吵吵闹闹和陷于半破产。"②美国政府只是把他们看作一个社团，只是当他们内部出现矛盾，要求政府仲裁的时候，地方法院才会像处理一般民事案件那样处理他们的矛盾。实际上，他们的生活理想和他们的分配原则对于现实的国家而言，既无优越性，也无挑战性。由于经济上的困顿，生存已属不易，

307

---

① [德]海因利希·卢克斯：《艾蒂安·卡贝和伊加利亚共产主义》，商务印书馆1992年版，第190页。
② 《马克斯恩格斯全集》第36卷，人民出版社，1975年版，第368页。

"于是，他们被迫像西方农场主一样，完全抛开一切形式的精神生活，专门干活，但，即使这样，他们对改善生活和未来的前途，均看不到任何希望。干活只是为了糊口——绝对不是花了那么多代价、作出那么多牺牲而创建的公社所追求的目标。公社社员亲身体验到这个结论：卡贝的理想没有实现，也永远实现不了。"

这真是无声的悲剧。

唐锡阳的《探亲——19世纪美国共产主义公社"大房子"考察记》[①]，是对美国一个存在了32年的以诺伊斯为精神领袖和领导人的奥奈达公社的记述。诺伊斯的角色与卡贝很相像，都是很有个人魅力的充满理想的人，都有宗教倾向，到老年也不免趋向专制，最后被年轻人所抛弃。这个公社不仅有大多数早期乌托邦都实行的公共食堂，而且实行了大多数晚期乌托邦都已放弃的群婚制。这种旨在"消除自私自利之心"的现代群婚制，首先限制的就是现代人的情感自由，因为它禁止人们发生固定对象的爱情，禁止专属的爱，实际上还剥夺母亲出于天性的亲子之爱。这使我们看到，近现代乌托邦社会实践与晚期乌托邦作品在思想上还是有距离的。晚期乌托邦文本所展示的那种自由主义甚至无政府主义，实际上不足以维持一个现实存在的公社，不足以使一个现实的公社成员经历创业的艰难和在艰难条件下保持节欲生活所需要的纪律。而且，当乌托邦文本展现为一个国家的设计空间时，它给个人留出的空间总要大于一个封闭的社团乌托邦实践给个人留下的空间。

这个实践乌托邦的消亡比卡贝的"伊加利亚"的消亡更有一些戏剧性：

"可怕的分裂终于开始了，对许多社员来说，这是一场恶梦。在一次公社大会上，出现了从来没有过的公开争吵，不满公社的人都坐在走廊里，公开地蔑视、指责和反对忠于公社的领导成员。……这伙年轻人正在酝酿赶走诺伊斯，并向法院告他，甚至要聚众揍他。情势十分危急的时候，诺伊斯6月22日下午得到了这个消

① 载《世界宗教文化》1995年第3期。

息，当天夜里带着两个亲信就仓惶逃走了，一直逃到加拿大的尼亚加拉瀑布城……"

唐锡阳教授感叹说："美国探亲归来，我不禁叹曰：嗟夫！想不到在我的家里，出现了两个共产主义实验的模式。一个是纽约州我妻子的这个老家，带着浓厚宗教色彩的共产主义模式，彻底地实行共产共妻。这个实验没有流血，没有牺牲，社会不干预它，它也不危害社会。合则留，不合则去，自生自灭。虽告失败，却留下了一段传奇式的故事和一笔丰富的、至今还在被利用与探讨的物质与精神遗产。另一个是我的家，是一个以马列主义为基础的，包括前苏联、东欧、中国等在内的巨大规模的实验……"

话没说完，意思到了。但是他没有区分的是，共产主义的国家实验与共产主义的社团实验，不仅在规模上不同，代价不同，实际上强制性也不可能相同。19世纪北美大陆上的共产主义社团实验，都是在美国国家的法治环境之下进行的，各个共产主义社团是接受了这样一个环境的原则的，他们的内部强制性不可能超越这个环境的允许。因此，一个特点，就是内部成员原则和意见的分歧可以表达，甚至可以用脚投票——走人和分裂。而共产主义的国家实验就不一样了。国家就是主权者了，没有任何力量可以限制这个主权，原则和意见不同的人们也不可能用脚投票，逃离国家。从另一方面来看，单个的共产主义社团实验，不是不可能成功，也不是不可能完全"无害"地在资本主义的国家里取得优越性，被国家所吸收；但是，社团永远不可能繁殖和扩展为国家本身。这倒不是因为国家的强制性，而是因为，即使在一个宽松的国家环境里，欧文所设想的单一模式的繁殖和扩展，根本违反了人类意见和利益的多样性规律。19世纪北美共产主义社团实验的结果本身，就证明了这一点。

然而，我们还应该看到，法治国家之下相对自由的公民社会，就人们自由合意地共建理想生活而言，毕竟比中央集权的单一模式的国家提供了更为合适的条件和空间。这是市民社会层次上的存在。因此，进入市场经济和法治化国家的中国，如果出现一些社团性的乌托邦实验，倒并不是值得奇怪的事。因为这毕竟是人们自己的生活选择，本无所谓成败。像日本的"共产主义村"山岸主义——丰里实验地从1957年创办至今，在资本主义的市场经济中生存也有半个世纪了，生活、经营一体化，财产共享，没有报酬，也有西方国家的人慕名加入。并且还发展成国内47个国外7个实验地，很难想象它们会像欧文、傅立叶设想的那样扩展成改变世界面貌。但是它们的存在本身表明，人们在一定规模上是可以创造自己想要的生活的。而它们的持续存在本身，总是指向对人类现实制度和生活的怀疑。

正是在这个意义上，学者秦晖写道："如今发达国家的公民社会除了自由主义者以外也不乏莫尔的继承人，只是他们中的乌托邦理想家——从欧文、卡贝、格伊恩斯、柴科夫斯基到如今欧美的公社实验者——不会再遭到莫尔当年那样的命运，更不会因乌托邦的不能实现而给社会造成灾难。"①

原《中国青年报》记者吕彤的《孤独的大房子》②则记述了20世纪90年代常仲明等几名环保志愿者在北京郊区的深山里的理想生活实验。它的意义在于显示了这种古老的理想在中国正在实行的市场经济环境中的遭遇和与市场经济原则发生的直接冲突。

这个从1995年初由志愿者建立在北京郊区的野生动物自然保护区，与19世纪美国奥奈达公社有一些"渊源"：常仲明是读了环保专家唐锡阳的《环保世纪行》之后，才起意要建这个保护区的，他"一口气读了三遍，好像我前半生都为等着实现这个理想"；而唐锡阳正是《探亲——19世纪美国共产主义公社"大房子"考察记》的作者，奥奈达公社成员后代的中国女婿。这个偶然的联系具有一种象征性：那就是19世纪西方普遍的社会实验意义的乌托邦脉系，到20世纪末的中国，由环保志愿者接续了。这不是没有理由的。这

---

①秦晖：《自由优先于"主义"》，《方法》，1999年第1期。
②载1997年9月16日《中国青年报》。

不仅因为"公社"和全面的社会生活实验在中国当代史上已经留下了非常惨痛的印记，而且因为，实际上，由民间社团本身组织的理想生活实验在中国既没有传统，也没有文化的和法律的生存条件。而环保领域，却是特别适于与理想、志愿结下不解之缘的。当代民间的环保行为，都具有理想性。环保领域也是中国当代较少的具有民间社团性和个人自由合意性的领域。因为它需要先觉者和献身者。这本身就与乌托邦情结相契合。观察这个领域，就是观察当代中国残存的乌托邦精神。

　　起初，这是常仲明"一个人的自由保护区"（这是吕彤最初一篇报道的标题）。但如果真是"一个人的"那就简单了，问题是，在常仲明的感召下，来了别的志愿者；而常仲明要想实现自己的理想，也还得与别人一起组成"社会"来奋斗。鲁滨逊一个人在荒岛上，荒岛上只是一个人；而鲁滨逊找到了"星期五"，荒岛就有了一个社会。与其说，是环保的使命感驱动他们上山的，不如说是这种"没有报酬，没有分工，也没有人监督督促，大家都甩开膀子拼命干"和"同志加兄弟"的社会形式、生活方式吸引他们来的。正像常仲明拒绝以"雇佣关系"和其他经济方案从事这项带有理想色彩的事业一样，他们的内心深处都是当代大行其道的市场原则的批判者。

　　于是，这个自然保护区的历史，就成了一群中国当代青年社会实验和生活实验的历史。尽管这样的实验在历史上从卡贝的伊加利亚公社到诺伊斯的奥奈达公社都是失败的，但是他们不知道，他们还要试试。吕彤上山多少次就关注这场社会实验的结果。因为这样的结果深藏着理解当代社会、市场经济利益原则的启示，它让我们思索我们这个时代仍然需要的理想性与我们这个时代必须遵循的规律性之间究竟在哪里接榫。

　　同卡贝的伊加利亚旅行移民区和诺伊斯的奥奈达公社一样，这个小小的志愿团体的破裂，除了经济的困顿，以及一地鸡毛式的恩怨之外也伴随着成员之间的争论——要不要大家过更好一点的日子，要不要赚钱？以及无偿原则与效率的矛盾。因为在这个已经市场经济化的社会，旁边就是金钱原则带来的效率，只要把眼睛往山外看，就能看到与自己不一样的效率。导致这个"社会"破裂的人的矛盾和各种各样的心理都是偶然的；但是这样一个"社会"的失败则是必然的，因为一个没有分工，没有组织，没有利益关系的社会在人类历史上从来不曾持久地生存过。这里面有涉及社会与人性的内在规律性。而这种规律性，即使再小的社会也不能逃脱。

一群心怀理想的人，在一个封闭的环境中组成社会——这太像一个乌托邦的结构了。实际上，正是在乌托邦层次上的审视，使作为记者的吕彤看到了这一新闻的悠久内涵，使他超越了"环保新闻"或"志愿者新闻"的表述，而触及到人身上某种永恒的，也是沉重的东西。乌托邦，给了这个长篇报道一副思考的面容。

中国本土的乌托邦文本

李汝珍的《镜花缘》

康有为的《大同书》

张竞生的"美的社会"

梁启超的《新中国未来记》

刘仁航的《东方大同学案》

李汝珍的《镜花缘》

揭示出《镜花缘》在社会理想意义上的乌托邦品质的，正是心存乌托邦的胡适。

314

本书介绍的大多数乌托邦著作，都是几个世纪以来欧洲、北美的著作。那么，中国的乌托邦著作如何呢？中国有没有乌托邦写作传统呢？的确有人关注过这个问题。其中一位就是胡适。

1916年，胡适在美国读书期间写的读书笔记中，有一篇叫作《吾国古籍中之乌托邦》是这样写的：

"吾尝谓吾国人未尝有精心结构之乌托邦，以视西人柏拉图之《共和国》，穆尔之《乌托邦》有愧色矣。今始知吾此说之大谬不然也。吾国之乌托邦正复不逊西人。今试举二者以实吾言。

"第一，《管子》乃绝妙之乌托邦也。管仲之霸业，古人皆艳称之。然其所行政策，《左传》绝无一语及之。今所传其'作内政以寄军令'及'官山海'（盐铁官有）诸制，皆仅见《管子》之书，（《国语》所载全同《小匡》篇。盖后人取《管子》之文以为《齐语》耳。）疑未必真为管仲所尝行者也。以适观之，其书盖后人伪托管子以为乌托邦，近人所谓"托古改制"者是。然其政治思想何其卓绝（法治主义）而其经济政策何其周密也。后人如《国语》之作者如司马迁，不知《管子》之为伪书，乃以乌托邦为真境，岂非大可笑乎？

"第二，《周礼》乃世间最奇辟之乌托邦之一也。此书不知何人所作，然决非'周公致太平之迹'也。《周礼》在汉世，至刘向父子校书始得著录。其时诸儒共排以为非。林孝存（亦作临孝存，名硕）至作十论七难以排之。何休亦以为六国之阴谋之书。何休之言近似矣。要之，此书乃战国时人'托古改制'者之作。他日当详考诸书，为文论之。然其结构之精密，理想之卓绝，真足压倒一切矣。"[1]

胡适这一番考证，本意是想证明我国有乌托邦传统，其实，在我看来，这番考证恰恰证明了我们并没有乌托邦的传统：因为无论《周礼》也好，《管子》也好，在我国历史上，或是被当作真实的记录，或是被当作伪书，恰恰都没有被当作乌托邦——即空想之作。这至少证明，在知识圈里，就没有乌托邦的接受土壤。这是理解我国乌托邦作品何以不发达的重要思想史背景。

胡适在另一则读书笔记中写道：

"吾国先秦诸子皆有乌托邦：老子庄子列子皆悬一郅治之国；孔子之小康大同，尤为绝古今。汉儒以还，思想滞塞，无敢作乌托邦之想者，而一国之思想遂以不进。吾之以乌托邦之多寡，卜思想之盛衰，有以也夫！"[2]

这一番论述，才是切中肯綮的。中国乌托邦之不发达，应该在春秋战国以后思想之不发达中找原因。当然，拿"汉儒以还"来比欧洲近代的乌托邦思想，是不够公平的。问题是，我们近代的思想史仍然受着"汉儒以还"的影响，即使偶有乌托邦的苗头，仍然离

①胡适：《吾国古籍中之乌托邦》，《胡适散文》第二集，中国广播电视出版社，1992年版。
②胡适：《梦想与理想》，《胡适散文》第二集，中国广播电视出版社，1992年版，第198～199页。

315

不开"托古改制"的窠臼，而"托古改制"的过去指向及其现实政治的功利性，与西方乌托邦作品的未来指向和它们超越现实政治的理想性，是有着很大区别的。正是"托古改制"的窠臼，束缚了中国的乌托邦想象。

当然，在胡适看来，无论是过去指向还是未来指向，有理想就比没有理想强。他是在这一点上肯定我们古代周礼、老子的"乌托邦"的。而"汉儒以还"后中国思想界的衰落，正是社会理想的衰落。在同一篇读书笔记中，胡适写道："尝谓欧人长处在于敢于理想。其理想所凝集，往往托诸'乌托邦'(Utopia)……乌托邦者，理想之至治之国，虽不能至，心向往焉。……天下无不可为之事，无不可见诸实际之理想。电信也，电车也，汽车也，无线电也，空中飞行也，海底战斗也，皆数十年前梦想所不及者也，今都成事实矣。理想家念此可以兴矣。"

当然，清代中叶我国还是产生了李汝珍的《镜花缘》，在今天看来，它可以说是我国为数不多的乌托邦作品之一。而揭示出《镜花缘》在社会理想意义上的乌托邦品质的，正是心存乌托邦的胡适。胡适在上一世纪20年代作过一批中国古代白话小说的研究，1923年写就《〈镜花缘〉的引论》，指出：

"《镜花缘》里最精彩的部分是女儿国一大段，……这个女儿国是李汝珍理想中给世间女子出气伸冤的乌托邦。""但他又写出一个黑齿国，那又是他理想中女子教育发达的一个乌托邦了。"

胡适还说："这部《镜花缘》的结构，很有点像司威夫特(Swift)《海外轩渠录》(Guliver's Travel)，是要想借一些想象出来的'海外奇谈'来讥评中国的不良社会习惯。"①

他说的《海外轩渠录》就是我们前面曾提到的英国小说家斯威夫特的《格列佛游记》。

欧洲乌托邦作品的结构的确有像《乌托邦》、《太阳城》、《格列弗游记》等那样"海外奇谈"的传统。但是，像《格列佛游

---

①胡适：《〈境花缘〉的引论》，《胡适文存》二集，卷四，第499、501、505页。

记》那样着重于讽刺现实的作品，却不是欧洲乌托邦作品的主流或核心的品质。理想与讽刺是有区别的，如果仅仅为了讽刺，其实不必悬一理想。这也是《格列佛游记》整部作品不能被看作乌托邦作品的原因。《格列佛游记》只写了一个好的国家——马的国家"慧骃国"，其余都是讽刺的对象——被变形了的英国社会。胡适以《镜花缘》比附《格列佛游记》，恰恰证明了《镜花缘》不是一部典型的乌托邦作品。比如"君子国"的描写，一般读者都着眼于市面上买卖双方互相主动让利的不合常情之举，其实作者着力的地方，却在于借君子国的"双宰相"吴氏兄弟之口对林之洋、唐敖的"贵处"——中国社会——弊端的批评：厚葬、奢侈、女子缠足等。君子国中虽然民风淳朴，但政治制度、经济制度却与中土无异，至多是一个道德乌托邦。而西方的乌托邦作品则更多地着眼于制度设计。

可以说，自从我们先秦典籍《礼记·礼运》以"向后看"而不是"幻想"的视角，描述了一个"大道之行也，天下为公"的"大同"社会，几千年来，中国的知识分子心中的确是埋藏下了这么一种美好社会的影子。但恰恰因为《礼记》被尊奉为儒家经典，因此，中国人数千年来的社会理想都没有超出于《礼记·礼运》中的想象范围。列子的神话、"桃花源记"的传说，星星点点，吉光片羽，都没有呈现出完整的社会重建的气度，特别是没有具体的制度设计。这与大一统的专制的政治制度有关，也与"独尊儒术"之后的学术专制有关。正如研究者刘明华在《大同梦》的前言中所说："自《礼运篇》问世后，大同思想史，几乎就是《礼运篇》的阐释史"[①]，这本身就说明：相较于西方的乌托邦思想史，我国的"大同思想史"的原创性思想资源比较匮乏。无怪刘明华的《大同梦》一书把梁山泊好汉都算上了。

[①] 刘明华：《大同梦》，上海文艺出版社，1999年版，第3页。

康有为的《大同书》

康有为正是借了民国初年思想界的宽容环境，才敢于公开他多年藏于箧中不敢示人的《大同书》。

中国近代以来的乌托邦作品，则完全不同了。其中最宏伟之作，还得算康有为的《大同书》；最浪漫之作，还得算张竞生的《美的社会组织法》。学者朱维铮在三联书店出版的《康有为大同论二种》的导言中说："与人们已经熟悉的康有为的学术著作不同，《大同书》不再以某种经典或者圣言的诠释的面貌出现，不再装作自己是古圣前修的代言人，而是自命为当世的'神圣明王孔子'，直接向世人宣布他的社会理想。"[1]这句话意味深长，其实它恰恰反映了乌托邦这样一种社会理想的表达形式为什么难以在中国传统文化的土壤里产生：乌托邦表达形式的基本特征，就是完整的社会重新设计，它不仅在政治上不能见容于大一统的封建专制制度，而且在文化上不能见容于大一统的儒家思想传统。

康有为的《大同书》，创作年代不详。但"书中所举的许多实例，尤其是康有为以目击者口吻所举的东南亚、印度、北美、中西欧和近东、北非诸国的实例，大多是本世纪初他游历所见"[2]。这种海外游历，不仅使他开阔了眼界，获得了中国传统士人所难得的开阔的思想资源；而且使他在一定程度上摆脱了传统文化在精神和心

---

[1]《康有为大同论二种》，三联书店，1998年版，第15页。
[2]同上，第13页。

理上的束缚。康有为是1913年他在中国已经成为文化保守势力的代表的时候，才公开出版他的《大同书》的。但是，《大同书》本身的激进，却超越了当时最先进的思想文化。从一定意义上说，康有为正是借了民国初年思想界的宽容环境，才敢于公开他多年藏于箧中不敢示人的《大同书》。

《大同书》采取严整的政论体裁，从人类的最基本的苦难立论，展示了一个国家消亡、家庭消亡、民族平等、社会平等、男女平等乃至人类与不同生物之间都实现平等的极乐世界。这个空想的全球改造方案，不仅是一个静态的结果，而且也包含一定的过渡性的设计。比如，如何由国家过渡到全世界的"公政府"，是有一些中间步骤的："今欲至大同，先自弭兵会倡之，次以联盟国纬之，继以公议会导之，次第以赴，盖有必至大同之一日焉。"①他还列出了一个《大同合国三世表》，以对比的形式显示了"据乱世"、"升平世"、"太平世"三个历史时期的国家政治架构逐渐演进、消亡的过程。——这样说，当然过于简单化了，不管有多少论证，都是空想。但是，他悬想中"大同始基之据乱世"的"公议会"的一些特征，如"公议会不及各国内治，故各国内治全权无限"、"公议会有调和维持各国之责"、"公议会条例为公法，驾各国法律之上"——难道不是预言了联合国或者欧洲议会吗？对国家消亡的历史过程作如此开阔而细致的幻想，这是以往西方经典乌托邦著作中少有的，也是中国的乌托邦传统中所没有的。

从人类生老病死等最基本的苦难出发，通过打破各种界限，实现极乐，这似乎是佛教的思路。初读《大同书》，我似乎有这样的感觉。但是，佛教的思路是从社会中抽出自己的身子，放弃这个社会，而不是改造这个社会。因此，也不可能提出改造社会的方案。比如，《大同书》中有"去家界为天民"②，这与佛教否定家庭的思想也接近，但佛教是自己出家，而不是设计一个消灭了家庭的社

①《康有为大同论二种》，三联书店，1998年版，第121页。
②同上第144页。

会。佛教否定家庭，是因为家庭也是人的苦难之源，因为总有爱恨牵挂。而乌托邦否定家庭，则因为家庭与私有制紧密相联。按《大同书》的话就是："有姓即有亲，有亲即有私，其于天下为公之理最碍矣。"[1]所以，在这一点上，《大同书》其实是延续了西方早期乌托邦著作（如《太阳城》）的思路。而正是在"去家界为天民"这一点上，康有为以"天下为公"的儒家理想作为大前提，却走到了儒家思想的对立面，因为家庭本身及其家族伦理——孝——正是儒家思想的逻辑起点。

在"去家"这点上，康有为比西方早期乌托邦想得更细致。不仅"去家"，而且"去姓"："各人本院皆有甲乙号数，每度因人口多寡而设院，院室各有以某日生号，即以某度、某院、某室、某日数成一名可见。"[2]——这一点让我们太难以接受了。以这种序号作为标志的人，岂不像是一个个囚徒吗？而那"某度、某院、某室"，岂不像是牢房吗？

《大同书》的论证性色彩与傅立叶的空想形式比较接近。其中也运用了许多中西历史的论证材料。比如，论证"去国界合大地"的国家消亡过程，康有为就分别以普鲁士德国联邦和美国联邦作为例子——他的国家消亡过程就是小国合成大国、大国合成世界"公政府"的合并过程。在己部"去家界为天民"中，为了消灭家庭的最终结论，康有为分别以"论欧美薄父母由于重夫妇"、"论孝报欧美不如中国，耶教不如孔教"、"论中国孝为空义，罕有力行者"、"论慈孝之难由于意见"、"论家人强合之苦"、"论立家之益即因立家之有害"、"论有家则有私以害性害种"作为中间性的论证，一步步最终导出非"去家"不可。其中还包含一个论据，即"今欧美之治近于升平矣"，比我们中国离太平世更近，他们就没有我们这样的孝道。康有为在这种论证中似乎忘记了自己当时作为传统中国文化和传统价值观的代言人的地位，也不会想到他后来自己向总理提

①《康有为大同论二种》，三联书店，1998年版，第267页。
②同上。"度"指地球经度。因为康有为的大同世界取消了国家，所以用经度作为行政区划。

出将"孔教"作为国家宗教，列于宪法的建议。他的思想所能达到的远处，与他在社会中的实际主张之间的距离令人惊讶。这也是《大同书》这部空想作品与西方乌托邦著作相比特别奇怪的地方。

作为一个论证性的理想蓝图，《大同书》不仅包含了古今中外的事实材料，而且往往有作者自己的亲身经历。比如，在"去形界保独立"——论证男女平等这一部分，他讲到女人自安于被贬抑地位，实为可奇，举了一个例子：

"吾昔入加拿大总议院，其下议院长诸女陪吾观焉。吾谓'卿等俱有才学，何不求为议员？'议长诸女胡卢大笑，谓'吾为女子，例不得预'，目吾为狂。"①

康有为的《大同书》是写出来以后秘而不宣的。因为其中表达的社会理想不仅与当时中国的现实有很大距离，而且与康有为自己关于现实的政论有很大距离。但是，他在批判现实的政论中还是透露了他自己与乌托邦的关系和距离。

1913年5月写的《无政府》一文中有一段话，似乎反映了康氏与乌托邦思想的关系与距离：

"……昔法之人，有倡无政府义者，岂不高美哉？假天下家给人足，人人自治，有士君子之行，被发美好，含哺鼓腹而游，智者如标枝，愚者如野鹿，何必政府，何必法律，何必礼教。游庄生建德之国，登列子甂瓴之山，生佛氏极乐之国，入赫胥黎乌托之邦，岂不甚善哉？孔子大同，亦为是也……"②

这篇文章是针对时政——当时社会乱象的批评。但是，其中，也把"无政府"当作是一种社会的理想状态。其中所谓"赫胥黎乌托之邦"反映出他了解乌托邦这个概念，但似乎不了解"乌托邦"的语源和《乌托邦》这本书的作者（应该是托马斯·莫尔）。这篇政论发表的年代，与学者认定《大同书》写作年代不远，从中可能反映出，康有为接触到一些西方空想主义思想，包括与空想主义有

---

① 《康有为大同论二种》，三联书店，1998年版，第184页。
② 《康有为政论集》下，中华书局，1981年版，第868页。

着渊源关系的无政府主义思想。但是，显然，他自己的乌托邦思想并非建立在对西方乌托邦思想的系统研究基础之上。

梁启超在1901年写的《康南海先生传》第七章《康南海之哲学》中非常详尽地介绍过康有为的大同思想，并对其作出非常高的评价。此时，康有为的《大同书》要在12年之后（1913年）才出版。梁启超其实是只依凭"十年前受其口说"，"久不复忆，故遗忘十而八九"；而且特别申明，"所述者则先生之言而毫不敢以近日所涉西籍附会缘饰之，以失其真也。"①

从中可以看到：康有为的大同思想曾经给梁启超非常深刻的印象，所以他才能在十年以后仅凭记忆非常详尽地介绍康有为的大同思想——从整体架构到点滴细节。此外，梁启超在1901年《康南海先生传》中介绍康有为大同思想的时候，他自己就已经接触了一些西方空想社会主义著作，所以他才说："此等理想，在今日欧美，或不足为奇；而独怪先生未读一西书，而冥心孤往，独辟新境，其规模如此之宏远，其理论如此之精密也，不得不叉手赞叹曰：伟人哉！伟人哉！"②由此也反映出康有为大同思想的某种原创性。

---

①梁启超：《饮冰室合集》第一册，《饮冰室文集》之六，第83页，商务印书馆，1989年版。
②同上。

张竞生的"美的社会"

他写的就是中国，就是当时的中国如何走向理想社会的问题。左看是一个现实的社会改造计划，右看却毫不受现实之约束，逸兴遄飞。

我国学者张竞生1925年的《美的社会组织法》是一部典型的乌托邦作品，包括"情人制"、"外婚制"等在个人生活领域极大胆的设想。从他的"新女性中心主义"等特别推重女性社会地位的观点，似可以看到康有为《大同书》中"女子最有功于人道"的影响；他的"外婚制"——提倡中国男人与外国妇女结婚的观点，也类似于康有为《大同书》中的"杂婚"。《美的社会组织法》这个书名，则像欧文的《以不变的自然法为基础的普遍适用的合理组织法》。

这个理想社会太"离谱"吗？不，这个社会仍然有东洋车夫和佣人，他设计的只是如何使东洋车夫和佣人更文明、精神，"比如，我们在街上所看见的乃是一班衣服齐整，打缠腿的雄赳赳东洋车夫，及一班娇滴滴美丽的女佣人与那些清洁知趣、讲礼节、晓得卫生的男佣夫。"

《美的社会组织法》是一部美俗的乌托邦，一个以养成文明国民为理想目标的乌托邦，从国家机关的设置到城市规划、个人婚俗、交际礼仪，以及个人的卫生，都意在养成一个健康开朗的民族。因此，他虽然在两性问题上惊世骇俗地开放，但是他更着重的是社会加之于人的义务而非人从社会那里获得的权利。比如，他提倡文明的人应该广见闻，因此国家应该向人民提供游历的机会，特设游历部。规定"凡全国成年的男女皆应每年有一个'游历期'的权利与义务。各人须领一个'游历票'限定若干的路线与日期，除有特别事务外，不许不履行。"你看，连旅游也由个人生活范围内的事务，变成对国家的义务了，国家权力未免过大了吧？

在政治方面（所谓"情人政治"），由"爱美院"选举"美的政府"，后者对前者负责。这也是议会民主政治的模样，《伊加利亚旅行记》已经详备。只是，"爱美院"的成员中，女子要比男子多一倍，体现了这个理想国"新女性中心主义"的特点。

经济制度，张竞生的理想国由消费合作社到生产合作社，实行社会主义，也是晚期乌托邦的思想。值得注意的是，这部著作未加详尽表现的一个原则——"极端公道与极端自由"相结合的原则。"极端公道"意味着国家干预社会分配，这是传统乌托邦的思路；"极端自由"，包括"要人人思想各不相同"。"人人立异"则是晚期具有自由主义倾向的乌托邦作品才能提出的理想。张氏显然意识到了两者之间的平衡才是理想的社会。

张氏在《一种新的社会》（发表于1931年）中说：

"我的理想社会，不是共产制也不是无政府派，乃在介于二者好处的中间，即一边有极美密的公共组织。而一边，在个人行为上又有充分的自由。在一个社会中，要达到这个理想的目标，应行划分物质与精神两项不同的建设。即在物质上，如经济、实业等，则行美密的公共组织；而于个人的思想及私人范围内的行为，则给以极端的自由。可是这是极难做到的。故我想把社会分做二个：一个是大多数人的，则施行一种公共的严密组织法；一个是私人有其主义，而听其在一定范围内去建设的。"[1]

这种以"两分法"的思路解决乌托邦的内在矛盾，是很典型的。

但是在一个社会结构中，两者如何能够相容？张竞生为两者划

---

[1]《张竞生文集》下卷，广州出版社，1998年版，第306页。

了一个界线：那就是公共生活全依法律（指礼节化的法律而非强制性的法律），个人生活全依契约调节。二者具体如何协调运作，在《美的社会组织法》中并未详言；而从张氏对这个社会的具体描述看，这个社会已经使国家过深地涉入个人生活领域了，比如结婚就要有国家"纠仪部"的人参与。而丧葬，"如死者确有特别功勋或有害于社会则由纠仪部派员到场哀悼与弹劾并述其功罪。私人则由纠仪部所派在各地的礼仪司，节录其生前的事状在纪念庙前贴布。使后人身后的是非分明。"

这是一个对人连结婚、交友、吃饭、吐痰、放屁都规定了的乌托邦。这是一个国家对个人生活全面干预的乌托邦。"纠仪部"至少管到人家的烟酒花费。"烟酒为害极大，而且花费。除在特定节日许用外，纠仪部应严行取缔。""他们派出了许多纠仪员到街市去，到剧台去，舞台去，酒馆茶楼，私家宴会，时常也有他们的踪迹。常常在街上见到纠仪员干涉行人的吐痰与衣服的不整，如今日巡警干涉车夫不穿上衣一样。时常听纠仪员抱怨某人跳舞不好，某乐队不佳，若他们不改善，恐难免干涉等等的论调。"

一想到美好社会就要诉诸国家权力，就要加强国家权力的思路，看来是乌托邦很难避免的传统。这与诺齐克"最小限度的国家"的乌托邦思想很不同，张竞生这部出版于1925年的乌托邦著作，仍然有着柏拉图《理想国》的影子，的确可以看作是西方传统乌托邦在中国的后继者。

但是，它与《回顾》、《乌有乡消息》等西方晚期乌托邦相同的地方有一样是：废除了法律，特别是刑法，并以礼教和医疗代替之。这是一个"美治"（而非"法治"）的乌托邦，却不是一个无政府的乌托邦。国家管制的范围不仅没有缩小，而且扩大到人民生活的各个角落，但国家却放弃了法庭、监狱这样的强制力，而只用礼乐教化，这样的乌托邦难道不是更加空想吗？

这是我读到的由中国人写作的最好的一部乌托邦作品，好就好

① 《张竞生文集》下卷，广州出版社，1998年版，第214页。

在它不仅大胆、乐观，而且轻松——近乎是一部游戏之作，完全以抒写自己的社会梦想为快意，心态放松，正如作者所言："我也知道这书中所说的于我们的社会有些极涉于理想不易于实现的事情。但社会事任人自为之！假使我辈为社会有势力之人，说不定凡书中所说皆能一一见诸实行。倘若此书长此终古作为乌托邦的后继呢，则我也不枉悔，因为它虽不能见诸事实，可是我已得到慰情与抒怀了。故我所希望读者看此书为最切实用的社会书也可，或看为最虚无的小说书也无不可，横竖，我写我心中所希望的社会就是了，实行也好，梦想也好，我写出后，我心意已快活就足了。"[①]——这是最得乌托邦写作三昧的自述。

他在写作形式上也轻松。西方传统的乌托邦作品，不是把要描写的理想社会置于隔绝的空间（如大洋孤岛的"太阳城"、"基督城"），就是把它置于未来遥远的年代（如一梦百年之《回顾》、《乌有乡消息》），而此书作者胸中笔下却似乎毫无理想与现实、时间与空间之隔膜，他写的就是中国，就是当时的中国如何走向理想社会的问题，比如说起理想社会的城市规划，他就直接拿北京说事。以现实之批判映衬理想之美好，左看是一个现实的社会改造计划，右看却毫不受现实之约束，也一点不考虑与现实之衔接。逸兴遄飞，了无挂碍。

值得一提的是，张氏注意到了中国理想社会的人口控制问题，他提的"情人制"也是可以用来解决人口问题的，因为"情人制"下，人们没有生育子女的欲望。当然，他还提出了由"国势部"对高生育地区人口强制注射有限期的"避孕注射浆"的办法。在西方的空想家中，傅立叶也注意到了生育控制。

而另一位空想社会主义者欧文的理想世界里，却根本不存在人口问题："当一个村庄的人口数量增加，使他们不能享受一切舒适生活条件时，就应当找寻新地点建立新村庄。这个过程将继续到全球都遍布这种联合新村为止。人口过剩的时刻，大概是永远不会到来

---

① 《张竞生文集》下，，广州出版社，1998年版，第142页。

的。"①这种过分的乐观，不仅在于空想家本身的素质，恐怕还在于一个英国的空想家所受到的英帝国主义殖民优势的影响，"不能享受一切舒适生活条件时，就应当找寻新地点建立新村庄。这个过程将继续到全球都遍布这种联合新村为止。"——这岂不就是"殖民"吗？而张竞生，一位已经有四万万五千万人口的国家的空想家，一个属于积贫积弱，受尽帝国主义欺凌的国家的空想家，他的乌托邦之梦，是很难这么做的。

张竞生是20世纪初公费游学欧洲的留学生。他不仅像一般留学生那样开阔了视野，接受了先进的西方文化，而且在精神气质上更为大胆，身体力行地接受了即使在西方社会也被认为激进、异端的文化，比如"天体"社团。他在《一种新的社会》一文中，就充满感情地描绘了一个在法国地中海小岛上的激进的生活实验。正是这样的精神气质，使他回国之后大胆地研究性学，征集和出版"性史"资料，因此而被谑称为"性学博士"。正是这样的激进与浪漫的气质，恰好与乌托邦的气质相合。这是他在《美的社会组织法》中，以美的标准和"新女性中心主义"构建自己的理想社会的基础。他在《一种新的社会》中提出"许多社会可由人类思想去创造，不是必定受物质限制者，"②也正是西方乌托邦传统的思想逻辑。

---

①《欧文选集》下卷，商务印书馆，1965年版，第115页。
②《张竞生文集》下，广州出版社，1998年版，第297页。

梁启超的《新中国未来记》

> 《新中国未来记》的楔子，就是以1962年在上海开办的万国博览会为
> 背景的。而万国博览会的确是那个时代的世界里国家强盛富庶的象
> 征。

康有为的《大同书》和张竞生的《美的社会组织法》都不是小说体裁的乌托邦作品。而康有为的弟子梁启超则在写作了大量议论现实的政论之余，非常重视小说的政治宣传和教化作用。他自己创作和翻译过一些小说、戏曲，其中幻想小说《新中国未来记》则近于乌托邦作品。梁启超自己称这部小说是"欲发表区区政见"的作品，"似说部非说部，似稗史非稗史，似论著非论著，不知成何种文体"[①]，其实，这正与西方乌托邦小说相近。西方传统的乌托邦小说，就是以表达政见为目标的，也往往借书中人物之口表达政见。所以，从艺术的标准来说，并非好的小说。梁启超的好友黄遵宪在给梁启超的一封书信里就说到："此卷所短者，小说中之神采（必以透彻为佳）之趣味耳（必以曲折为佳）。"[②]在《新小说》杂志的栏目中，梁启超把这部小说归为"政治小说"——"政治小说者，著者欲借以吐露其所怀抱之政治思想者也。其立论皆以中国为主，事实全由于幻想。"[③]

梁启超将这部小说中叙述的时间准确地定位在1962年，距他发表这部小说的1902年向前推了60年，这也是西方乌托邦小说传统的

---

①梁启超：《新中国未来记》，广西师范大学出版社，2008年版，第3~4页。
②丁文江 赵丰田 编：《梁启超年谱长编》，上海人民出版社，2009年版，第198页。
③见1903年《新民丛报》第二十五号介绍《新小说报》的广告插页。

时间框架，比如《回顾》的副标题是"公元2000～1887年"。假想的空想时段虽然向前推得并不长，但一梦60年，把中国在上一个世纪之初所有的重要难题都解决了，不仅已经实现了共和制，而且获得了国家的强盛。梁启超称这部小说的写法为："全用幻梦倒影之法，而叙述皆用史笔，一若实有其人，实有其事者然。令读者置身其中而不复觉其为寓言也。"[①]——梁启超用"寓言"来称谓这种特殊的小说。乌托邦正是一种政治寓言。

《新中国未来记》的楔子，就是以1962年在上海开办的万国博览会为背景的。而万国博览会的确是那个时代的世界里国家强盛富庶的象征。中国60年间假想的发展历程——由弱到强、由君主制到共和制的演变历程，则通过一位虚构人物全国教育会长、文学大博士孔觉民老先生的讲演《中国近60年史》来展开。这种通过小说中的人物（老人）来展示乌托邦历史的方式，与英国乌托邦小说《乌有乡消息》比较相似。只是《新中国未来记》没有写完，没有像《乌有乡消息》等西方乌托邦小说那样来得及介绍新社会方方面面的变革。这也是我只是说它"近于"乌托邦小说的原因。

在这部小说中，中国没有通过战争、流血，而是通过"前皇英明，能审时势、排众议，让权与民"[②]的方式实现民主共和的。这正是梁启超自己的梦想，也正是他长久认同共和却担心革命的一块心病。他通过空想小说的形式"解决"了自己的这块心病。从某种意义上说，他的这个空想，是"准确"的。因为中国从专制到共和，确实是通过清帝"逊位"而完成的，尽管这不是因为"前皇英明"，而是因为辛亥革命的压力。当时也确实避免了更多的战火。但是，民国建立以后的战争流血却一点儿也没少，"二次革命"、"护国战争"、军阀混战、国民党的北伐，以及后来的国共两党间大规模战争。因此，梁启超的空想与真实发生的历史相比，还是过于乐观了。

---

①《新民丛报》第二十五号第十一页。
②梁启超：《新中国未来记》，广西师范大学出版社，2008年版，第11页。

全书采用了中国传统章回体小说的形式，语言文字更近于"话本"。值得注意的是，这部小说是梁启超在日本横滨创办的《新小说》杂志上连载的，"每月为此书属稿者不过两三日"[①]，边写边登。也就是说，发表的时候，并未完稿，这与康有为那本在身边藏了多年不肯示人的《大同书》完全不同，而具有当年商业化报纸副刊小说连载的创作特点。与康有为《大同书》严整的文言政论体裁相比，梁启超的这部空想小说的表达方式和语言也更为大众化，更为轻松，甚至有一些幽默色彩。比如，"楔子"的结尾说到：

"却说自那日起，孔老先生登坛开讲，便有史学会干事员派定速记生从旁执笔，将这《中国近60年史讲义》从头至尾录出，一字不遗，一面速记，一面逐字打电报，交与横滨《新小说报》刊登（这笔电费却不小）"。[②]

这"横滨《新小说报》"正是刊登这部小说的刊物。书中写60年后的事，却顺笔提及当下刊登这部小说的刊物，像是为自己做了一个"软广告"。读者读到此处，不觉莞尔一笑。而附注的"这笔电费却不小"，像是作者的饶舌之语，其阅读效果，却如中国传统说书和戏曲中说书人或角色脱出情节插入的一句幽默性旁白。

但《新中国未来记》是一部没有写完的小说。实际上，作者虽然把叙述的时间推到"60年以后"，但书中的主叙述者（孔觉民老先生的讲演）所叙之事——历史回顾，仍然停留在"60年以前"——也就是"新中国"以前。因此，除了小说"楔子"部分对于60年后强盛丰饶的新中国的上海一隅举办万国博览会的情形作简单的描述之外，并没有来得及对"新中国"及其"未来"的制度、生活作乌托邦式的设计。如果从仅存的四章中大量展示的都是分别代表改良派和革命派的两位主要人物黄克强与李去病四十多个回合的长夜论争来看，这部小说的主要用意，并不是对新中国的未来作浪漫的空想，而是着眼现实，展示梁启超所代表的改良派与孙中山

---

①梁启超：《新中国未来记》绪言。
②梁启超：《新中国未来记》，广西师范大学出版社，2008年版，第9页。

所代表的革命派在中国变革道路选择上的分歧。此时，1905年发生在梁启超领导的《新民丛报》和孙中山领导的《民报》之间的那场关于改良还是革命的大论争还没有开始。梁启超实际上是在自己的小说《新中国未来记》中"预演"了后面真实发生的论争。只不过，在小说中发生论争的两个人物，虽然观点不同，但仍是同乡同学、亲密无间的朋友；而后来发生在"两党"之间的论争，则唇枪舌剑，差不多是"恶语相向"了。从事后看，梁启超把小说中"两条路线"的论争，安排在同乡同学、亲密无间且同样出洋留学、一生报国的两个好朋友之间，而且论争势均力敌、不分胜负，是大有深意的。这一方面表现了他对革命派观点的深刻理解和同情，另一方面表现了他不愿意与革命派撕破脸皮、伤害感情。但实际上后来真实发生的论争并没有像他在小说中那样相敬相爱。

除了《新中国未来记》这部没有写完的小说之外，梁启超的《新小说报》上还有一本小说，取名为《新桃源》（一名《海外新中国》），"此书专为发明地方自治之制度，以补《新中国未来记》所未及。其结构设为200年前，有中国一大族民，不堪虐政，相率航海，遁于一大荒岛，孳衍发达，至今日而内地始有与之交通者。其制度一如欧美第一等文明国，且有其善而无其弊焉。其人又不忘祖国，卒助内地志士奏维新之伟业。其法制一切移植于父母之邦。"[①]

显然，如果说，《新中国未来记》的叙事框架具有西方晚期"时间乌托邦"的特点的话，那么，《新桃源》则具有西方早期"空间乌托邦"的特点，而从中国乌托邦文学传统来看，则确实如陶渊明的《桃花源记》。从上述简单的介绍看，这个新国家是由中国的海外移民建设的。他们又帮助祖国维新成功，将其先进的制度移入祖国。这个安排有耐人寻味的含义：它巧妙地解决了将欧美制度直接移植于中国所产生的文化抵触问题，因为在中国人的海外移民国家中的先进制度与中国文化是不相抵触的。

---

①见1903年《新民丛报》第二十五期介绍《新小说报》的广告插页。

我在前边说过，梁启超在《康南海先生传》中，仅凭记忆，就非常详细地介绍了康有为十年前讲授给他的大同思想，并对此作出了高度评价。从中也可见梁启超自己的乌托邦情愫。但是，梁启超除了一部写了可能不到一半的《新中国未来记》之外，一生都因陷入对现实政治的关注和参与，没有心力展开他的乌托邦想象。实际上，他在介入乌托邦思想的深度和广度上，都不及乃师康有为。他的乌托邦小说只是具有一些乌托邦小说的形式特点，并没有真正接通乌托邦思想的脉络。

　　但是，从梁启超主办的《新小说》所刊载和计划刊载的一些外国译著的目录来看，他是读过西方一些空想作品的。《新小说》有一个"哲理小说"栏目——"专借小说以发明哲学及格致学"，从其目录上看，有科幻小说，但也有乌托邦一类的空想作品，如古希腊柏拉图的《共和国》、"英国德麻摩里"（今译托马斯·莫尔）的《华严界》（应为《乌托邦》）、日本矢野文雄的《新社会》、法国埃留的《世界未来记》等等。这些阅读经验，都可能帮助他创作《新中国未来记》。

　　与梁启超的《新中国未来记》一样，中国清末的"新小说"中有一些乌托邦的作品，只是不见得像《新中国未来记》那样被看作是"政治小说"，而是"科学小说"。比如，1908年的《月月小说》从第19号起连载的《乌托邦游记》。这部署名"萧然郁生"的章回体小说，先是简述主人公一生游历，偶然在荒岛孤寺梦中得书，就是这本托言为一位"年老和尚"所作的《乌托邦游记》。小说记述了主人公乘坐固定航班"飞空艇"去往乌托邦的历程。而"每昼夜可行五万几千里"的"飞空艇"——实际上是一艘巨型游轮，就是小说中的"科学"因素。书中描写了"飞空艇"上的"小说书室"，贮有世界各国小说，其章程中写道："地球内及地球外无论何处所有新出的小说，本书室于该小说出版后二点钟即从空中电递器内递到。"——这几乎是对当代"数字化出版"的描述。

　　但是，这部小说的寓意，仍然是现实的社会批判。比如，主人公在一个叫做"何有乡"的荒岛上遇到那位《乌托邦游记》的作者年老和尚，那老人醒来开口便说：

"你是老大帝国的人民，不晓得尽心竭力振兴祖国，只知道游荡，你现在还想到乌托邦去么？恐怕乌托邦里，不配你这种人游历的。"

主人公"听了他这番责备，已吓得面红耳赤，冷汗直流，只得哀求道：'方丈，这也不是我一人的错处，无奈举世矇矇，都是甘心做奴隶的，教我一人怎样振兴？况且我国里从前的志士，也是满口的维新立宪，其实哪里有点宗旨，哪里及得欧西各国的大志士，大热血家，前仆后起的，改良政府，争回百姓的自由。……"①

显然，这本部小说虽未言"革命"，却有革命倾向，因为它嘲讽的是清末立宪维新的改良派。

书中还描写了主人公在"飞空艇"上看戏。演员开口便说：

"看官，今日本园演的不是别戏，就是演那个地球上最有名的一个四千余年来的专制国……"

显然，乌托邦还没到呢，对中国现实的政治批判就已经开始了。

看来，与梁启超的《新中国未来记》一样，现实的政治批判大抵是清末乌托邦小说的寓意所在。如果说梁启超的《新中国未来记》反映了改良派的乌托邦思想，那么，这部《乌托邦游记》则反映了革命派的乌托邦思想。它们共同反映了清末乌托邦小说的一般情况——在清末"新小说"创作中，乌托邦题材并不偶然。

---

① 《清末民初小说书系　科学卷》，于润琦主编，中国文联出版公司，1997年版，第76页。

刘仁航的《东方大同学案》

这并不是一部创作性的著作。但作者也并非简单"抄书",而是试图中西互证,融会贯通。其动机也非纯粹的学术兴趣,而仍然着眼于为现实社会改造提供思想资源。

此后,乌托邦在中国,便基本上由基于个人精神气质的创作性作品,变成一种相对冷僻的学术研究。在这方面有一部集大成式的著作,是初稿成于1919年并于1920年出版的刘仁航的《东方大同学案》。这本书创设了"大同学"这个学术概念,并在这个概念之下囊括了古今中外各种社会空想学说,而且中西互证。作者在《本书编订意趣纲要》中说:

"书名大同学,其注意上并非在哲学及宗教等玄理方面乃在解决社会及人生人群人类学等全体问题,尤与马克司派'唯物史观'一面相关颇切。虽亦有哲学上问题,而注重在解决物质财产,决不枉堕入旧玄学鬼窟。读者幸注意。"

显然,这并不是一部创作性的著作。但作者也并非简单"抄书",而是试图中西互证,融会贯通。其动机也非纯粹的学术兴趣,而仍然着眼于为现实社会改造提供思想资源。《东方大同学案总序》一开始就提到苏俄社会主义国家的成立,"'社会主义'非理想而历史事实也。大同世界非欧化而亚化固有也。均平制非扰乱者之捏造，而圣贤经世之宪典也。"①显然，这是一种试图接通古、今、中、西的认识框架。而第一个社会主义国家苏联的出现，给了这种研究和思考以现实的刺激和背景。

比如，这部书是以"孔孟大同小康学"的文献研究开始的，从先秦典籍中寻找"大同社会"的人类权利。比如，从《左传》襄公三十一年郑人游于乡校以论执政，来论证"国民参政集会议事权"。在文中以《周礼·地官司徒》来论证"及时男女无禁权（这就是官准自然性爱权）"时，就插入"附苏联婚姻制度"："民国十四年十一月十一日莫思科电，苏联婚姻法律，现行法，完全承认婚姻乃男女两性之自由结合……"②他甚至在书中"左列俄国宪法二条，以证孔孟公田学说已行于世"，接着用英文把苏联宪法第三条第一款抄在了旁边！③

他甚至还从《列子·天瑞》中一位年且百岁、老无妻子的林类的故事，直接谈到"恐怕到大同世界独身者越多了……彼时男女交接时多，相牵制之事极少，结婚期渐渐缩短，中年以往则厌离之心生而人乐独居矣……南海先生《大同学》所以言大同世人少，也是如此。"④他的这个"预测"与康有为《大同书》中关于大同世界短期契约婚姻的说法相合。康有为的主要着眼点在于消灭长期稳定的家庭，因为家庭是私有观念的起源。而刘仁航则主要从两性交往的生理、理性的角度作出这种"预测"。不管怎样，这些观念都是与中国传统伦理观念不相符的。但刘仁般这本书畅想大同世界，没有多少根据地想到了独身主义，又非要拉上先秦典籍作为根据，这就未免细大不捐，使这本书有点大杂烩的感觉了。

刘仁航的以今证古，明显有些牵强。但他的视野也确实并不拘泥于古典文献之中。他"把大同学分成古今二派"，其中的"新大同学"，有着近代科学背景的乌托邦想象。他描绘了从"新物质世

---

①刘仁航：《东方大同学案总序》，第1页，《东方大同学案》，上海书店，民国丛书第三编第7册。
②同上，第24页。
③同上，第63页。
④同上，第62~63页。

界"到"新人种世界"、"坤化世界"、"美艺世界"、"诸天物质交通世界"、"即身实现仙佛世界"的社会进化过程。在"新物质世界"阶段,"用充分科学,发明新物质,完全征服水陆空自然界";在"新人种世界","用优生学,配合优美男女,择良去劣";在"坤化世界"中,"抑男权,更建新母性文化,方能根本断杀机";在"美艺世界"中,"大奖励艺术成为美世界,成乐文化大境界"。其中"新人种世界"中的优生配种思想,与康有为《大同书》中的思想相同;而"坤化世界"中的女权主导社会,则与张竞生《美的社会组织法》相近。刘仁航还有一本书《天下泰平书》,集中表达了他的"坤化世界"的观点,即重新建立以女性为中心的社会,这主要是着眼于消灭战争和暴力。这样的社会设计,当然是乌托邦的。

值得注意的是,这部书的作者刘仁航不仅限于研究"大同学",还曾经身体力行进行小规模的社会实验,即"筹设大同村福田院"。

据历史学者罗志田研究,1918年第一次世界大战结束后,美国总统威尔逊关于建立新的国际秩序的思想、国际联盟的成立,使得"大同主义"在中国又受到了新的刺激[1]。成稿于1919年的刘仁航的《东方大同学案》,可能就是在这样的气氛中产生的。"这时候,世界大战争刚才停战,巴黎和会还未开,全世界都感觉一种猛烈的兴奋,都希望有一个改造的新世界。"[2]

康有为"那时也从国际大同盟看到了实现大同之可能,他兴奋地说:'此次议和,外之为地球大同之渐,内之为中国自由之机,天下古今大事,未有比于此次和议也。吾昔二十七岁著《大同书》,期世界之大同,三十余年矣。不意今美国总统威尔逊倡国际大会,欲令各国平等自由,以致天下太平,竟见实行之一日,欢喜距跃,不能言状。'"[3]

---

①罗志田:《激变时代的文化与政治——从新文化运动到北伐》,北京大学出版社,2006年版。
②《胡适全集》第21卷,安徽教育出版社,2003年版,第394页。
③罗志田:《激变时代的文化与政治——从新文化运动到北伐》,北京大学出版社,2006年版,第27~28页。原文引自《康有为致陆徵祥书》,《康南海最近之言论》,《晨报》,1919年1月9日,3版。

差不多与此同时，一个中国知识分子社团"少年中国学会"的部分会员在他们的同人刊物《少年中国》杂志上正在讨论所谓"小组织"的问题。出版于1919年8月15日的第一卷第二期《少年中国》刊登了"讨论小组织问题"的专题。所谓"小组织"其实是一种具有乌托邦色彩的社会生活实验。这个讨论的发起者左舜生在《小组织的提倡》一文中写道："由少数同志组织一种学术、事业生活的共同体"，"劳动所得的收入为本团的共有财产"，"团员对于家庭，不负经济责任，并绝对不得随家庭的遗产。"

左舜生的提议得到了"若愚"的积极应和。他甚至提出了在乡下建设这样一种"小组织"的具体设想："我们先在乡下租个菜园，距离城市不要太远，亦不要太近，大约四五里路为最宜。这个菜园不要太大，也不要太小，只要够我们十余人种植罢了。菜园中间建筑十余间房子，用中国式的建筑，分楼上楼下两层：楼上作我们的书房、阅报室、办公室、公客室、藏书室、游戏室，等等。楼下作我们的卧室、饭厅，等等。园子西南角上建筑一个厨房，东北角上建筑一个厕所，房子后身砌上一个球场，园子周围挖下一条小溪，溪边遍植柳树，树旁边就是竹篱，竹篱里头就是我们的菜园了。"

显然，这是不满于当时中国城市黑暗社会的知识分子的乡村生活梦，具有"避世"的色彩。但是他所设计的这个蓝图和基本元素——集体生活、共同劳动和乡村背景，与19世纪法国空想社会主义者傅立叶的"法朗吉"有些相似。

与傅立叶的"法郎吉"相似的一点，它还有每天作息时间的安排：

"（1）种菜两钟；（2）读书三钟；（3）翻译书籍三钟。其余钟点均作为游戏阅报时间。"

与傅立叶的"法郎吉"相比，这显然是一个更为知识分子化的作息表。但是，它也包含对农村社会的影响：

"我们园中要附设一个平民学校，附近农家子弟，均可到学校读书，不纳学费。我们还要经常到那些农家与他们诚诚恳恳的周旋。每逢星期，还要聚集他们开一个演说大会。散会之后，我们还要开演幻灯。或购置留音机器一架，使他们大家快活呀！"

那么，这个落脚农村的知识分子"小组织"在经济上靠什么维持呢？一个就是种菜，第二是出版事业。当然，"这种团体开始筹办的时候，恐怕每人需帮助三四元。"

这样的讨论还涉及到妇女问题，并扩展到上海《时事新报》。而本期会员宗之櫆的《我的创造少年中国的办法》，则一方面批评了左舜生、若愚消极的一面，另一方面则对其作了积极的回应——把"小组织"这种社会生活实验与少年中国学会的宗旨结合起来，把它作为改造中国社会的一种途径，即"我们脱离旧社会的范围，另向山林高旷的地方，组织一个真正自由平等的团体。从合力工作，造成我们的经济独立与文化独立。完全脱离旧社会的恶势力圈。"——"我们从实业教育发展我们团体的经济与文化，造成一个组织塞满的新社会。"——"我们用这个新社会作模范来改造旧社会，使全国的社会渐渐革新。"而且还要"用我们的余力帮助全世界的人都臻此境"。

如果说，左舜生、若愚的"小组织"思想还具有逃避社会黑暗、洁身自好的色彩的话，那么，宗之櫆对小组织的积极期许则更大胆，更具有乌托邦的色彩。

此后，中国知识界的乌托邦情结再一次被勾起，缘于1933年《东方杂志》的新年征文"梦想的中国"。1932年11月，《东方杂志》向全国各界知名人士遍发通告，为新年特刊征求两个稿件："（一）先生梦想的未来中国怎样？（请描写一个轮廓或叙述未来中国的一个方面。）（二）先生个人生活中有什么梦想。（这个梦想当然不一定能实现。）"就在1933年1月1日出版的第30卷第1期上刊登了244篇征文来稿。这个选题策划得非常成功，反响非常热烈，显然，"梦想"这两个字在那个中华民族艰苦卓绝的年代里点燃了人们内心的热情。其中有一些来稿表达了对理想社会的想象。"其中有几位先生所梦想的中国,不是一个含糊的轮廓,而是一个完密周详的设计。他们指出一个理想,申述这理想的实现的可能性,以及实现的阶段及方法。他们的目的,不要叫大家都把这些梦想看作可以达到的实境,把这些梦境当作一般人所追求的标的。这样的梦可称为'载道'的梦。"从编辑的这段概括来看,这样的梦想,就与乌托邦的传统比较接近了。比如,《生活》周刊主编,著名报人邹韬奋就写道:

"我所梦想的未来中国是个共劳共享的平等社会。所谓'共劳',是人人都须为全体民众所需要的生产作一部分的劳动;不许有不劳而获的人;不许有一部分人榨取另一部分人劳力结果的人。所谓'共享',是人人在物质方面及精神方面都有平等的享受机会,不许有劳而不获的人……政府不是来统治人民的,却是为全体大众计划,执行及卫护全国共同生产及公平支配的总机关。在这个梦里,除只看见共劳共享的快乐的平等景象外,没有帝国主义者,没有军阀,没有官僚,没有资本家,没有男盗,没有女娼,当然更没有乞丐,连现在众所认为好东西的慈善机关及储蓄银行等等都不需要,因为用不着受人哀怜与施与,也用不着储蓄以备后患。"[①]

但表达这样的梦想的征文只是一小部分。连编辑也承认:"'载道'的梦只是'异端',而言志的梦才是梦的'正宗'。因为我们相信,梦是个人的,而不是社会的。"

这话倒是有一定道理。在个人的梦想中,可以包含社会的内容。但只有那些专意描述社会的梦想,才是乌托邦。

据《东方杂志》的编辑统计,来稿作者"中等阶级的自由职业者为最多,约占了全数的90%,中间尤以大学教授、编辑员、著作家、新闻记者、教育家为最多",显然反映了这些社会梦想和个人梦想,多为自由知识分子的梦想。也反映了自由知识分子的阶层对

①1933年1月1日《东方杂志》第30卷第1号。

339

"梦想"这个词的敏感反应。所以杂志编辑对此也表示遗憾，因为"占中国人口百分之九十以上的农民、工人，及商店职员应该不至于没有幻梦。可是现实对于他们的压迫太大了，整天的体力的疲劳使他们只能有梦魇，而不能有梦想。"

乌托邦的当代意义

也许有一些"乌托邦"已经悄然实现

当代问题唤醒乌托邦精神

当代未来学是不是一种乌托邦？

也许有一些"乌托邦"已经悄然实现

> 有一些东西被称作"空想",也许只是因为它们还没有得到实践的条件。在这个意义上,前人的乌托邦思想,不是作为社会整体改造的方案,而是作为文明进步的因素,已经悄然"化入"了当代社会。

很长时间以来,我们对乌托邦——空想共产主义"空想"性的界定,往往是以否定阶级斗争和暴力革命(但实际上,晚期乌托邦作品《乌有乡消息》、《伊加利亚旅行记》还都描写了通过暴力革命达到理想社会的过程)这样一个隐含的尺度来划界,而忽略了它们对后来立法实践的影响。

比如在19世纪法国空想社会主义者傅立叶所设计的法郎吉协作社内,资本与劳动共存,劳动可转化为资本。这在当时确为"空想"。但假以时日,美国从20世纪50年代起即有个别企业实施"职工持股计划"(ESOP)到如今已颁布了25个联邦法来鼓励ESOP,美国的50个州中也大多颁布了ESOP法。实行ESOP的公司也发展到了2万家,参与ESOP的职工达1200万人,占美国职工总数的10%。

而合作社运动,作为19世纪英、法空想社会主义者欧文、傅立叶所倡导的社会实践,在当代西方社会也在悄然发展着。

"在欧洲大陆的经济领域中,生产合作社长期以来占有重要的地位。它们在意大利和西班牙具有特殊的宪法地位。"在欧洲,"近20年来,生产合作社的数量有明显的增加,据马特来特和他的同事们

（Bartlet和Pridham，1991；bartlet，Estin，Jones和Smith，1992）提供的材料说，到80年代中期，生产合作社的数量在意大利已经达到2000家，在西班牙是6000家，在葡萄牙超过2000家。据托马斯估算，到1990年，英国的生产合作社已经发展到1400多家企业、约有1万名工人的规模（A.Tomas，1990；）。到20世纪80年代中期，意大利的生产合作社领域的就业人员超过了30万人。在这个时期，许多传统的产业部门面临着严重的萎缩，同时许多左翼政党和组织（工会、社会主义和社会民主主义政党）处境艰难，在这种情况下，合作社这种组织形式却又重新燃起了学术和政界的兴趣。"①

我国学者秦晖写道："合作经济的早期倡导者不少是像欧文、傅立叶这样的空想社会主义者，可惜的是，他们搞的试验大都不成功。然而，在他们身后，合作经济之花却在似乎并不那么理想主义的土壤上蔚为壮观地开放起来。"②

这样一个事例，不免触发我们思考"空想"与实践的关系：有一些东西被称作"空想"，也许只是因为它们还没有得到实践的条件。在这个意义上，前人的乌托邦思想，不是作为社会整体改造的方案，而是作为文明进步的因素，已经悄然"化入"了当代社会。

再比如，80年代以来流行于美国和日本许多城市的"服务信用"——"参加慈善工作的志愿者可以从别的志愿者那里得到以时间为单位的'报酬'"③，这就与19世纪的乌托邦作家所设想的那种储蓄劳动时间的"交易簿"相似。尽管19世纪乌托邦的"交易簿"，是在根本取消货币的基础上用来实现所有社会分配和交换的手段；而20世纪的"时间货币"（time-dollar），则是一种在公民社会中自发生长起来的降低健康保险的成本、创造就业机会的制度创新，但是，两者之间以劳动直接交换劳动的基本思路没有什么不同。也就是说，以劳动直接交换劳动的形式来解决所有社会分配和

①克里斯托弗·皮尔森：《新市场社会主义》，东方出版社，1999年版，172页。
②秦晖：《合作制与传统集体主义的二律背反》，《天平集》，新华出版社，1998年版，第243页。
③[英]安东尼·吉登斯：《第三条道路——社会民主主义的复兴》，北京大学出版社／三联书店，2000年版，第87页。

交换问题的方案，作为一种乌托邦已经被历史否定了；但是，它的基本思路，仍然在当代公民社会的创意中生存着，仍然有其现实的产生背景和可能的发展空间。

至于在生产技术方面，历史上乌托邦作品中的想象，许多已在今天实现。比如，19世纪法国空想社会主义者德萨米在法典式的乌托邦著作《公有法典》中，想象到了"农业工作将在可以移动的防雨在大帐篷下进行，同时这种大帐篷还具有一切合乎理想的优点：光亮、通风，甚至有取暖设备。"[①]而俄国无政府主义者克鲁泡特金则在《田园、工厂和作坊》中设想到了农业生产中大面积的温室栽培和太阳能技术、生物技术。而19世纪末美国的空想社会主义改良小说《回顾》中幻想的家政服务社会化、依据订单生产的零库存物流运送系统，也已在当代实现。

当代问题唤醒乌托邦精神

经济规律是以我们的消费欲望为当然的起点的。而只有理想主义才能解决如何处理这种欲望本身的问题。至少在环境意义上，当代需要一些理想主义和乌托邦精神。

乌托邦虽然有着与现实的距离和自身逻辑上的问题，但乌托邦毕竟既是现实地产生的，也是合逻辑地产生的。人类的伦理总在修正着社会运行规则，比如：乌托邦中关于公平享受物质生活资源的理想以及与此相关的节俭的伦理，固然被物质丰富的现代社会所否定，被市场经济消费刺激生产的规律所否定；但是，只要我们想到

---

①[法]狄·德萨米：《公有法典》，商务印书馆，1964年版，第76页。

当代以环境保护为背景的反消费主义思潮，就会觉得乌托邦又是当代更新的社会伦理应该吸收的思想资源。

再比如，世界大同或全球合作也曾是哲人们的乌托邦幻想，但却不是历史发展的轨迹。因为，人类以往的历史，从来没有真正遇到需要全球一致的问题。但是，我们今天遇到了。当代英国著名社会理论家吉登斯在论述"现代性的负面：生态问题和生活政治"时，就揭示了当代生态困境与乌托邦之间的逻辑关系：

"像现代性的其他缺陷那样，后果严重的风险，揭示了一种乌托邦的存在——而且这种乌托邦肯定有某种现实主义的成分。世界回归到自己的'自然秩序'，人类从自然中撤出，或者对有机体的尊重远胜于对自己的尊重，以此限制自己的欲望，这些都不是一种乌托邦。它是一种全球合作的乌托邦，承认人类在多样性中存在着统一性。"①

"全球合作"本来就是一种乌托邦，如今，人们在面对共同面对的生态问题时，不得不重新尝试。

实际上，正是当代人类面临的生态问题，使乌托邦精神回归。正像吉登斯所说的那样：

"对生态问题的解决无疑需要某种激进的观点，但是这样的激进主义大体上能够得到广泛一致同意。"②

乌托邦就是一种激进主义。

此外，克制人的物质欲望，也是历史上的乌托邦一个恒定的主题。正是这种伦理倾向，使乌托邦与西方资本主义的现实运作的逻辑划出明显的界线。而在当代全球面对资源与气候问题的背景下，西方的"绿色"思潮中，也完全可以看到这样的伦理倾向。

比如，美国人杜宁所作《多少算够——消费社会与地球的未来》这本书，就是不一般地反对消费主义，而且是在环境意义上反对消费主义的根基——市场原则。因此它不得不更多地诉诸理想主义。在这个意义上，它与过去几个世纪的乌托邦作品相通，或者

---

①[英]安东尼·吉登斯：《超越左与右——激进政治的未来》，社会科学文献出版社，第235页。
②《第三条道路》第48页，北京大学出版社/三联书店，2000年版

说，它为乌托邦的逻辑提供了当代依据。

另一位环保主义学者麦克基本《自然的终结》一书中这样写道：

"如果在一个谦卑的世界里，信息交流繁荣起来了，运输业可能就会收缩，由于人们不仅居住在工作场所附近，而且也靠近食物的供应地，常年不断的橘子——在北纬，橘子可以长年生长——就像热带的人们不得不接受没有苹果的事实一样，将会考验超出我们运输手段的欲求。我们，或者至少我们的孙子们，将有可能使用我们通过像和平兵团（the Peace Corps）这样的组织向农民推广'可持续发展的''适当技术'，如脚踏水泵、太阳能炊炉等等。在欠发达的国家（这个词语将有可能被证明是某种骄傲的资本），将会有更多的西方人找到与他们的晚餐直接相关的工作，那就是说，他们将会在那里务农，初听起来，这有些离奇，一个小小的乌托邦。"[①]

"在这样一个乌托邦社会里，土地的规则将是尽可能地少占地。我们将不得不克服我们增加人口的愿望，人口需要逐渐地减少。发送管少到什么程度还没有一个定论。一位深度生态学家说，人口不能超过一个亿，其他一些人说不能超过10亿或20亿——大体上是我们一世纪以前的人口。人们将使用很少的资源。"[②]

但是，麦克基本还是把自己与传统的乌托邦之间划出了一条界线，这是因为，传统的乌托邦"它们一成不变的设计以发展人类的幸福为目的"。而在他自己的乌托邦——"我所描述的谦卑的世界却恰恰与传统的乌托邦相反。人类的幸福是第二位的重要的。"[③]

这是一种深度的生态主义观点。我们在这里不多作阐述。在传统的乌托邦和麦克基本的"谦卑的世界"之间，比较容易理解的区别是：前者是在物质供给不足条件下的乌托邦；而后者则是在物质"过度充足"条件下的乌托邦。

在今天，乌托邦对我们仍然有意义，是因为尽管经济规律已使

---

①[美] 比尔·麦克基本：《自然的终结》，吉林省人民出版社，2000年版，第186页。
②同上，第187页。
③同上，第186页、187页。

这个世界的生产高度发达，但这个世界的贫穷却仍然超出了我们在伦理上可以接受的程度。比如——

"在过去25年中，粮食产量如果平摊的话，足够世界上每个人食用。但是事实上，现在还没有一种适当的全球途径来进行如此大规模的重新分配。相反，食物涌向那些早已有足够食品的国家。"[①]

这样宏大的难局，都难免使人倾向于作乌托邦设想。与此相应的是，在当代西方，吸引人们小心翼翼地触及或重提乌托邦的理由，是在与19世纪完全不同的社会经济条件下展开的，那就是，用吉登斯的话来说——

"作为一种理想取向的后匮乏秩序"——"它是一种生产主义不再处于统治地位的体制"。"后匮乏"对应着的现实条件是："在西方社会中，百分之二三的人口生产的食品远远多于这些社会的消费能力，工作在今天已经成了和生产产品一样重要的分配工作。不受限制的经济增长的破坏性已经如此普遍和明显，以致没有一个国家，甚至没有一个公司可以忽视它们的存在。"[②]

如何实现这个世界的繁荣，需要有遵循经济规律的现实主义；而要在这个世界上节制消费，解决环保问题，则恐怕只能诉诸理想主义。因为经济规律是以我们的消费欲望为当然的起点的。而只有理想主义才能解决如何处理这种欲望本身的问题。至少在环境意义上，当代需要一些理想主义和乌托邦精神。

我认为，人们对乌托邦的认识，不能只从"东方"看，也要从"西方"看，从世界看；不能只从失败了的历史实践看，也要从变化了的现实条件和现实问题看。这是我们今天重新面对百年以前的乌托邦作品的心理背景。

①引自《国外社会科学文摘》2001年第3期，[美]米格尔·阿尔铁里《可怜的农民将一无所有》。
②[英] 安东尼·吉登斯：《超越左与右——激进政治的未来》，社会科学文献出版社，2000年版，第261页。

当代未来学是不是一种乌托邦？

传统的乌托邦与今天的未来学一个重要的区别就是对于商业的态度，大多数乌托邦作品是否定商业的未来的；而当今的未来学却在为商业谋划未来。

在我寻找乌托邦作品和思考乌托邦问题时，常常会想它们与当代流行的未来学的关系问题。同样是"向前看"式的展望，乌托邦是不是一种未来学呢？如果不是，它们之间的区别是什么呢？

《第三次浪潮》是20世纪80年代译入中国、影响非常大的一部美国未来学著作。它的作者阿尔温·托夫勒在书中耐人寻味地谈到了一批19世纪乌托邦的作者：

"第二次浪潮以它无限的幻想带给人类以希望。亿万男女第一次相信，贫穷，饥饿，暴政，可能给抛到九霄云外。乌托邦的作家和哲学家们，从阿贝·摩瑞理到罗伯特·欧文到圣西门，傅立叶，蒲鲁东，路易斯·贝兰克，爱德华·贝拉美和其他几十个人，看到了正在涌现的工业文明将导致这样的可能：和平，融洽，人人有工作，财富和机会均等，取消以出身门第享受特权，以及消除原始社会和几千年农业文明就已存在的所有那些永不变动的状况。"[①]

显然，托夫勒是从生产力的发展说明19世纪乌托邦产生的背景。在对历史发展作出乐观判断的层面上，一些乌托邦的结构（比

---

①托夫勒：《第三次浪潮》，三联书店，1983年版，第82页。

如特别明显的是《回顾》、《乌有乡消息》这些时间色彩特别明显的展望性乌托邦作品），与一些对未来充满乐观的未来学著作的确比较接近。《第三次浪潮》就是对未来比较乐观的未来学著作。当然，还有一些对未来比较悲观的未来学著作，与乌托邦著作的距离就很远，而可能与"反乌托邦作品"比较接近。

但是，在乌托邦作品与未来学作品之间，有一点区别恐怕更为重要，那就是要看它们各自对现实的态度：乌托邦是批判、否定现实的；而未来学则是基于（肯定）现实而作出的推断。乌托邦是有情感色彩和价值判断的，而未来学则一般只作事实判断。未来学是在肯定现在的基础上，以现在的发展来看未来。即使是那些对未来抱有悲观态度的未来学家，对现在持否定态度，他们也是以现在看未来，而不是在空想中根本放弃现在而展望未来。简单说，未来学的逻辑在"现实"的延长线上，而乌托邦的逻辑则是根本否定现实。

卡尔曼·海姆在《意识形态与乌托邦》一书中写道："我们把所有超越环境的思想（不仅仅是愿望的投入）都看作乌托邦，这些思想无论如何具有改变现存历史——社会秩序的作用。"[①]

由此，在我看来，乌托邦无论如何要借助于"行动"而产生变化，而未来学则似乎只是心平气和地等待着已经注定了的变化发生。

卡尔曼·海姆还有这样一句话：

"每当一种思想被标为乌托邦时，它通常是由已经过去的时代的代表所做的。"[②]

这句话标出了乌托邦与未来学的区别。我们今天所"标"出的乌托邦，正是过去时代的人的空想。乌托邦站在现实的"过去"。而未来学站在现实的"未来"。这种相对时间点上的强弱异势，可能正是当代人们对乌托邦持冷漠态度，却对未来学热情有加的原因。

这一点也意味着乌托邦与未来学在历史时间表上的分界。随着人类对历史实践的反思和20世纪以来的反乌托邦思潮，乌托邦意义

349

---

①[德] 卡尔·曼海姆：《意识形态与乌托邦》，商务印书馆，2000年版，第210页。
②同上，第207页。

上的空想写作能已告终结；未来学并不是乌托邦传统的继承者，只是它们在具体问题和具体形态上可能往往比较相像而已。

进入21世纪以来译入中国的西方未来学著作，还有美国詹姆斯·特拉菲尔著的《未来城》、美国威廉·J·米切尔著的《伊托邦：数字时代的城市生活》，以及丹麦哥本哈根未来研究院院长罗尔夫·詹森所著的《梦想社会——第五种社会形态》等等。《未来城》的作者称自己著作中描述的都市为"想象中的都市"，并在作品中甚至展望了"未来太空城"和"2050年的都市"。《伊托邦》的作者则借用"乌托邦"这个名字展望了互联网发展条件下人们的社会生活的巨大改变。总之，这些著作或者基于当代空间技术的发展，或者说基于当代互联网的发展，都对未来的社会和人的生活作出了新鲜、美好的展望。但他们都与传统的乌托邦著作诉诸对现实的制度批判，诉诸更为理想的社会原则和更理想的人的基本格局，有较大的距离。

丹麦哥本哈根未来研究院院长罗尔夫·詹森所著的《梦想社会——第五种社会形态》，从书名来看，可能被人们误以为是一部当代乌托邦作品，或至少是一部全面展望社会人生的未来学著作。读后才会发现，它不过是商业企业面对信息社会之后未知的市场危机的一种营销之梦罢了。

正如作者所直言的"情感市场"这样一个概念（这个概念既描述了一种市场现实，其本身又是对情感的亵渎）所展示的那样，在信息社会之后的新社会里，人类的情感成了商人谋利的目标，情感被资源化、市场化了。企业出售的不是商品，而是商品背后的故事，出售的不是鸡蛋，而是放养——"祖父时代的技术和方法"生产出来的田园风情和美好的往昔故事。"而消费者情愿为鸡蛋背后的故事多付价格的15%～20%"[①]。而这，不过是营销学和广告设计者们在今天已经发现的消费者心理而已——消费选择的

---

① [丹] 罗尔夫詹森：《梦想社会——第五种社会形态》，王茵茵译，东北财经大学出版社，1999年版，第3页。

非理性因素。

现代营销学的作品多矣，那种以消费者心理作为商人之靶，帮助老板赚钱的学问，未可厚非。但是，谁要是把商人的梦想硬称作所有人的理想社会，那就是对梦想这个词的亵渎。

这部书中出现最多的字是"企业"，章节标题里出现最多的字是"商业"。作者对此毫不回避，这部书本来就是在"两个主要客户——一家电信公司和一家大银行"的问询中产生的：他们由"五至十年内市场和商业环境如何变迁"这样功利性的问题，最终问到"信息社会之后是什么"[1]这样高度抽象的问题。他们问的是自己的命运。

《梦想社会——第五种社会形态》是一部未来学无疑。实际上，作者所在的哥本哈根未来研究院就被称为"享誉全球的的未来学研究圣殿"。但是，这部书使我想到的是：现在是什么支配着未来学，是什么支配着人们对未来的想象？看来还是工商资本。工商资本迫切地要了解自己的未来，所以就吸引和推动未来学研究，吸引和推动对未来充满智慧的头脑。于是就有了我们在类似这种未来学著作中所看到的未来。我们是搭着工商资本的便车去看未来的，因此所见的，就不大可能完全是自己关心的未来了。因为，在这样的未来里，我们只是一个消费者，一个作为经营销售者的靶子的人。

这种"支配"才是可悲的。因为它以"法人"的理想，置换了活生生的自然人的理想，以"未来学"，置换了乌托邦。前者比之后者，没有什么革命性、颠覆性的危险，却也没有后者的丰富性、生活性。"未来"被展现了，但理想却被取代了。传统的乌托邦与今天的未来学一个重要的区别就是对于商业的态度，大多数乌托邦作品是否定商业的未来的；而当今的未来学却在为商业谋划未来。

这意味着当代乌托邦思想资源的衰竭。

351

①《梦想社会——第五种社会形态》，第1页。

附录：本书涉及的主要乌托邦著作及相关著作

《理想国》，作者：[古希腊]柏拉图（公元前427～347）；商务印书馆，1995年版。

《乌托邦》，作者：[英国]托马斯·莫尔（1478～1535）；1516发表；商务印书馆，1997年版。

《基督城》，作者：[德国] 约翰·凡·安德里亚（1586～ ）；1618年写成；商务印书馆，1997年版。

《太阳城》，作者：[意大利] 托马斯·康帕内拉（1568～1639）；1623年发表；商务印书馆，1980年版。

《新大西岛》，作者：[英国] 弗兰西斯·培根（1561~1626）；1627年发表；商务印书馆，1958年版。

《温斯坦莱文选》，作者：温斯坦莱（1609～1652）；商务印书馆，1965年版。

《大洋国》，作者：[英国]詹姆士·哈林顿；1656年发表；商务印书馆，1996年版。

《塞瓦兰人的历史》，作者：[法国] 德尼·维拉斯（约1630～1700）；1675年发表；商务印书馆，1997年版。

《格列佛游记》，作者：[英国] 乔纳森·斯威夫特（1710～1714）；1726年发表；上海译文出版社，2006年版。

《自然法典》，作者：[法国]摩莱里（约1700～1780）；1755年发表；商务印书馆，2006年版。

《英国启蒙运动中的乌托邦思想》（Utopias of the British Enlightenment），剑桥政治思想史原著系列（影印本），收录多部英国18世纪乌托邦著作。中国政法大学出版社，2003年版。

《政治正义论》，作者：[英国]威廉·葛德文（1756~1836）；1793年发表。商务印书馆，1997年版。

《欧文选集》，作者：[英国]罗伯特·欧文（1771~1858）；商务印书馆，1984年版。

《圣西门选集》，作者：[法国]圣西门（1760~1825）；商务印书馆，2004年版。

《傅利叶选集》，作者：[法国]傅利叶（1768~1830）；商务印书馆，1982年版。

《为平等而密谋》，作者：[法国]菲·邦纳罗蒂；1828年发表；商务印书馆，1989年版。

《社会命运》，作者：[法国] 维克多·孔西得朗（1808~1893）；1834年发表；商务印书馆，1986年版。

《现实的人类和理想的人类》，作者：[德国] 威廉·魏特林；1838年发表；商务印书馆，1997年版。

《和谐与自由的保证》，作者：[德国] 威廉·魏特林；1842年发表；商务印书馆，1997年版。

《论平等》，作者：[法] 皮埃尔·勒鲁（1797~1871）；1838年发表；商务印书馆，1996年版。

《伊加利亚旅行记》，作者：[法] 埃蒂耶纳·卡贝（1788~1856）；1840年发表；商务印书馆，1982年版。

《公有法典》，作者：[法国]狄·德萨米（1803~1850）；1843年发表；商务印书馆，2001年版。

《劳动组织》，作者：[法国]路易·勃朗（1811~1882）；1848年发表；商务印书馆，1997年版。

《回顾》，作者：[美]爱德华·贝拉米；1888年发表；商务印书馆，1997年版。

《乌有乡消息》，作者：[英国]威廉·莫里斯（1834~1896）；1890年发表；商务印书馆，1997年版。

《面包与自由》，作者：[俄国]克鲁泡特金（1842~1921）；1892年发表。商务印书馆，1997年版。

《明日的田园城市》，作者：[英国]埃比尼兹·霍华德（1850~1928）；1898年发表；商务印书馆，2000年版。

《大同书》，作者：康有为（1858～1927）；1913年发表；见《康有为大同论二种》，生活·读书·新知三联书店，1998年版。

《月球上最早的人类》，作者：[英国]乔·威尔斯（1966～1946）；1901年发表；中国青年出版社，1983年版。

《新中国未来记》，作者：梁启超（1873～1929）；1902年发表；广西师范大学出版社，2008年版。

《自由之路》，作者：[英国]伯特兰·罗素（1872～1970）；1919年发表；文化艺术出版社，1998年版。

《东方大同学案》，作者：刘仁航（1881～1938）。1920年发表；上海书店，民国丛书第三编第7册。

《我们》，作者：[俄国]叶·扎米亚京（1884～1937）；1920年发表；漓江出版社，2005年版。

《美的社会组织法》，作者：张竞生（1888～1970）；1925年发表；收录于《张竞生文集》；广州出版社，1998年版。

《蓓根的五亿法郎》，作者：[法国]：儒勒·凡尔纳（1828～1905）；1929年发表；中国少年儿童出版社，1999年版。

《美丽新世界》，作者：[英国]阿道斯·赫胥黎（1894～1963）；1932年发表；远方出版社，1997年版。

《一九八四》，作者：[英国]乔治·奥威尔（1903～1950）；1948年发表；上海译文出版社，2006年版。

《女妖岛》，作者：[美国]欧文·华莱士；贵州人民出版社，1994年版。

《测谎仪》，作者：[美国]詹姆斯·L·哈普林；新世纪出版社，1998年版。

《意识形态与乌托邦》，作者：[德国]卡尔·曼海姆；商务印书馆，2000年版。

《论空想社会主义者》，作者：[苏联]罗·比·沃尔金；中国人民大学出版社，1959年版。

《无政府、国家与乌托邦》，作者：[美国]罗伯特·诺齐克；中国社会科学出版社，1991年版。

《大同论》，作者：劳荣湛；广州出版社，1997年版。

《现代人论乌托邦》，台湾联经出版事业公司，1980年版。

《正义之善——论乌托邦的政治意义》，作者：陈周旺；天津人民出版社，2003年版。

后记

　　这本书完全与我的职业和专业无关。我却投入了更为持久的热情。对于我来说，它几乎是一种隐秘的爱好，在工作之余，为人所不知的时间里，悄然地，几乎无望地积累着，不觉已有15年之久。回头来看，它肯定不是一次集中的、目标明确的写作能够完成的。

　　十多年来，有一些朋友和长者给予我肯定和鼓励，也曾经多次帮助我试图将这部书稿出版。每一次这样的机会，都促使我付出努力，使这个"私人笔记"变得更像一本书一些。所以我内心特别感谢他们，他们是：晋永权、马明洁、袁晓露、单正平、奚广庆、王少磊、周丽锦、王立刚、陈力丹、孙江波。

　　直到几个月前，我接到一个电话，这本书才第一次真正进入了出版程序。这是我18年前认识的一位朋友。他的声音竟然一点也没有变化，没有变的，还有他声音中所传递的热情和自信。正是这种热情和自信，使这部经历了许多挫折的书稿"起死回生"。

　　我知道，他们所肯定的并不只是这部书稿的出版价值，而是潜藏于他们自己内心和许多人心中的乌托邦情结。